江苏省社会科学基金青年项目资助
江苏省教育厅农业农村现代化研究创新团队资助
苏州农业现代化研究中心资助

碳排放权交易制度及其对医药制造企业绿色技术创新的影响研究

沈向东　王利民　著

黑龍江大學出版社
HEILONGJIANG UNIVERSITY PRESS
哈尔滨

图书在版编目（CIP）数据
碳排放权交易制度及其对医药制造企业绿色技术创新的影响研究 / 沈向东，王利民著. -- 哈尔滨 : 黑龙江大学出版社，2025. 6. -- ISBN 978-7-5686-1274-6
Ⅰ. F426.7
中国国家版本馆 CIP 数据核字第 2025YL6624 号

碳排放权交易制度及其对医药制造企业绿色技术创新的影响研究
TAN PAIFANG QUAN JIAOYI ZHIDU JI QI DUI YIYAO ZHIZAO QIYE LÜSE JISHU CHUANGXIN DE YINGXIANG YANJIU
沈向东　王利民　著

策划编辑　张微微
责任编辑　张微微　戴谨宇
出版发行　黑龙江大学出版社
地　　址　哈尔滨市南岗区学府三道街 36 号
印　　刷　亿联印刷（天津）有限公司
开　　本　720 毫米 ×1000 毫米　1/16
印　　张　13.75
字　　数　252 千
版　　次　2025 年 6 月第 1 版
印　　次　2025 年 6 月第 1 次印刷
书　　号　ISBN 978-7-5686-1274-6
定　　价　69.80 元

本书如有印装错误请与本社联系更换，联系电话：0451-86608666。

前　言

“2030 年碳达峰”和“2060 年碳中和”目标的顺利实施与达成，需要建立一个完善且高效的全国统一市场化机制作为保障。

《巴黎协定》作为一项全球性的环保战略，体现了国际社会向可持续发展迈进的共同愿景，为减少温室气体排放、应对气候变化提供了基本路径。中国将提高国家自主贡献力度，采取更加有力的政策措施，二氧化碳排放力争于 2030 年前达到峰值，努力争取 2060 年前实现碳中和。这一表态引发了广泛关注，并赢得了国际社会的高度评价。

本书以碳排放权交易制度为研究对象，探讨其与制造企业绿色技术创新之间的关联性，旨在深化现有关于环境政策如何推动企业绿色科技创新的研究。生物制药行业是关乎国民经济和社会安全的重要领域，同时也是满足人民健康需求的关键支撑。目前，江苏省的生物制药产业在全国处于领先地位，具有较强的创新能力、雄厚的核心企业实力以及显著的地域集群效应。因此，本书选择江苏省的医药制造企业作为研究对象，通过系统分析碳排放权交易制度对江苏医药制造企业绿色技术创新的影响，构建相关影响机制，并针对存在的问题提出对策建议，从而丰富“碳达峰、碳中和”领域的研究视角。

本书的主要研究内容涵盖以下几个方面。

首先，阐述碳排放权交易市场的建设背景。具体而言，从我国应对全球气候变化的宏观形势、国际碳排放权交易市场的实践经验与发展前景，以及碳排放权交易市场对中国实现“双碳”目标的作用这三个维度展开分析。

其次，探讨“碳达峰、碳中和”目标下碳排放权交易制度的发展内容，并构建相应的理论体系。此部分围绕以下要点展开：一是“双碳”目标提出的背景与内涵、碳排放权交易的基本概念与运行机制及国内外关于碳排放权交易制度的文献综述；二是“双碳”目标对我国碳排放权交易制度发展的影响；三是我国碳排放权交易制度在“双碳”目标下面临的不足及改进对策。

再次，深入剖析全国碳排放权交易市场的发展现状与未来趋势。研究聚焦于全国碳排放权交易市场的运行体系与机制、整体运行状况、试点与非试点市场的运行情况、发展成效与特点，以及未来发展趋势与改进建议等方面。

接着，以江苏省碳排放权交易市场的发展为案例，开展地方碳排放权交易市场的实证研究。研究内容包括地方政府参与全国碳排放权交易市场的重点任务与保障措施、江苏省各类企业参与碳排放权交易市场的具体举措，以及针对江苏省碳排放权交易市场的实证分析。

最后，作为本书的重点内容，从宏观与微观视角探讨碳排放权交易制度对江苏医药制造企业绿色技术创新及绿色消费的影响。此部分包含以下研究内容：一是江苏医药制造产业的发展概况，江苏医药制造企业绿色技术创新的现状、面临的问题及对策建议；二是碳排放权交易制度对江苏医药制造企业绿色技术创新的影响机制研究；三是在碳排放权交易制度背景下，企业绿色环保主张对消费者绿色消费行为的影响研究。

本书的研究工作得到了本人主持的江苏省社会科学基金青年项目资助，同时也得到了江苏省教育厅农业农村现代化研究创新团队和苏州农业现代化研究中心的支持和资助。另外，本书能够顺利完成，非常感谢常熟理工学院张国平教授、曹旭平教授的大力协助和悉心指导；特别感谢在华东师范大学访学期间，心理与认知科学学院段锦云教授在本书撰写过程中给予的耐心指导；同时非常感谢课题组成员在资料收集和文献阅读方面的支持。

由于时间有限，书中内容难免存在纰漏和考虑不周之处。我们始终不忘初心，砥砺前行，将以此次研究为基础，继续肩负起科研工作者的责任，保持对学术前沿的敏锐洞察，锲而不舍，久久为功，不断完善本书并推进再版工作。在此过程中，我们诚挚希望各位专家和读者能够提出宝贵的意见和建议。这些反馈将为我们提供重要的参考，我们会在后续的研究中加以补充和完善。

沈向东

2025 年 2 月

目　录

第1章
碳排放权交易市场建设背景：全球气候挑战下我国的战略选择与国际借鉴

气候变化是当今世界面临的最大挑战之一,属于全球性问题,关乎全人类利益。随着工业化、城市化进程推进以及能源使用量不断增加等人类活动的持续扩张,大量温室气体排放致使气候变化愈发严峻。大自然对于全人类的繁荣进步起着关键作用。在新时代,绿色成为中国的鲜明底色,绿色发展亦成为中国式现代化的显著特征。近年来,中国在污染防治、生态保护和绿色发展方面取得了显著成效,中华大地呈现出天更蓝、山更绿、水更清的趋势,人民享受到更多、更普惠且更具可持续性的绿色福祉。

碳排放权交易市场通过设定碳排放总量上限,将碳排放权作为一种稀缺资源进行分配和交易,促使企业主动减少碳排放,从而有效控制温室气体排放总量,为应对气候变化提供重要手段。在全球应对气候变化的背景下,碳排放权交易市场的建设有助于我国与国际接轨,参与全球碳市场的规则制定和交易活动,提升我国在国际气候治理中的话语权和影响力。同时,也能促使国内企业适应国际低碳发展的趋势,提高自身的国际竞争力,更好地应对国际贸易中的绿色壁垒和碳关税等挑战。

1.1 我国应对全球气候变化的宏观形势

我国积极践行绿色发展理念,为全球增添了更多"中国绿",拓展了全球绿色版图。这不仅造福中国人民,也为世界提供了重要的生态贡献。我国政府秉持"山水林田湖草沙皆有价值"的理念,规划国家未来战略方向,在致力于降低能源消耗、减少污染物排放的同时,主动承担起应对温室效应的责任,并坚持以可持续方式推动国内经济社会健康、持续发展。

党的十八大以来,以习近平同志为核心的党中央站在全局与战略高度,针对生态文明建设提出了一系列新思想、新战略、新要求,并以前所未有的力度推进生态文明建设工作。在此期间,生态环境领域改革不断向纵深发展,生态文明制度体系日益完善,生态环境执法力度持续加大,生态环境质量显著改善。我国生态环境保护实现了历史性、转折性、全局性变化,美丽中国建设稳步推进。

党的十八大将生态文明建设纳入中国特色社会主义事业"五位一体"总体布局;党的十九届五中全会确立了"创新、协调、绿色、开放、共享的新发展理念”，把“坚持人与自然和谐共生”列为新时代坚持和发展中国特色社会主义的十四条基本方略之一，同时将建设美丽中国作为社会主义现代化强国目标之一，“增强绿水青山就是金山银山的意识”正式写入党章。新发展理念、生态文明相关内容以及建设美丽中国等理念也被写入宪法。伴随这一系列新理念、新战略的相继提出，生态文明的战略地位显著提升，生态文明建设与生态环境保护成为高质量发展的重要组成部分。

党的十八大以来，生态文明顶层设计与制度体系建设全面推进。《关于加快推进生态文明建设的意见》《生态文明体制改革总体方案》等纲领性文件相继颁布。在此期间，我国制修订了30多部生态环境领域的法律法规，涵盖各类环境要素的法律法规体系初步建成。主体功能区战略深入推进，省以下环保机构监测监察执法垂直管理制度、自然资源资产产权制度、河（湖、林）长制、排污许可证制度、生态保护红线制度、生态补偿制度，以及生态环境保护“党政同责”和“一岗双责”等制度逐步建立健全，生态文明制度体系的“四梁八柱”基本成型。中央生态环境保护督察持续深入开展，有力推动解决突出生态环境问题，成为落实生态环境保护责任的重要举措。

党的十八大以来，我国在全球环境治理中积极作为。一方面，深度参与全球气候变化谈判进程，并在关键议题上发挥建设性引领作用，推动《巴黎协定》顺利达成、签署、生效与实施，还郑重做出力争2030年前实现碳达峰、2060年前实现碳中和的承诺；另一方面，积极推动落实联合国2030年可持续发展议程。我国成功举办《生物多样性公约》缔约方大会第十五次会议第一阶段会议，并发布《昆明宣言》；成功举办《湿地公约》第十四届缔约方大会；推进绿色“一带一路”建设，倡导建立“一带一路”绿色发展国际联盟与绿色“一带一路”大数据平台，为全球环境治理贡献了中国智慧与力量。①

到2022年，党的二十大深刻阐明了人与自然和谐共生是中国式现代化的重要特征之一，并明确指出促进人与自然和谐共生是中国式现代化的本质要求之一。会议做出了“推动绿色发展，促进人与自然和谐共生”的重大战略部

① 张卫东，杨洋：《深入学习贯彻习近平生态文明思想 奋力绘就美丽中国新画卷》，www.xinhuanet.com/politics/20231016/79e569492deb4f97a2245ca2ca188b48/c.html。

署。[①] 新时代以来,以习近平同志为核心的党中央从中华民族永续发展的高度出发,深刻把握生态文明建设在新时代中国特色社会主义事业中的重要地位和战略意义,系统回答了“为什么建设生态文明、建设什么样的生态文明、怎样建设生态文明”等重大理论和实践问题,形成了习近平生态文明思想。这一思想成为新时代我国生态文明建设的根本遵循和行动指南。

我国积极调整产业结构、能源结构以及交通运输结构,大力推行绿色低碳的生产生活方式,超额完成了到2020年碳排放强度比2005年下降40%~45%的目标。在全球范围内,我国可再生能源的开发和利用规模以及新能源汽车的产销量均稳居世界领先地位。2012年至2022年,煤炭在一次能源消费中的占比已从68.5%降至56%,能耗强度累计下降26.4%,全国单位GDP二氧化碳排放量下降了34.4%。[②] 我国持续提升可再生能源装备制造能力,风电、光伏发电设备生产规模位居世界第一,为全球能源转型提供了坚实支撑。

我国积极推进生态环境的保护与修复工作,取得了全球领先的成效。例如,在土壤退化治理方面,我国实现了“零增量”的目标,并着力缩减荒漠化和沙化土地面积。2022年,我国地级以上城市空气质量优良天数比例达到86.5%,重度污染天数比例首次降至1%以下。通过统筹水资源、水环境、水生态治理,众多河流和湖泊面貌焕然一新。同时,我国林业资源总量持续增长,生态环境质量不断改善。这种良好的发展态势不仅对国内环境产生了深远影响,也为全球生态治理增添了更多“中国绿”。

此外,我国积极开展国际环保合作,致力于推动全人类在应对气候变化和环境保护领域的对话与交流。我国开展了一系列应对气候变化的活动,并为其他国家提供经济支持和技术服务,助力其提升应对大气污染和气候变化的能力。这些努力充分体现了中国作为负责任大国的担当,为全球可持续发展贡献了中国智慧和力量。[③]

作为在自然资源管理和生态保护领域走在世界前列的国家之一,我国在制

---

① 《努力建设人与自然和谐共生的现代化——习近平总书记引领生态文明建设纪实》,https://www.gov.cn/yaowen/liebiao/202307/content_6892321.htm。

② 《努力建设人与自然和谐共生的现代化——习近平总书记引领生态文明建设纪实》,https://www.gov.cn/yaowen/liebiao/202307/content_6892321.htm。

③ 易芳,李德庭,朱敏琦等:《ESG绿色低碳转型系列(三十四):2022年国内碳市场发展回顾及展望》,https://www.junhe.com/legal-updates/2202。

订全国性土地利用计划时，充分考虑了各种因素间的平衡关系，如城市化程度、生态保护需求等。为更好地管理有限的空间使用权限，我国对相关政策进行了系统性整合，初步形成了较为全面的国土空间规划体系。此外，我国已建立了数千个不同类型的自然保护地，各类自然保护地的面积占到陆域国土面积的18%。90%的陆地生态系统类型和71%的重点保护野生动植物物种得到有效保护，部分珍稀濒危物种的野外种群逐步恢复。① 这些举措都是为确保大自然的健康状态得以维护而采取的具体行动。

在第七十五届联合国大会一般性辩论上，习近平主席庄严宣告：中国将提高国家自主贡献力度，采取更加有力的政策措施，二氧化碳排放力争于2030年前达到峰值，努力争取2060年前实现碳中和。② 这一重要宣示不仅彰显了中国全面践行新发展理念的坚定决心，也明确展现了中国为全球应对气候变化做出新贡献的积极态度。

为保障“双碳”工作的顺利推进，我国在中央层面成立了碳达峰碳中和工作领导小组，各省（区、市）也相继成立本地的碳达峰碳中和工作领导小组，构建起上下协同的工作体系。此外，我国还搭建了碳达峰碳中和“1+N”政策体系，制定了“碳达峰十大行动”，形成了目标明确、分工合理、推进有序的总体局面。

在社会各界的共同努力下，重点领域“双碳”工作取得了诸多积极成效。特别是以沙漠、戈壁和荒漠地区为重点的4.5亿千瓦大型风电光伏基地建设进展顺利。第一批约1亿千瓦的项目已全面开工建设，并通过多种渠道向社会发布；第二批和第三批项目也在稳步推进。2021年，城镇新建绿色建筑面积占比提升至84%。过去几年，中国对清洁能源的投资持续稳步增长。据国际能源署数据，2024年中国对清洁能源的投资额达到6 750亿美元，这一数额在全球名列前茅。③ 诸多国内外数据均表明，中国正以实际行动积极推动全球降碳目标的实现。

2021年7月16日上午9时30分左右，全国碳排放权交易市场（简称“碳市

---

① 《我国建立以国家公园为主体的自然保护地体系》，https://www.forestry.gov.cn/c/www/xxyd/63792.jhtml。

② 《习近平在第七十五届联合国大会一般性辩论上的讲话（全文）》，www.xinhuanet.com/world/2020-09/22/c_1126527652.htm。

③ 《中国绿色投资继续稳居全球榜首》，《中国能源报》2024年7月1日，第14版。

场")正式启动上线交易,全天交易总量超过410万吨。[①] 作为全球覆盖温室气体排放量规模最大的碳排放权交易市场,其启动具有重要意义。它不仅是实现碳达峰、碳中和与国家自主贡献目标的重要政策工具,也将成为全球气候行动的关键一步。

碳定价以碳交易市场为核心,通过发挥市场机制作用,能够促进企业节能减排、实现绿色转型。这是一种将环境保护与经济社会发展有机结合、协同推进的有效工具,可同步解决资源环境、经济增长、绿色发展等层面的失衡问题。同时,碳排放权交易市场为碳减排释放价格信号,并提供经济激励机制,能够引导资金流向减排潜力大的行业企业,推动绿色低碳技术创新,助力行业实现绿色低碳转型。

1.2 国际碳排放权交易市场实践与展望

1.2.1 碳排放权交易的国际实践

随着各国对可持续发展的持续关注以及向净零经济转型的不懈努力,碳排放权交易市场的作用预计在未来几年将迅速凸显。以下从国际实践的时间线出发,梳理碳排放权交易的发展历程及其重要里程碑。

进入21世纪初,国际社会共同签署了一项具有历史意义的协议——《京都议定书》。该协议旨在削减各国的温室气体排放量,并引入了灵活的市场机制以实现减排目标。其中,清洁发展机制(CDM)是《京都议定书》的关键内容之一。依据清洁发展机制,工业化国家能够在发展中国家实施减排项目,这些项目会产生可出售的核证减排量(CER)信用。随后,工业化国家可利用这些信用来达成其在《京都议定书》中的部分减排目标。截至2022年6月,全球范围内依据清洁发展机制登记的项目活动共计7 845个。

2015年,《巴黎协定》进一步调整和完善了碳交易的相关机制。《巴黎协定》第6条明确提出了碳交易的框架,并将其纳入《规则手册》中。然而,相关细

① 《中国绿色投资继续稳居全球榜首》,《中国能源报》2024年7月1日,第14版。

节和机制在当时尚未完全敲定，需通过后续谈判进一步完善。

在经历长时间的停滞之后，第 26 届联合国气候变化大会（COP26）于 2021 年在英国格拉斯哥市举行。此次大会的主要目标是推动《巴黎协定》第 6 条相关细则的完善与发展，并取得了一些关键进展。例如：制定了全新的碳计量与管理准则；建立了跨国碳减排资源交换机制；构建了一个由联合国运营的全球碳排放许可市场。这些进展在《格拉斯哥气候公约》中有所体现，该公约不仅强化了各国应对全球气候变暖的承诺，还纳入了 153 个国家根据其国家自主贡献方案（NDC）制定的 2030 年减排目标。

2022 年 11 月，第 27 届联合国气候变化大会（COP27）在埃及沙姆沙伊赫举行。此次会议聚焦于计划的具体执行情况，并提出了一系列新倡议。例如，发起了关于建立非洲碳排放许可市场的提案，以推动该地区的环境保护和可持续发展。这一提案旨在为非洲国家提供更多的资金支持和技术援助，同时促进区域内的碳减排合作。

截至目前，碳排放权交易市场在全球范围内得到了大规模拓展。根据世界银行 2022 年碳定价仪表盘（Carbon Pricing Dashboard）的数据，全球共有 34 项正在运行的碳排放权交易体系，另有 19 项体系正处于相关国家政府的审议之中。预计到 2030 年，自愿碳排放权交易市场的价值将达到 100 亿至 400 亿美元。

碳排放权交易市场的大规模扩展表明，国际社会已广泛认可碳交易在以成本效益方式减少温室气体排放方面所能发挥的重要作用。碳交易的最终目标是借助减排成本效益最高的国家或实体来减少排放，以此抵消不可避免的碳排放。国际碳排放权交易条约和公约发展见表 1-1。

表 1-1　国际碳排放权交易条约和公约发展①

时间	条约和公约	内容概要
1997 年	《京都议定书》	37 个工业化国家和欧盟承诺在 2008 年至 2012 年的五年间将温室气体排放量在 1990 年的基础上平均减少 5%。

① 洛克，潘永光，萧乃莹等：《碳交易在全球蓬勃发展——什么是碳交易？碳交易是如何运作的？》，https://www.kwm.com/hk/zh/insights/latest-thinking/carbon-trading-is-booming-globally-what-is-it-and-how-does-it-work.html。

续表

时间	条约和公约	内容概要
2012年	《京都议定书多哈修正案》	《京都议定书》第二承诺期(尚未完全批准):在2013年至2020年的八年间将温室气体排放量在1990年的基础上减少18%。
2015年	《巴黎协定》	所有签署国……而不仅仅是工业化国家……承诺实现国家碳减排目标;第6条允许达标国家向未达标国家出售碳信用。
2021年	《格拉斯哥气候公约》	153个国家通过国家自主贡献2030年目标;碳交易《规则手册》(《巴黎协定》第6条)取得突破;制定碳核算新规则、建立转让机制和计划设立全球碳排放权交易市场。
2022年	《沙姆沙伊赫实施计划》	从规划到落地实施;启动非洲碳排放权交易市场倡议。

按照当前时间表实现零碳排放目标无疑是一项巨大挑战。然而,国际碳行动伙伴组织(ICAP)发布的《2022年全球碳市场进展报告》显示,碳排放权交易市场在全球范围内发展迅猛,数量持续增加,覆盖范围加速扩展。截至2021年底,全球共有33个正在运行的碳排放权交易体系,涵盖1个超国家机构、8个国家、18个省和州以及6个城市。这些碳市场覆盖了全球17%的温室气体排放量,并且近三分之一的人口生活在碳排放权交易市场活跃的区域。此外,还有22个碳排放权交易市场正处于建设或规划阶段,主要分布在南美洲和东南亚地区。

现有的碳排放权交易市场日趋成熟,抵御外部冲击的能力不断提升。为应对气候变化,一些国家的政府正推进改革,使本国的碳排放权交易市场与零碳目标相契合。在全球范围内,随着气候治理重要性的提升,2021年几乎所有碳排放权交易市场的碳价均呈上涨态势,这反映出市场参与者预期未来各碳排放权交易市场将进一步收紧总量目标。例如:欧盟碳排放权交易系统(EU ETS)的配额价值首次超过100美元,2021年度市场拍卖收益达367亿美元,同比增长约63%;在北美地区,美国加利福尼亚州与加拿大魁北克省互联互通的碳排放权交易系统中，配额价格从 18 美元涨至 28 美元，区域温室气体减排行动（RGGI）的配额价格从 8 美元升至 14 美元；在亚太地区，韩国碳排放权交易系统的配额价格从 21 美元涨至 30 美元，新西兰碳排放权交易系统的报价从 27 美元增至 46 美元。

在碳价不断攀升的同时，全球多个地区的能源价格也持续走高。在此背景下，公众对碳定价的接受程度成为影响碳定价政策政治可行性、有效性和持续性的关键因素。①

碳排放权交易市场提供了一系列政策工具，旨在保护最脆弱群体免受碳价及能源价格过高所带来的负面影响。例如，部分市场通过设立社会补偿机制或补贴计划，缓解低收入家庭因碳定价政策而承受的经济压力。

碳排放权交易机制作为推动企业低碳转型的重要政策工具，在全球范围内备受关注。过去十余年间，碳市场在全球迅速扩展。根据国际碳行动伙伴组织（ICAP）发布的《碳排放权交易实践：设计与实施手册》（第二版）以及世界银行 2021 年发布的《碳定价机制发展现状与未来趋势》，上述 33 个碳市场所覆盖的经济总量占全球 GDP 的 42%。这些碳市场包括中国的全国碳市场及其 9 个区域碳市场、欧盟碳排放交易体系（EU ETS）、新西兰碳市场、瑞士碳市场、韩国碳市场、加拿大魁北克碳市场、美国加利福尼亚州碳市场、覆盖美国东部 11 个州的区域温室气体减排行动（RGGI），以及日本东京和埼玉县的碳市场等。②

2021 年全球碳排放权交易市场发展状况见表 1-2。

---

① 国际碳行动伙伴组织（ICAP）：《2022 年度全球碳市场进展报告》，第 7 页。

② 唐人虎，陈志斌等：《中国碳排放权交易市场 从原理到实践》，电子工业出版社，2022 年版，第 11 页。

表1-2 2021年全球碳排放权交易市场发展状况①

所处大洲	正在实施碳排放权交易体系的主体	计划实施碳排放权交易体系的主体	正在考虑实施碳排放权交易体系的主体
欧洲	冰岛 列支敦士登 挪威 英国 德国 瑞士	俄罗斯 乌克兰 黑山	土耳其 芬兰
北美洲	美国 加拿大 墨西哥	美国	美国
南美洲	—	哥伦比亚	巴西 智利
亚洲	中国 韩国 日本 哈萨克斯坦	印度尼西亚 越南	泰国 日本 菲律宾 巴基斯坦
大洋洲	新西兰	—	—

1.2.2 全球碳排放权交易体系发展现状及展望

(1)全球碳排放权交易体系发展现状概括

当前,碳排放权交易体系已成为众多国家和地区应对气候变化、推动经济脱碳的核心政策工具。ICAP最新数据显示,全球现有36个碳排放权交易体系在运行,另有14个处于开发阶段,8个尚在考虑之中。这些已实施的碳排放权

① 唐人虎,陈志斌等:《中国碳排放权交易市场 从原理到实践》,电子工业出版社,2022年版,第11—12页,有改动。

交易体系覆盖全球约18%的温室气体排放量，涉及全球GDP总量的58%。近三分之一的世界人口生活在已实施碳排放权交易体系的司法管辖区内。随着更多国家和地区采用直接碳定价机制，碳排放权交易体系在全球气候治理和绿色转型进程中将发挥愈发关键的作用。[①]

在地域发展方面，2023年，全球碳排放权交易体系发展呈现出新兴经济体与发达经济体双轮驱动的格局。一方面，拉美地区和亚太地区的新兴经济体成为碳排放权交易体系扩展的新动力。在亚太地区，印度尼西亚启动了覆盖发电行业的全国碳排放权交易体系；印度正在探索碳定价机制，但尚未形成完整的强制性碳排放权交易市场框架；马来西亚等国家正处于研究和考虑建立相关体系的阶段。在拉美地区，巴西提出了碳排放权交易体系相关法律草案（PL 412/2022），该草案旨在规范覆盖范围、配额分配等机制设定事项，但尚未正式通过立法程序；阿根廷正考虑从能源部门入手，建立全国碳排放权交易体系，但目前仍处于早期规划阶段。

与此同时，发达国家通过扩大碳排放权交易体系覆盖范围、创新体制机制设计等举措，引领碳排放权交易体系向纵深发展。例如，欧盟宣布将于2027年启动一个独立的碳排放权交易体系，覆盖建筑、道路交通等部门，与现有体系形成互补；加拿大联邦政府针对石油天然气行业提出了碳排放权交易体系方案。

工业革命以来，人类活动导致大气中温室气体浓度不断上升，引发了一系列全球气候变化问题。2015年通过的《巴黎协定》提出了将2100年全球温升控制在明显低于2℃且尽可能争取1.5℃的奋斗目标。然而，世界气象组织的最新数据显示，2023年全球平均温升已达到工业化前水平以上1.45℃，创历史新高，并在2024年1月出现短期突破1.5℃的情况（需进一步观察长期趋势）。照此趋势，实现2℃甚至1.5℃的温控目标成为十分艰巨的任务。因此，加快建设全球气候治理体系，推动能源转型、加强国际合作、完善碳定价机制等有力的温室气体减排行动，已迫在眉睫、刻不容缓。

在此背景下，碳排放权交易体系（ETS）凭借其成本效益高、调控力度强、激励相容性好等优势，已成为国际社会控制温室气体排放、应对气候变化的重要

① 中央财经大学绿色金融国际研究院：《IIGF观点 | 庞心睿：2023年全球碳排放权交易体系进展及展望》，https://iigf.cufe.edu.cn/info/1012/8769.htm。

工具。根据国际碳行动伙伴组织(ICAP)发布的《2024年全球碳排放权交易体系进展报告》,截至2024年1月,全球已有58个国家或地区管辖区域实施或计划实施碳排放权交易体系,覆盖温室气体排放量合计超过99亿吨二氧化碳当量,占全球温室气体排放总量的18%。本部分旨在梳理2023年全球碳排放权交易体系发展总体情况,评述全球碳排放权交易体系的量、价等运行特点,并对碳排放权交易体系未来的发展潜力和创新趋势进行展望,以期为推动碳排放权交易体系高质量发展提供决策参考。

全球主要碳排放权交易体系的比较如表1-3所示。

表1-3 全球主要碳排放权交易体系的比较①

	欧盟碳排放权交易体系(EU ETS)	美国区域温室气体减排行动(RGGI)	加利福尼亚州碳排放权交易体系	新西兰碳排放权交易体系	韩国碳交易体系
减排目标	2020年比2005年减排21%	2018年比2009年减排10%	2020年降至1990年水平	2020年比1990年减排10%	2020年比常规情境下减排30%
启动时间	2005年1月	2009年1月	2013年1月	2010年7月(林业2008年开始)	2015年1月
运行阶段	第一阶段2005—2007年;第二阶段2008—2012年;第三阶段2013—2020年;第四阶段2021—2030年	第一阶段2009—2011年;第二阶段2012—2014年;第三阶段2015—2017年;第四阶段2018—2020年;第五阶段2021—2023年	第一履约期2013—2014年;第二履约期2015—2017年;第三履约期2018—2020年;第四履约期2021—2030年	试运行阶段2010—2015年;正式运行阶段2015年至今	第一阶段2015—2017年;第二阶段2018—2020年

① 唐人虎,陈志斌等:《中国碳排放权交易市场 从原理到实践》,电子工业出版社,2022年版,第17—18页。

续表

	欧盟碳排放权交易体系（EU ETS）	美国区域温室气体减排行动（RGGI）	加利福尼亚州碳排放权交易体系	新西兰碳排放权交易体系	韩国碳交易体系
区域	第一阶段涵盖欧盟25个成员国；第二阶段新增罗马尼亚、保加利亚两个欧盟成员国，以及冰岛、挪威和列支敦士登	美国东北部11个州：康涅狄格州、特拉华州、缅因州、新罕布什尔州、马萨诸塞州、纽约州、马里兰州、罗得岛州、佛蒙特州、新泽西州和弗吉尼亚州	美国加利福尼亚州	新西兰全国	韩国全国
覆盖范围	能源、炼油、炼焦、钢铁、水泥、石灰、玻璃、陶瓷、制砖、纸浆和造纸行业的12 000个排放源，覆盖了欧盟温室气体排放总量的45%。2012年，航空业被纳入该体系；2013年，石油化工、氨、铝等行业也被纳入	功率≥25MW的电厂	第一阶段覆盖电力、炼油、水泥、造纸和玻璃行业中，年温室气体年排放量超过25 000吨的360家企业，涉及约600个排放源；第二阶段范围扩大至天然气、丙烷和交通燃油领域，覆盖的行业温室气体排放总量占全州的85%	林业（2008年）；能源、液化化石燃料、工业（2010年）；废弃物、合成气（2013年）；农业（2015年）	将覆盖来自电力、钢铁、石化、纸浆等行业的300多家大型排放企业，这些企业占全国温室气体排放总量的60%以上
配额总量	前两个阶段分别为21.8亿吨和20.8亿吨；第三阶段从2013年的20.4亿吨下降到2020年的17.8亿吨	2009—2011年1.88亿吨；2012—2013年1.65亿吨；2014—2020年从0.84亿吨减少至0.61亿吨	第一阶段从1.628亿吨降至1.597亿吨；第二阶段从2015年的3.945亿吨降至2020年的3.342亿吨	暂无配额总量上限	5.73亿吨

续表

	欧盟碳排放权交易体系(EU ETS)	美国区域温室气体减排行动(RGGI)	加利福尼亚州碳排放权交易体系	新西兰碳排放权交易体系	韩国碳交易体系
配额分配	第一阶段和第二阶段以"祖父法"为主进行免费分配;第三阶段以拍卖为主,免费分配采用基准法;第四阶段57%的配额将以拍卖的形式分配,约63亿吨的配额将用于免费分配	拍卖形式	从免费分配(基准线法)开始,逐步过渡到拍卖形式	对于面临国际竞争的工业行业,林业部门采取免费分配;其他配额则以25新元/吨的价格进行有偿出售	前两个阶段的免费配额比例分别为100%和97%
抵消机制	从第二阶段开始,允许使用国际抵消机制;2008—2020年期间,其使用量不得超过总减排量的50%	企业可使用抵消信用完成3.3%的履约责任,且仅允许使用美国国内项目产生的减排信用	企业允许使用抵消信用完成8%的履约责任,且仅允许使用美国国内项目产生的减排信用	允许使用国际抵消信用,不设数量限制	允许使用本土减排信用和国际抵消信用(CER和ERU)

(2)全球碳排放权交易体系覆盖范围持续扩大

当前,碳排放权交易体系已覆盖全球温室气体排放总量的18%,这一比例是2005年欧盟碳排放权交易体系启动之初的3倍多。

从碳排放权交易体系的覆盖范围来看,各司法管辖区由于经济发展水平和减排诉求存在差异,呈现出不同的特征。美国、加拿大、韩国等地的碳排放权交易体系所覆盖的温室气体排放量,均占到各自管辖区内温室气体排放总量的75%以上。其中,韩国碳排放权交易体系的覆盖率高达89%,加拿大以及美国部分地区的碳排放权交易体系覆盖率也达到了75%以上。欧盟的全球碳排放权交易体系覆盖了约38%的温室气体排放量。随着航运、建筑等高排放行业被纳入其中,这一比例有望进一步提高。与之相比,作为世界上最大的发展中经济体,中国在建设碳排放权交易体系时采取了先易后难、分步实施的思路。自2021年全国碳排放权交易市场启动交易以来,目前仅涵盖电力行业的二氧化碳排放,约占全国碳排放总量的40%。近期,全国碳排放权交易市场释放出频繁的扩容信号,针对水泥熟料、铝冶炼行业的《企业温室气体排放核算与报告指南》和《企业温室气体排放核查技术指南》征求意见稿相继发布。①

在行业覆盖范围方面,电力行业被覆盖的频次最高,工业部门次之。建筑、交通领域被纳入碳排放权交易体系的趋势正逐步增强,而农业、林业、废弃物管理等领域的相关布局尚处于起步阶段。这种梯次化的行业覆盖格局,既反映了各行业温室气体排放特征与数据基础的差异,也体现了全球碳排放权交易体系发展的阶段性特点。

首先,电力行业既是碳排放大户,又具备较高的数据质量,因此成为各司法管辖区优先覆盖的对象。据统计,已有25个碳排放权交易体系将火电、热电等发电行业排放纳入核心覆盖范围,借助碳定价机制引导能源结构向低碳化转型。其次,工业领域的碳排放数据相对完备,核算标准日益成熟,被纳入碳排放权交易体系的细分门类不断增加。例如,欧盟碳排放权交易体系将钢铁、水泥等高耗能制造业纳入总量管控体系;加州碳排放权交易市场覆盖了水泥、玻璃等大型工业设施;中国也拟将电解铝、水泥等高耗能行业纳入全国碳排放权交易市场。再者,交通运输部门温室气体排放增长迅速,减排潜力巨大,不过目前被纳入碳排放权交易体系的范围相对有限。当前,美国、加拿大以及韩国的碳排放权交易体系等,已将交通领域纳入碳排放权交易体系的总量管控框架。然后,建筑领域由于能耗数据分散、减排责任认定困难等因素,目前被纳入碳排放权交易体系的实践较少。但在净零目标的推动下,韩国、日本等国率先将大型商业建筑作为管控对象。最后,农业、林业和废弃物等领域虽温室气体排放量较大,但监测、报告、核查体系尚不健全,市场化减排机制建设相对滞后。目前,仅有韩国和新西兰等地在该领域展开了探索。

(3)全球碳价稳步提升,呈现出阶梯式分布特征

2023年,全球碳价整体延续温和上行态势,呈现出鲜明的阶梯式分布特点,

① 中央财经大学绿色金融国际研究院:《IIGF 观点 | 庞心睿:2023 年全球碳排放权交易体系进展及展望》. https://iigf.cufe.edu.cn/info/1012/8769.htm。

这一特征反映出不同经济体在碳排放权交易体系发展阶段和减排诉求上的差异。

从宏观角度看,相较于往年,2023 年各碳排放权交易体系的配额价格均值整体上扬。尽管金融市场波动和能源危机对碳价的短期走势造成了干扰,但强大的政策驱动力使碳价整体保持韧性。具体来说,2023 年约 65 亿吨配额对应的碳价低于每吨 10 美元,整体价格中枢仍处于较低水平。这表明,受经济发展阶段和结构调整压力的限制,广大新兴市场和发展中国家的碳定价水平在短期内难以大幅提升。中国碳排放权交易市场作为覆盖排放体量最大的新兴市场代表,碳价运行重心约为 10 美元/吨,与欧美市场仍存在差距。与此同时,仅有约六分之一的碳覆盖排放配额对应的市场均价高于每吨 70 美元。特别是欧盟碳排放权交易体系以 90 美元/吨的均价领先,甚至突破 100 美元/吨大关。这既源于其减排目标导致碳配额产生稀缺预期,也得益于其经济结构和产业布局能承受较高的碳成本。

2023 年,全球碳排放权交易体系总收入再创新高,达到 737.89 亿美元,为历年最高水平。这得益于碳价总体维持高位运行以及拍卖制度的日益普及。纵观各国碳排放权交易体系,欧盟和北美地区占据了全球碳排放权交易体系收入的绝大部分。首先,欧盟碳排放权交易体系以 470.98 亿美元的总收入位居全球榜首,占全球碳排放权交易体系收入的 63.7%。这一方面得益于其碳价持续走高,碳排放配额愈发稀缺,另一方面也与不断扩大的拍卖规模密切相关。其中,德国贡献了 115.60 亿美元的收入,英国贡献了 52.24 亿美元。其次,北美地区碳排放权交易体系的收入规模也颇为可观。加州、魁北克、华盛顿等地通过区域协同,使北美地区总收入突破 88 亿美元。其中,加州碳排放权交易体系以 47.21 亿美元的收入位居北美第一。值得留意的是,华盛顿州碳排放权交易体系虽起步较晚,但其 18.245 亿美元的收入已跃居北美第二。最后,亚太地区碳排放权交易体系的发展同样不容忽视。2015 年启动的韩国碳排放权交易体系,经过近十年发展,已跻身全球碳排放权交易体系收入前十,2023 年收入达 6 440 万美元。[①]

---

① 中央财经大学绿色金融国际研究院:《IIGF 观点 | 庞心睿:2023 年全球碳排放权交易体系进展及展望》,https://iigf.cufe.edu.cn/info/1012/8769.htm。

碳排放权交易体系收入在支持气候行动、赢得公众支持等方面的作用日益显著。从全球范围来看,碳排放权交易体系的收入主要投向五大领域:减缓气候变化、一般预算(包括债务削减)、低碳创新、教育健康等其他发展领域,以及对个人、家庭和企业的援助。这些领域的资金配置比例因国家和地区而异,但都以推动经济社会低碳转型、维护社会公平正义为宗旨。

在应对气候变化方面,在有统计数据的 28 个碳排放权交易体系中,18 个将部分收入投入到减缓气候变化和低碳创新这两大领域,为各地实施额外减排举措提供了关键资金保障。欧盟的碳排放权交易体系收入主要归入成员国预算。2023 年下半年,欧盟规定各成员国必须将碳排放权交易体系的全部收入,用于支持工业、建筑、交通等领域的节能减排改造。截至 2024 年 1 月,各成员国已将约 76%的碳排放权交易体系收入,用于国内外气候与能源相关项目。

在助力民生改善与社会公平方面,碳排放权交易体系收入同样发挥着重要作用。例如,美国加州碳排放权交易体系的大部分收入进入温室气体减排基金,且规定其中 35%以上须惠及弱势和低收入社区,这些资金通过“加州气候投资”计划,进一步分配到全州的环保、经济、公共健康等项目中;奥地利则通过类似的碳定价机制,将部分收入用于支持可再生能源项目和低收入家庭的能源补贴。

截至 2023 年 5 月,在 270 亿美元的总收入里,已有 98 亿美元投入 569 477 个项目,可减排 9 800 万吨二氧化碳当量。其中,72 亿多美元惠及了弱势和低收入群体。① 此外,美国加州要求电力和天然气企业必须将部分免费分配的配额用于拍卖,所得收益用于降低消费者电费等。这些举措充分彰显了碳排放权交易体系作为综合政策工具的优势,既有利于控制碳排放、降低碳排放量,又能保障民生福祉,最大程度争取公众对气候行动的支持。

(4)全球碳排放权交易体系展望

随着各国气候目标的提出与落实,碳排放权交易体系作为重要的减排政策工具,正迎来新一轮发展机遇。客观来讲,碳排放权交易体系在助力实现温室气体减排、推动经济绿色转型方面的作用日益显著,但其未来发展仍需不断完

---

① 中央财经大学绿色金融国际研究院:《IIGF 观点 | 庞心睿:2023 年全球碳排放权交易体系进展及展望》,https://iigf.cufe.edu.cn/info/1012/8769.htm。

善与创新。

首先,碳排放权交易体系的覆盖范围有望持续拓展,但推进过程需稳健审慎。从欧盟、新西兰、韩国、中国等碳排放权交易体系的发展经验来看,多部门纳入是各管辖区深化建设的重点方向。例如,欧盟碳排放权交易体系于2024年1月将航运业排放纳入其中,并计划建立一个单独的碳排放权交易体系,以覆盖建筑、道路运输等此前未涉及的领域。英国也计划在2026年将国内航运等高排放行业纳入碳排放权交易体系。中国全国碳排放权交易市场正稳步推进电力行业配额交易,水泥、电解铝等重点行业有望率先被纳入。不过,鉴于不同行业、地区在技术水平、成本承受能力等方面存在差异,扩容进程必须稳健审慎,在制度设计上要为相关主体预留足够的缓冲期和灵活性。

其次,抵消机制有望为碳排放权交易市场增添新活力,但仍需进一步规范引导。利用国内外碳抵消机制,能有效扩大碳排放权交易体系的影响力,为企业提供更多灵活性,降低总体履约成本。中国、印度尼西亚、巴西、印度等新兴经济体均计划或已开始允许企业使用国内碳信用进行部分履约,以便更好地贴合本国国情和本土减排政策框架。反观国际碳抵消机制的发展,尽管《巴黎协定》第6条机制下的6.2国际间转让减排成果(Internationally Traded Mitigation Outcome,ITMO)以及6.4可持续发展机制(Sustainable Development Mechanism,SDM)备受期待,但受核算规则难确定、双重计算难避免、碳信用质量难保障等因素制约,目前处于谈判进展缓慢、各方诉求难以平衡的状态。

最后,创新机制不断涌现,碳边境调节机制(Carbon Border Adjustment Mechanism,CBAM)或促使各国加快完善碳定价体系。为应对可能出现的碳泄漏风险,欧盟率先在CBAM方面付诸实践。欧盟CBAM已于2023年10月1日正式启动,2026年将正式实施。这一举措将促使欧盟贸易伙伴加快完善国内碳定价体系,以规避潜在的贸易损失。当前,英国、美国、澳大利亚、加拿大等主要经济体也纷纷计划、布局、推进各自的CBAM或碳关税政策,以提升本国产品的国际竞争力。

1.3 碳排放权交易市场对我国实现“双碳”目标的作用

所谓碳达峰，是指二氧化碳排放量达到峰值后不再增长，实现稳定或开始下降。世界资源研究所2017年的数据表明，全球有49个国家的碳排放已达顶点，占全球碳排放总量的36%。①

碳中和是指二氧化碳在人为排放与净化之间达到平衡，并非意味着二氧化碳完全没有排放。一方面，要通过清洁能源取代化石能源、提升能效等方式降低碳排放；另一方面，要通过植树造林、CCUS（碳捕集、利用与封存）技术等提高碳去除水平。

碳达峰与碳中和是全球性的重大社会经济体系变革，这既带来严峻挑战，也蕴含丰富机遇。我们要主动顺应时代发展要求，在新一轮发展中站稳脚跟，全面且精准地贯彻新发展理念，以适应新发展模式的需求并发挥积极作用。同时，必须勇于应对困难，牢牢抓住机遇，加快推动中国经济向节能环保方向转型，培育可持续发展的内生动力。

实现碳达峰、碳中和目标，意味着到2030年前，中国的温室气体排放总量将达到峰值并保持平稳，期间可能会有一些波动，但总体呈下降趋势。到2060年前，通过采取碳清除等措施，使碳清除量与排放量达到平衡，即实现碳中和。实现碳达峰与碳中和已是全球共同目标。尽管目前已有超过五十个国家的碳排放量达到了峰值，但尚无任何主要国家或地区成功实现二氧化碳零排放。回顾历史，各国的经济发展模式、自然资源禀赋、人口结构及社会发展程度存在巨大差异，这些因素导致各国在能源消耗和碳排放趋势上呈现出各自独特的变化特点。

碳排放权交易市场遵循“谁排放谁付费”原则，借助市场机制推动企业减少碳排放、保护环境。这一市场的建立与发展，对中国实现碳达峰、碳中和目标意义深远。具体而言，其作用体现在以下几个方面：

其一，推动产业结构与能源消费绿色低碳化。碳排放权交易能够促使高排

---

① Project Team on the Strategy and Pathway for Peaked Carbon Emissions and Carbon Neutrality. Analysis of a Peaked Carbon Emission Pathway in China Toward Carbon Neutrality, in *Engineering*, 2021, 7(12): 1673–1677.

放行业实现绿色转型,推动产业结构和能源消费向低碳方向转变,进而加速碳达峰和碳中和目标的实现。从企业角度看,碳排放权交易市场将碳排放成本纳入企业生产成本,高能效企业相较于低能效同行更具竞争优势,这会激励企业通过技术改造升级实现节能减排。从产业结构角度而言,引入碳排放权交易市场后,高载能产业因能耗高需承担更多碳排放成本,竞争劣势更为突出,这将推动产业结构朝着低能耗、高附加值方向优化升级。

其二,提供经济激励机制。碳排放权交易市场为碳减排提供经济激励,降低全社会减排成本。同时,为碳减排企业提供有效价格信号,引导资金流向减排潜力大的行业与企业,推动绿色技术创新与产业投资。推进碳排放权配额分配方式改革,适时逐步扩大配额有偿分配范围与比例,形成以免费分配为主、免费与有偿分配并存的格局。建立健全碳排放权交易流通二级市场,引入公开市场操作、调节抵消指标等市场调节机制,探索建立配额存储与借贷机制。鼓励创新碳金融产品,促进绿色金融产品与碳足迹挂钩,挖掘碳排放权价值,将碳金融融入碳交易体系,让金融为碳交易和绿色发展赋能助力。

其三,降低减排成本。借助市场机制,可有效降低减排成本,提高减排效率,同时带动绿色技术创新与产业投资,为平衡经济发展与碳减排关系提供有效工具。碳排放权交易市场作为一种市场机制,本质在于使全社会在实现既定减排目标的情况下,碳减排成本(包括管理成本、经济成本等)达到最优。该市场能让企业尽可能使实际碳排放量与碳排放权相匹配。承担减排任务的企业可通过货币交换(碳排放权交易)调剂减排任务,从而降低企业减排成本。随着碳排放权交易市场覆盖行业范围不断扩大,碳排放资源在全国不同行业间实现优化配置,最终将实现全国总减排成本最小化。

其四,促进区域协调发展与生态保护补偿。构建全国碳排放权交易市场抵消机制,有助于增加林业碳汇、推动可再生能源发展,进而助力区域协调发展与生态保护补偿,倡导绿色低碳的生产和消费方式。相较于传统行政管理手段,碳排放权交易市场能将温室气体控排责任具体落实到企业,同时降低全社会减排成本,提高减排效率。

其五,增加林业碳汇并推动可再生能源发展。构建全国碳排放权交易市场抵消机制,可促进林业碳汇增加与可再生能源发展,助力区域协调发展和生态保护补偿。林业碳汇集气候效益、经济效益、社会效益于一身,其价值实现依赖于“森林资源—碳市场—社会经济”系统的良性循环。因此，要紧密围绕“3060”目标与林业新质生产力发展要求，推进森林质量提升，增强林业固碳增汇能力。比如，湖南省着力构建湘林碳票政策体系，全力打通“绿水青山”向“金山银山”的转化通道。碳排放权交易市场在增强可再生能源正外部性的同时，能降低传统化石能源减排的负外部性，天然具备促进可再生能源发展的特性。所以，应尽快将CCER（国家核证自愿减排量）纳入履约范畴，并在配额分配方案中考虑CCER的影响，通过CCER抵消机制补偿新能源的低碳环境效益，提升可再生能源电力的市场竞争力。

其六，提供投融资渠道。依托全国碳排放权交易市场，可为行业、区域的绿色低碳转型以及实现碳达峰、碳中和提供投融资渠道，进一步推动绿色发展与环保技术的创新应用。碳排放权交易市场提供了多样化的投融资工具，如碳债券、碳资产抵质押融资、碳资产回购、碳资产托管等，为碳排放权相关资产提供了估值与变现途径。这些工具不仅能帮助碳资产持有者盘活碳资产，提高企业授信与融资效率，还能在拓宽融资渠道的同时降低融资成本。例如，通过创新绿色金融产品和服务，拓宽绿色制造融资渠道；积极推进绿色金融创新试点，探索差异化绿色信贷支持；持续推动绿色供应链金融；研究开发碳排放权质押、碳回购、碳基金等适用于碳排放权交易市场的融资及支持工具。

作为一种运用经济手段应对气候变化影响、促进可持续发展的策略性改革举措，CCER是中国政府的关键行动之一，也是一项至关重要的核心环境保护战略举措。

全国碳市场于2021年7月16日正式启动上线交易，市场运行总体平稳，截至2022年7月15日，碳排放配额累计成交量达1.94亿吨，累计成交额达84.92亿元。全国碳市场是落实碳达峰碳中和目标的重要政策工具，是推动绿色低碳发展的重要引擎。全国碳市场第一个履约周期共纳入发电行业重点排放单位2 162家，年覆盖二氧化碳排放量约45亿吨，是全球覆盖排放量规模最大的碳市场。① 全国碳市场激励约束作用初步显现。通过市场机制首次在全国范围内将碳减排责任落实到企业，增强了企业“排碳有成本、减碳有收益”的

① 人民日报：《全国碳市场启动一年来累计成交额近85亿元》，https://www.mee.gov.cn/xxgk/hjyw/202111/t20211112_960045.shtml。

低碳发展意识,有效发挥了碳定价功能。全国碳市场成为展现我国积极应对气候变化的重要窗口。全国碳市场不仅是我国控制温室气体排放的政策工具,也为广大发展中国家建立碳市场提供了借鉴,同时为促进全球碳定价机制形成发挥了重要作用,受到国际社会广泛关注。

碳排放权交易市场能否有效发挥作用,关乎碳达峰和碳中和目标的实现。可从两方面看待碳中和与碳排放权交易市场的关系:其一,碳排放权交易市场能有力推动碳中和目标的达成,比如降低我国实现低碳发展的成本,通过经济手段激励企业开展环保行动;其二,碳中和目标也在一定程度上影响着碳排放权交易市场的构建,如加快其建设进程、优化其设计理念等。

国家层面的碳排放配额交易体系,对我国实现二氧化碳零增长目标、减少温室气体排放至关重要,具体体现在以下几个方面:

首先,该体系促使被纳入的污染大户调整工业布局,以契合清洁环保要求。其次,这一制度能向社会传递明确的价格信号,激励人们采取行动减轻环境负担,并鼓励其投资具有巨大节能潜力的企业或项目,从而推动科技进步及其在相关领域的应用。再次,这一平台可作为有效工具,平衡森林吸收大气二氧化碳的能力及其产生的收益,助力推广可持续利用自然资源的方式。最后,借助这一框架,能探寻新途径,支持各行各业及地区间经济发展模式的转变,最终实现"双控"目标——既要遏制全球气温上升,又要确保人类社会持续繁荣、健康和谐发展。

综上所述,碳排放权交易市场借助其市场机制与经济激励机制,有力推动了中国碳达峰、碳中和目标的实现,也为全球气候治理贡献了中国智慧与中国方案。实施碳排放权交易制度,能够以更低成本实现特定的温室气体减排目标。与传统的政府监管方式相比,这种方式不仅让企业的温室气体控制责任更加明晰,还能给予企业适当的经济激励。如此一来,既能有效降低全社会的环境保护成本,又能推动环保科技发展以及相关产业投资,为化解经济发展与环境保护之间的矛盾提供了解决办法。

第2章

“双碳”目标引领下碳排放权交易制度的演进、影响与发展路径

碳排放权交易市场为企业提供了经济激励,促使其加大对低碳技术和可再生能源的研发与应用投入。企业为了降低生产成本、获取更多的经济利益,会积极探索和采用更先进的节能减排技术和设备,推动绿色技术创新和产业升级,加速向低碳经济转型。市场机制能够引导资源向低碳、环保的产业和企业流动。在碳排放权交易市场的约束下,高碳排放、低效率的企业将面临更高的成本压力,而低碳、高效的企业则能够获得更多的发展机会。这有助于优化产业结构,推动资源向更具环境效益和经济效益的领域集中,实现经济与环境的协调发展。

在第1章我们详细探讨了碳排放权交易市场建设背景:全球气候挑战下中国的战略选择与国际借鉴。在此基础上,本章将聚焦于"双碳"目标引领下碳排放权交易制度的演进、影响与发展路径,深入分析碳排放权交易制度的内涵、架构与理论基石,我国碳排放权交易制度发展的机遇、挑战与变革方向以及我国碳排放权交易制度的现实困境与突破策略,旨在进一步揭示制度在全国层面市场实践中面临的挑战和发展机遇。

2.1 "双碳"目标锚定:碳排放权交易制度的内涵、架构与理论基石

2.1.1 "双碳"目标提出的过程

工业革命以来,人类活动导致温室气体不断增加,这已成为严峻的全球性难题,严重威胁人类的生存与发展。1988年,政府间气候变化专门委员会成立,各国开启全球性气候变化合作。2005年2月,《京都议定书》正式生效,全球碳排放交易市场迎来繁荣。2015年,全球178个缔约方共同签署《巴黎协定》,协定指出,各缔约方将加强对气候变化威胁的全球应对,把全球平均气温较工业化前水平升高控制在2℃之内,并为把升温控制在1.5℃之内而努力。全球将尽快达到温室气体排放峰值,在本世纪下半叶实现温室气体净零排放目标。①

① 《巴黎协定》第二条第一款(一):把全球平均气温升幅控制在工业化前水平以上低于2℃之内,并努力将气温升幅限制在工业化前水平以上1.5℃之内,同时认识到这将大大减少气候变化的风险和影响。第四条第一款:为了实现第二条规定的长期气温目标,缔约方旨在尽快达到温室气体排放的全球峰值,同时认识到达峰对发展中国家缔约方来说需要更长的时间;此后利用现有的最佳科学迅速减排,以联系可持续发展和消除贫困,在公平的基础上,在本世纪下半叶实现温室气体源的人为排放与汇的清除之间的平衡。

因此，各国正加紧采取措施以实现这一全球目标。

我国实现碳达峰、碳中和，是一场广泛而深刻的经济社会系统性变革，是党中央作出的重大战略决策，关乎中华民族永续发展，关乎构建人类命运共同体。要坚定不移贯彻新发展理念，坚持系统观念，处理好发展和减排、整体和局部、短期和中长期的关系，以经济社会发展全面绿色转型为引领，以能源绿色低碳发展为关键，加快形成节约资源和保护环境的产业结构、生产方式、生活方式、空间格局，坚定不移走生态优先、绿色低碳的高质量发展道路。

2020 年 9 月 22 日，第七十五届联合国大会一般性辩论上，习近平主席郑重宣布："中国将提高国家自主贡献力度，采取更加有力的政策措施，二氧化碳排放力争于 2030 年前达到峰值，努力争取 2060 年前实现碳中和。"①

为落实碳达峰、碳中和目标，我国将应对气候变化作为国家战略，纳入生态文明建设整体布局和经济社会发展全局，并通过加强顶层设计统筹推进相关工作。

在此基础上，我国加快构建并实施碳达峰、碳中和"1+N"政策体系，明确了实现"双碳"目标的总体框架和具体路径。2020 年 12 月召开的中央经济工作会议②，将"做好碳达峰、碳中和工作"列为 2021 年需抓好的八大重点任务之一。会议提出要正确认识和把握碳达峰碳中和。实现碳达峰、碳中和是推动高质量发展的内在要求，要坚定不移推进，但不可能毕其功于一役。要坚持全国统筹、节约优先、双轮驱动、内外畅通、防范风险的原则。2021 年 3 月 15 日，中央财经委员会第九次会议提出，把碳达峰、碳中和纳入生态文明建设整体布局，拿出抓铁有痕的劲头，如期实现 2030 年前碳达峰、2060 年前碳中和的目标。③ 明确了碳达峰、碳中和对于"十四五"时期经济社会发展，乃至 2035 年、本世纪中叶建设和实现人与自然和谐共生现代化的重要意义。2021 年 9 月，中共中央、国务院发布《关于完整准确全面贯彻新发展理念做好碳达峰碳中和工作的意见》，正

---

① 《习近平在第七十五届联合国大会一般性辩论上的讲话(全文)》，www. xinhuanet. com/world/2020-09/22/c_1126527652. htm。

② 《中央经济工作会议在北京举行》，cpc. people. com. cn/n1/2021/1211/c64094-32305295. html。

③ 《习近平主持召开中央财经委员会第九次会议》，https://www. gov. cn/xinwen/2021-03/15/content_5593154. htm。

式确立“碳达峰、碳中和”目标(以下简称“双碳”目标)。[①] 2021年10月24日,国务院印发《2030年前碳达峰行动方案》,明确时间表、路线图。[②] 有关部门出台能源、工业、建筑等重点领域重点行业实施方案,以及科技支撑、财政支持、统计核算、生态碳汇等支撑保障方案,31个省份制定碳达峰实施方案。自此,“双碳”目标成为我国污染防治、应对气候变化、能源转型、生态保护以及经济发展的战略目标,成为当下我国重要的政治议题。在如此短的时间内多次强调碳达峰、碳中和目标,彰显了我国应对气候变化的大国担当,以及引领全球环境治理的坚定决心。

2.1.2 “双碳”目标的内涵

二氧化碳作为影响气候变迁的主要温室气体代表,同时也是衡量其他温室气体(如甲烷等)的标准,因此“双碳”目标实际上涵盖了所有类型的温室气体。碳达峰是指在某一特定年份前,二氧化碳排放量持续上升,之后在某一点达到稳定并逐步减少的过程。碳中和,也称作净零二氧化碳排放,是指在一定时间段内,通过天然碳汇、碳捕捉及储存等方式,使人类活动产生的人为二氧化碳排放总量与被清除的数量相等。

如期实现“双碳”目标,是推动经济高质量发展的内在要求。“双碳”目标旨在推动经济绿色发展、降低温室气体排放,这意味着我们必须对现有生产模式进行重大变革,以应对新的环境挑战。本质上,减少碳排放的关键在于借助市场力量引导企业行为,而碳排放权交易正是基于这一理念建立的。这种制度设计应尽可能与经济手段相结合,以最大限度提升其成效。我们要坚定不移贯彻新发展理念,将实现碳达峰、碳中和目标作为推动高质量发展的重要抓手,处理好经济发展与节能减排的关系,这是贯彻落实“十四五”规划和二〇三五年远景目标纲要的必然要求。要以经济社会发展全面绿色转型为引领,以能源绿色

① 《中共中央 国务院关于完整准确全面贯彻新发展理念做好碳达峰碳中和工作的意见》,https://www.gov.cn/zhengce/2021-10/24/content_5644613.htm。

② 《国务院关于印发2030年前碳达峰行动方案的通知》,https://www.gov.cn/gongbao/content/2021/content_5649731.htm。

低碳发展为关键，支持节能环保、清洁生产、清洁能源等产业发展，加快形成节约资源和保护环境的产业结构、生产方式、生活方式、空间格局，推动经济社会发展全面绿色转型，坚定不移走生态优先、绿色低碳的高质量发展道路。

如期实现“双碳”目标，是推动生态文明建设发展的重要方向。党的十八大以来，以习近平同志为核心的党中央将生态文明建设摆在全局工作的突出位置，全面加强生态文明建设，开展了一系列具有根本性、开创性、长远性的工作，生态文明建设从认识到实践都发生了历史性、转折性、全局性变化。2021 年 5 月 1 日，在中央政治局第二十九次集体学习时，习近平总书记强调，实现碳达峰、碳中和是我国向世界作出的庄严承诺，也是一场广泛而深刻的经济社会变革，绝不是轻轻松松就能实现的。“十四五”时期，我国生态文明建设进入了以降碳为重点战略方向、推动减污降碳协同增效、促进经济社会发展全面绿色转型、实现生态环境质量改善由量变到质变的关键时期。要完整、准确、全面贯彻新发展理念，保持战略定力，站在人与自然和谐共生的高度来谋划经济社会发展，坚持节约资源和保护环境的基本国策，坚持节约优先、保护优先、自然恢复为主的方针，形成节约资源和保护环境的空间格局、产业结构、生产方式、生活方式，统筹污染治理、生态保护、应对气候变化，促进生态环境持续改善，努力建设人与自然和谐共生的现代化。①

“双碳”目标对中国而言，既是机遇也是挑战。随着全球碳中和进程加速，其正引领新一轮能源与工业变革。迅速向低碳经济转型并在国际舞台保持竞争力，这对推进中国社会主义现代化具有积极意义。

然而，我们必须认识到，“双碳”目标在中国是一项紧迫且艰巨的任务。例如，欧洲一些国家从“碳达峰”到“碳中和”的转换过程可能长达五十年甚至七十年，而中国计划仅用三十年时间达成这一目标。这就要求我们在减排过程中，还要确保经济发展和社会进步维持在较高水平。因此，实现“双碳”目标并非单纯的技术与经济问题，而是涉及广泛的社会政治议题。②

实现“双碳”目标并非一蹴而就，需要循序渐进。目前，我们将该目标按三

① 《习近平主持中央政治局第二十九次集体学习并讲话》，https://www.gov.cn/xinwen/2021-05/01/content_5604364.htm。

② 杨临萍：《论司法助力碳达峰碳中和目标实现的方法和路径》，载《法律适用》2021 年第 9 期，第 3—9 页。

步走的方式推进,具体如下:首先,到2025年,主要任务是构建环保、节能、可持续的经济体系,大幅提升重点行业的能源效率。其次,到2030年,中国经济发展和社会建设整体实现绿色转型的重大进展,重点能源行业的能源利用效率达到全球领先水平,同时二氧化碳排放量达到峰值并开始稳步下降。最后,预计到2060年,我们将全面形成基于绿色、节能、安全、高效原则的经济结构,使我国能源利用效率位居世界前列,从而实现碳中和目标,最终达成人与自然的和谐共生。

如期实现“双碳”目标是构建人类命运共同体的必然选择。“双碳”目标的设定,不仅是为了解决当前突出的资源与环境问题,更体现了我国对构建全球命运共同体的郑重承诺,这也是中国作为大国的责任与使命所在。我国一直高度重视应对气候变化工作,不遗余力地推动全球气候治理,为《巴黎协定》的达成和生效做出了历史性贡献。在推动经济高质量发展过程中,我国将调整经济结构、优化能源结构、改善生态环境等有机结合,走出了一条符合国情的绿色低碳发展道路,并取得显著成效。“双碳”目标对我国碳排放权交易机制的发展提出了更高要求,面对“双碳”目标下的碳减排压力,优化碳排放权交易机制显得尤为迫切。

2.1.3 “双碳”目标下碳排放权交易架构

(1)碳排放权交易的基本概念

碳排放权交易是一种基于市场机制的环境经济政策工具,旨在借助市场手段推动温室气体减排。

碳排放权交易的基本概念源自《京都议定书》。该协议将二氧化碳排放权视作一种商品,允许企业在规定额度内排放,若超出额度则需购买排放权。这种交易机制使得减排成本较低的企业能够通过出售剩余排放权获利,同时助力减排成本较高的企业达成减排目标。如此一来,碳排放权成为一种具有价值的资产,可在市场上进行交换。

具体而言,碳排放权交易的基本原理是:政府或相关机构设定一个碳排放总量控制目标,随后将该总量划分为若干排放权,并分配给各个企业。这些排放权可被视为商品，企业能依据自身减排能力与需求，在市场上买卖排放权。对于减排成本较低的企业，它们可通过减少排放节省成本，或者把剩余排放权出售给减排成本较高的企业以获取经济收益。反之，减排成本较高的企业则需购买排放权，以保证自身运营活动不超出政府设定的碳排放限额。

这种交易机制不仅增进了企业间的合作与交流，还借助市场力量推动了技术创新与成本控制，进而有效减少了温室气体排放。此外，全国碳排放权交易市场（简称“碳市场”）的建立与运行，为投资者提供了新的投资契机，进一步推动了碳减排目标的实现以及市场经济的可持续发展。

在以碳排放权为主导的市场环境中，政府部门负责设定特定时间段内的整体排放限值。政府会综合考虑各行各业及经济实体的具体情况、地区特点与历史背景等因素，预先确定碳排放控制目标，并将这些目标按不同主体进行初步分配，形成可供买卖的配额，但配额总量不能超过整个地区的实际排放总量。每份配额通常代表一吨的排放水平，被监管机构需向相关部门提交相应配额。起初，管控方可能通过无偿或有偿方式获取配额，之后，依照规定，该配额可在市场上流通，企业也可利用其他有效减排工具（如 CCER）来平衡自身碳排放。简而言之，碳排放权交易的实施过程大致包含以下环节。

首先是初始阶段，政府需综合考虑经济发展、行业转型、能源升级以及空气污染物协同管理等因素，设定二氧化碳排放总量上限指标。其次，明确总体目标后，中央与地方环保机构应运用行政权力，具体核算碳排放总量，确定配额总数及分配策略。然后，依据设定的碳排放总量管控要求，向符合条件的企业发放碳排放许可证。

接着进入交易流转环节，所有参与者获得配额后，可在交易平台上买卖碳排放额度，充分发挥市场的价格调节作用，实现二次配额的优化分配。随后的监管阶段，政府可通过行政手段解决信息不对称、负面外部效应等问题，保障碳排放权交易的健康运行。最后，到履约期末，承担减排责任的企业需通过买卖配额履行控排责任，否则将面临相应行政处罚。

在实际操作中，部分企业能够在预设的履约期限内完成减排义务，而有些企业因发展阶段等问题无法达标。此时，碳排放权交易体系发挥关键作用——已完成减排任务且有多余碳排放额度的企业，可在市场上出售其碳排放权获利；反之，未完成减排承诺的企业则可通过向市场购买碳排放权或使用 CCER

来补足缺口。这种模式对于“双碳”目标而言，既能促使生产商从源头上减少温室气体排放，又能借助碳排放权交易和CCER作为补充手段，确保二氧化碳排放总量与减排量保持平衡。

(2)碳排放权交易的价值属性

碳排放权交易系统兼具经济与环保特性。在这一体系下，温室气体排放行为被视作一种权益类产品，可在碳排放权交易市场上流通。起初，一级市场会为管控单位提供一定的初始排放额度。若管控单位需要扩大额度，可从二级市场购入额外配额以满足需求，从而实现对碳排放总量的基本调控。

采用这种方式后，碳排放许可转变为一种有形资产或投资工具，能够系统地控制二氧化碳等温室气体排放，使其具备了商业属性。此外，由于碳排放权的稀缺性和价值特性，催生了碳排放权交易市场，且碳排放权能够转化为可兑换的货币价值。[①] 因此，部分研究者认为，碳排放许可证类似于股权或期权。然而，与之不同的是，碳排放许可证除具备这类权益所拥有的价值外，其核心目标是提升环境效益。

碳排放许可证不仅能提供附加服务，还通过在二级市场中的流通来彰显其实际环境效应。实际上，碳排放许可证交易的本质是将环境这一公共物品所受的外部负面影响进行内部化的过程。[②] 因此，交易过程中产生的排放额度作为一种新型财富形式，若能在大规模排放商的行为与总体减排行动之间找到平衡，便可以在市场上创造大量资本，进而有益于环境保护。另外，碳排放许可证不仅是一种新兴的市场资产，还可依法转让，由此产生经济收益与环保效益。

(3)碳排放权交易的理论基石

①“公地悲剧”理论

“公地悲剧”(The Tragedy of the Commons)这一术语由加勒特·哈丁(Garrett Hardin)于1968年在《科学》(*Science*)杂志上发表的文章中首次提出，它指的是对公共资源的过度使用，会导致如牧场退化这类悲剧的发生。[③] 公共资源的治理作为应对社会经济挑战的一个研究领域，主要考察一种公共资源管

① 蓝虹，陈雅函：《碳交易市场发展及其制度体系的构建》，载《改革》2022年第1期，第57—67页。

② 杨博文：《碳达峰、碳中和目标下碳排放权的权利构造与应然理路》，载《河海大学学报(哲学社会科学版)》2022年第3期，第91—98+116页。

③ Hardin G. The tragedy of the commons, in *Science*, 1968, 162(3859): 1243-1248.

理制度在某种空间尺度上能否实现可持续发展。其重点研究内容与资源的可持续性存在广泛重叠。该理论指出,过度利用公共环境资源会致使人们为追求自身经济效益,试图将其转化为私人财产或限制在小团体内部,而这可能损害社会的长期福祉。例如,若大气环境允许各企业自由排放污染物,企业可能会为追求利润最大化而持续扩大产能、增加污染排放量,尽管这对公众而言意味着更大的健康风险。然而,这种行为虽能给企业带来短期利益,却让整个社会承受着负面外部影响。①

随着空气污染问题日益严重,空气质量下降,民众生活受到严重干扰,甚至需要投入巨额费用来改善空气质量,这便构成了所谓的"公共环境污染悲剧"。因此,制定相应政策并在一定程度上推行空气环境容量私有化,或许是解决这一困境的关键手段。"公地悲剧"理论阐明了"公众福利往往被忽视到最低程度"这一核心观点,并为此提供了一个理论框架。

②科斯定理

根据科斯的产权经济学观点,产权模糊被视为导致市场失效的核心因素之一,"公共土地困境"便是其中的一个例证。资源配置中的外溢效应主要源于个体之间权益与责任的不对等,而市场失灵正是由产权不明晰所引发的。只有当产权被清晰界定,才有可能妥善解决企业的外部非效率问题。也就是说,通过明确产权,能够增加将外部成本转化为内部成本的可能性。对私人资产所有权进行严格界定,不仅不会损害合作,反而能够促进更广泛的合作以及组织的形成。

企业若要实现外部成本内部化,从自身经济效益考虑,可能会采取市场交换或技术改进等方式来降低内部化成本,从而实现减少污染排放的目标。依据这一理论,20 世纪末期,约翰·戴维斯深入研究了废气排放许可交易的相关概念,首次构建了废气排放许可交易的市场机制。② 这对碳排放许可证交易的理论构建和实际操作起到了重要的推动作用。

③碳价格形成理论

与其他类型的商品交易场所一样,最理想的碳价制定方式应由市场决定,

---

① 丁粮柯,梅鑫:《中国碳排放权交易立法的现实考察和优化进路——兼议国际碳排放权交易立法的经验启示》,载《治理现代化研究》2022 年第 1 期,第 88—96 页。

② 吴健,马中:《科斯定理对排污权交易政策的理论贡献》,载《厦门大学学报(哲学社会科学版)》2004 年第 3 期,第 21—26 页。

即依据消费者需求设定价格变动机制。当需求上升时，价格随之上涨；反之，若供应增加，价格则会下降。简而言之，产品的供需关系会引起价格波动，而这种价格波动又会进一步促使供需关系调整。

碳定价作为一种有效的市场手段，能够有效打破“免费使用空气资源”的局面，纠正大气环保及应对气候变化过程中的市场失灵问题，改变大众将大气环境视为公用设施的观念，将二氧化碳排放纳入市场管理体系，激励科技创新和商业创新，进而推动低碳经济发展。

因此，构建碳排放权交易体系，就是搭建了一个交易平台，使所有参与该平台的实体在既定的排放总量下，借助市场力量确定价格。与碳税类似，碳排放权交易也是一种应对碳排放负面影响的方式，二者各有优劣，都具有独特价值，且都具体体现了“谁污染谁埋单”的原则。若措施得当，都能取得良好成效。①

相较于碳排放权交易，碳税存在以下三个问题：其一，碳税并不直接限制碳排放额度，只是对成本施加压力，这无法确保实现减少碳排放的目标；其二，为达成该目标，需要长期且频繁征税，同时还需不断调整税收比例，以维持与排放量的合理平衡；其三，碳税可能会阻碍将碳信用作为国际贸易手段的可能性。②

拥有碳排放权的企业必须满足一定条件才能排放温室气体。这些条件可能包括从其他企业购买碳排放权以获得排放资格。这是碳排放企业为其温室气体排放支付的费用。根据经济学原理，当购买碳排放权的成本低于自行减排的成本时，企业通常更倾向于购买碳排放权以增加利润。这种行为催生了碳排放权市场。同样，出售碳排放权的一方也期望自身的碳减排成本低于市场售价，从而从中获利。所以，实施碳排放权交易的关键在于：对卖家而言，碳排放权价格应高于其碳减排成本且低于买家的减排成本，否则无法实现让各方共赢。

① 邓海峰，尹瑞龙：《碳中和愿景下我国碳排放权交易的功能与制度构造研究》，载《北方法学》2022年第2期，第5—15页。

② 何鹰：《我国碳排放权交易立法规制思考》，载《华南师范大学学报（社会科学版）》2018年第2期，第157—161页。

2.1.4 “双碳”目标下碳排放权交易制度的研究综述

(1)碳排放权交易制度国外研究综述

碳排放权交易制度最初在 1968 年提出,有专家建议应该把温室气体的产生费用内置到系统中。随后,众多科学家开始深入探讨这一问题,并开展了大量相关的理论与实践工作。现阶段,国际上大部分相关讨论主要集中在该系统的运作模式及其减少污染的效果方面。①②③

目前,关于碳排放权交易制度的研究主要侧重于评估其效率,以找出最佳的运行方式。例如,Kuik 和 Mulder(2004)指出,通过交易限额可以有效避免竞争造成的负面影响,不过企业在实现碳减排目标时成本会大幅增加。④ Klaassen 等人(2005)对双边交易、顺序交易和拍卖交易这三种方式的交易效率进行了比较,发现由于拍卖交易价格透明,能够提高碳排放权交易制度的效率,并实现交易公平。⑤

Yang 等人(2018)引入自然和社会经济因素后发现,引入更多低能耗、低污染企业,调整外贸结构以及抑制能源强度,能够有效减少碳排放,推动碳排放权交易市场有效运行。⑥ 这些研究的共同点在于均以效率来评估碳排放权交易制度,本质上是对交易机制进行量化,这有助于决策者更清晰地做出判断,选择适当的机制,从而更好地评估碳排放权交易制度。

在碳排放权交易制度的减排效益方面,存在两种相似但又有所区别的看法。其中一种观点认为:碳排放权交易制度能够帮助降低碳排放量。研究者

① Rhodes E, William S W A, Jaccard M. Designing Flexible Regulations to Mitigate Climate Change: A Cross-Country Comparative Policy Analysis, in *Energy Policy*, 2021, 156: 112419.

② Uusitalo V, Huttunen A, Kareinen E, et al. Using Personal Carbon Trading to Reduce Mobility Emissions: A Pilot in the Finnish City of Lahti, in*Transport Policy*, 2022, 126: 177-187.

③ Bellassen V, Stephan N, Afriat M, et al. Monitoring, Reporting and Verifying Emissions in the Climate Economy, in *Nature Climate Change*, 2015, 5: 319-328.

④ Kuik O, Mulder M. Emissions Trading and Competitiveness: Pros and Cons of Relative and Absolute Schemes, in *Energy Policy*, 2004, 32(6): 737-745.

⑤ Klaassen G, Nentjes A, Smith M. Testing the Theory of Emissions Trading: Experimental Evidence on Alternative Mechanisms for Global Carbon Trading, in *Ecological Economics*, 2005, 53(1): 47-58.

⑥ Yang L X, Xia H, Zhang X L, et al. What Matters for Carbon Emissions in Regional Sectors? A China Study of Extended STIRPAT Model, in *Journal of Cleaner Production*, 2018, 180: 595-602.

Anderson 和 Maria(2011)指出,欧盟第一个二氧化碳排放许可系统的第一轮削减数量达到了约3%;其中绝大部分减少量都发生在EU-15成员国内。① Martin等人(2016)研究发现,当进入第二个周期时,企业层面的二氧化碳排放量明显降低至10%到26%之间——这同时也带来了能源消费的重大变化,他们对这个系统的效用提出了质疑。②

Keohane 等人(1998)提出过这样的论断:假如市场运作不够高效,污染许可证未能有效分发,那么这种基于二氧化碳的权利买卖机制所产生的收益将小于其所能实现的最小环境保护费用支出上限。③ Chappin 和 Dijkema(2009)的研究结果揭示,使用此方法推动电力行业发展,并不能带来比传统煤电方式更高的投资回报率,这导致这一政策措施对该行业产生的作用相对有限,且起效时间相当漫长。④ Clò 等人(2017)的工作则进一步指出,由于配给量不足,整个方案无法充分发挥其应有的功效。⑤

作为评估碳排放权交易体系优劣的一种方法,碳减排效应为该制度提供了另一个观察视角。然而,现有的研究大多聚焦于欧美等国家的案例。即便在这些相对完善和稳定的市场环境下,研究结果仍表现出显著的差异。这表明,碳排放权交易制度的效果不仅受其自身机制影响,还深受诸多外部因素的影响,例如市场状况及与之相关的政策等,而这些外因通常起着关键作用。

若未能识别并考虑这些因素,可能会导致研究结论出现明显误差,就像之前学者们的研究所呈现的那样。因此,本书将在探讨碳排放权交易制度时,尽可能涵盖所有可能的相关要素,深入分析各主体间的联系,以确保研究结果的科学性和准确性。

总体而言,国际上对碳排放权交易制度的研究已相当完善。大量实证数据

---

① Anderson B, Maria C D. Abatement and Allocation in the Pilot Phase of the EU ETS, in *Environmental and Resource Economics*, 2011, 48(1): 83-103.

② Martin R, Muûls M, Wagner U J. The Impact of the European Union Emissions Trading Scheme on Regulated Firms: What Is the Evidence after Ten Years?, in *Review of Environmental Economics and Policy*, 2016, 10(1): 129-148.

③ Keohane N O, Reves R L, Stavins R N. The Choice of Regulatory Instruments in Environmental Policy, in *Harvard Environmental Law Review*, 1998, 22(2): 313-367.

④ Chappin E J L, Dijkema G P J. On the Impact of CO_2 Emission-Trading on Power Generation Emissions, in *Technological Forecasting & Social Change*, 2009, 76(3): 358-370.

⑤ Clò S, Ferraris M, Florio M. Ownership and Environmental Regulation: Evidence from the European Electricity Industry, in *Energy Economics*, 2017, 61(JAN): 298-312.

被用于观察和归纳该制度执行后产生的效应,从而为其运行提供了理论依据。然而,这些研究大多聚焦于欧洲联盟(EU)的碳排放权交易系统,且侧重于发达国家的碳减排效益评估、自身运营模式研究等方面。这导致一方面针对发展中国家相关内容的探讨不足,另一方面只关注到制度实施前后绩效的变化,却忽视了包括企业规模等多种因素可能对其产生的影响。

因此,在探究我国碳排放权交易制度的影响力时,一方面需要借鉴先前学者们的经验,另一方面要将企业的科技进步作为衡量碳排放权交易制度成效的重要标准。此外,还需尽量涵盖所有可能影响该制度实际效用的关键要素,以降低研究结论出现偏差的可能性。

(2)碳排放权交易制度国内研究综述

碳排放权的买卖是通过市场上的等值交换机制,实现对企业碳排放量的管理和限制,从而推动整体碳排放的减少。现阶段,我国对碳排放权交易体系的研究主要集中在评估其降低碳排放的效果。然而,也有部分研究更关注该系统能带来多少经济收益。

在碳减排效果的评估上,中国学者的观点主要集中在最终的碳减排量。但在选择实施碳减排的方法时,却存在不同的意见。例如,沈洪涛等人(2017)指出,企业往往倾向于通过削减产量来实现碳减排目标,然而这种做法对技术进步并没有显著影响。①

任亚运和傅京燕(2019)的研究表明,碳排放权交易体系除了能促使全国试点地区的碳排放总量减少外,还能刺激地方绿色经济发展。② 张华和丰超(2021)则提出,基于创新型城市的构建政策,政府可以通过提升创新效率、增强创新聚集度以及加大创新投资等途径,来实现降低碳排放的目标。③ 从这些分析中可以看出,虽然碳排放权交易系统确实有助于实现碳减排任务,但如果仅以此为依据,可能会忽略一些潜在问题。

鉴于企业为了减轻环保法规带来的负担,通常会采用一些合法手段来达到

① 沈洪涛,黄楠,刘浪:《碳排放权交易的微观效果及机制研究》,载《厦门大学学报(哲学社会科学版)》,2017年第1期,第13—22页。

② 任亚运,傅京燕:《碳交易的减排及绿色发展效应研究》,载《中国人口·资源与环境》2019年第5期,第11—20页。

③ 张华,丰超:《创新低碳之城:创新型城市建设的碳排放绩效评估》,载《南方经济》2021年第3期,第36—53页。

预定的业绩评估指标，因此对企业实现碳排放削减方法的研究变得至关重要。一些专家对这类议题展开探讨后，总结出了两个主要观点：一是通过缩小生产规模来满足评级要求；二是通过提升创新效能来降低能源消耗，从而达到碳排放限制标准。这两种策略分别体现了当前实施的环境保护措施的最优和最劣情况，也是我国碳排放权交易市场现状的真实写照。①

对于经济收益方面的研究，大部分中国专家集中探讨其如何影响经济发展以及对“波特假说”进行验证。就经济发展而言，贾云赟(2017)指出，虽然碳排放权交易体系能够间接推动经济进步，但两者之间并不存在明确的一一对应关系。② 周朝波和覃云(2020)的研究表明，碳排放权交易制度促进了中国低碳经济的发展。通过区域差异分析，他们发现创新激励作用在西部地区表现得更强，转型成效更为显著。此外，他们从“波特假说”的角度出发，利用企业的现金流量及资产回报率展开深入探讨，结果显示，该政策确实能够推动企业创新，从而验证了“波特假说”在中国是成立的。③

这些研究结果再次验证“波特假说”的有效性。郭蕾和肖有智(2020)的研究表明，实施碳排放权交易政策会使企业运营费用上升，并刺激企业研发新的产品，从而产生一种被称为“创新补偿”的效果。④ 同样，胡珺等人(2020)也指出，由于碳排放权交易是市场激励型的环保监管方式之一，因此能够显著促进企业的科技创新活动，实现了“波特假说”所提出的目标。⑤ 此外，碳排放权交易平台的市场流通性以及企业转移成本的能力，都会对碳排放控制的效果产生正面或负面的影响。

国内研究者从经济发展角度评估碳排放权交易体系，相较于仅关注减少温室气体排放的效果，这种方法能够更广泛、深入地理解该体系所产生的各种影响，例如企业创新和行业转型等。由于创新是驱动社会进步的主要力量，且与经济发展紧密相连，因此许多关于经济增长的研究都聚焦于创新领域。这些学

---

① 杨洋：《碳排放权交易制度对企业绿色技术创新的影响研究》，甘肃政法大学硕士论文，2022年。

② 贾云赟：《碳排放权交易影响经济增长吗》，载《宏观经济研究》2017年第12期，第72—81+136页。

③ 周朝波，覃云：《碳排放交易试点政策促进了中国低碳经济转型吗？——基于双重差分模型的实证研究》，载《软科学》2020年第10期，第36—42+55页。

④ 郭蕾，肖有智：《碳排放权交易试点的创新激励效应研究》，载《宏观经济研究》2020年第11期，第147—161页。

⑤ 胡珺，黄楠，沈洪涛：《市场激励型环境规制可以推动企业技术创新吗？——基于中国碳排放权交易机制的自然实验》，载《金融研究》2020年第1期，第171—189页。

者在分析碳排放权交易系统的经济效益时,将重点放在企业的创新策略方面,这符合当前经济发展趋势的要求。然而,他们可能忽视了一个关键问题:碳排放权交易系统是一项环保型环境政策,其主要影响应体现在绿色科技创新上,而非传统的创新方式。如果没有对此做出明确区分,那么得到的结果很可能过分强调了碳排放权交易系统对绿色创新的作用,导致持过于乐观的态度,并给出错误的政策建议。

总体而言,学者们主要从环保与经济两个视角探讨了碳排放权交易体系的影响力。这部分内容在很大程度上有助于实现预期的减少温室气体排放和推动经济发展目标,同时也能为未来的相关研究提供理论依据和实践参考。然而,目前仍存在一些需要改进之处。一方面,关于碳排放权交易系统如何影响企业的详细原理尚未达成共识;另一方面,人们对该系统的核心受众存在一定的认知偏差,这些都是阻碍其普及的不利因素。

所以,本章选取绿色技术创新作为碳排放权交易体系的核心影响力来源,以期更准确地揭示碳排放权交易体系对制造企业绿色技术创新的具体效应。

2.2 “双碳”目标驱动:我国碳排放权交易制度发展的机遇、挑战与变革方向

“双碳”目标并非一蹴而就,也并非仅局限于某一特定领域,它实际上是一次全面且影响深远的经济和社会系统的重大变革。这一目标不仅涵盖传统的气候适应问题,更重要的是,它是能源结构转型、产业结构优化升级以及环境保护新增长策略的关键组成部分。在这一进程中,我国碳排放权交易体系正经历着来自内部改革驱动的调适,同时也受到外部压力和挑战的影响。与此同时,我国的碳排放权交易体系也在探寻自身的发展机遇。因此,需要思考的是,如何让碳排放权交易体系在“双碳”计划中找准合适定位并实现持续发展,以确保“双碳”任务能够得到顺利推进与有力支撑。这是当前亟待解决的问题。[①]

① 文惠茹:《“双碳”目标下我国碳排放权交易制度的完善》,西南科技大学硕士论文,2023年。

2.2.1 碳排放权交易制度承载更多的政策使命

自“双碳”目标提出以来,我国已制定并实施了一系列国家战略举措,以响应全球对环境保护的需求,并建立了涵盖多个方面的“1 + N”政策体系,以系统推进这一目标的实现。面对日益严峻的二氧化碳排放增加问题,我们必须采取行动,以确保经济和社会能够高质量地持续发展。为此,应将“双碳”目标纳入生态环境建设大局以及整个社会经济发展之中,并始终遵循在降低二氧化碳浓度、减少污染物排放的同时扩大绿化面积、保持稳定发展的原则。

如今,“双碳”概念已不再局限于传统环保领域,其内涵从单纯降低二氧化碳含量扩展到了四个方面:一是降低二氧化碳水平,二是减轻空气污染程度,三是提高森林覆盖率,四是在此基础上保持可持续的平衡状态。2021 年中共中央、国务院印发的《关于完整准确全面贯彻新发展理念 做好碳达峰碳中和工作的意见》指出,优化调整后的全国统一市场化控碳手段至关重要。通过设定科学合理的碳定价标准,企业之间能够相互买卖碳排放配额的方式,这种机制为实现“双碳”目标提供了有力支撑。

(1)通过碳排放权交易推动实现减污降碳的协同

通过降低有害物质排放和减轻对气候变化的影响,可以有效应对两类环保问题:一是传统空气质量恶化的根源;二是全球变暖的主要因素之一——大气中的气态废弃物。这两类问题由相同原因引发,包括燃料消耗、工厂运作以及交通出行等人类活动产生的副产品,且它们之间关联度很高。此外,这些问题的根本原因是资源过度消耗及其带来的环境问题。鉴于此,必须采取措施解决这两个相互关联的关键挑战——既要减轻当前大规模的排污现象,又要遏制未来可能加剧的气温上升趋势。

在这一过程中,可以借助碳排放权交易的市场导向功能,引导资本流向减排潜力较大的企业,从而更有效地激励绿色低碳技术创新,推动先进科技的研究与突破,同时助力高碳排放行业实现绿色低碳转型。要充分发挥政策引导、经济杠杆驱动以及产业发展协同的作用,加强对二氧化碳和其他温室气体的监管力度,提升碳排放监测和核算能力。

与此同时,碳排放权交易体系通过对总体目标的严格监控和碳排放配额的科学管理,为致力于节能低碳技术研发和生产低碳产品的企业创造了机遇,促使它们抓住时机实现发展,进一步优化自身管理水平,并将主要精力聚焦于提升科技创新能力,以便推出高质量的绿色产品和服务,满足市场需求。

(2)通过碳排放权交易推动实现降碳与扩绿的协同

扩大绿化面积是通过植树造林等方式,促进生态环境的保育与恢复,以增强其提供生态服务的能力。目前,已构建了包含林业碳汇、草地管理、竹林运营、家庭式沼气池建设以及保护型农业耕种(通过减少排放增加收益)等多种项目的管理系统,对这些项目实施监测,并对产生的减排量予以认证。这使得 CCER 抵消机制得以运行,接受企业的购买请求,并允许企业利用经过验证的减排量来抵消自身产生的碳排放。此项制度的设计旨在借助市场的力量激励环境保护行为。

在不断发展的碳排放权交易制度中,尤其要从提高生态服务的角度加以考虑。对于 CCER 抵消机制而言,它应主要聚焦于山水林田湖草沙等各类项目的发展与抵消工作。同时,还需积极研究如何推动草原、湿地、农田、海域等各类碳汇项目融入全国性的碳排放权交易体系,以便将生态效益转化为实际的经济利益,进而借助碳排放权交易市场,真正实现“绿水青山”向“金山银山”的转变。

(3)通过碳排放权交易推动实现降碳与增长的协同

发展意味着在降低温室气体排放的同时保持经济进步,避免减排行动对经济造成负面或抑制性影响。协调温室气体减排与经济发展的关键在于实现高质量发展。除了要达到“双碳”目标下更严格的碳排放总量限制,还需要利用碳排放交易推动绿色金融发展,支持低碳科技及产业的进步。实现这一目标的主要资金筹集方法包括:一是在能源节约型企业之间开展碳排放权交易以增加收益;二是通过碳排放权交易,将自然环境转化为可货币化、可市场化的资产,从而实现生态资源的价值增值。

具体而言,可以通过生态补偿、绿色金融等措施将生态资源转化为生态资产,然后通过生态经营将生态资产转变为生态资本,实现生态资源的财富增值,进而促进高质量发展。其中,一个典型方式是在碳排放权交易市场上进行 CCER

交易。另一种方式是通过开发碳金融产品来融资,例如基于碳配额和 CCER 的碳质押、碳回购及其他衍生产品。因此,需要开发更多金融产品以增加市场流动性,吸引更多交易主体和投资者参与碳排放权交易市场,为节能企业提供融资渠道。[①]

2.2.2 “双碳”目标促进碳排放权交易抵消机制的创新

“双碳”目标可以通过两种方式推进:一是在减少温室气体排放方面采取行动,例如采用可再生能源替代化石燃料,或者实施清洁技术改革等措施以实现节能目的;二是增强自然界的吸收能力,比如植树造林,利用其他生物体系作为天然吸附器,从而捕获并储存更多大气中的二氧化碳。其中,第二种方法是当前正在发展的主要路径,也是未来的重点领域之一,因为它能为企业提供用于补偿所需的认证削减量,而无需直接从市场购入新的额度。根据现有政策法规要求,被认可用于弥补缺口的比例上限设定在总需缴纳数量的5%以内。[②]

“双碳”目标提出后,为实现更为严格的温室气体减排目标,碳排放许可的市场范围将逐步扩大,控排企业需承担更为艰巨的减排责任。这将推动市场对碳排放额度的需求大幅增长。然而,在“双碳”目标影响下,由于我国采取逐年下降的配额分配方式,在技术和生产流程不变的情况下,企业对用于抵消排放责任的 CCER 需求将显著增加。这种趋势将进一步打通国内的碳排放配额市场和自愿减排市场,促进两者的协同发展。

随着未来碳排放权交易市场的持续扩大,现有的5%抵消比率难以满足企业减排需求,也难以充分发挥 CCER 的优势。鉴于 CCER 即将恢复使用,且越来越多的绿色能源与绿色碳汇项目被开发出来,可用于抵消的项目种类将显著增加,这将对一些试点地区及项目类别的限定产生影响,进而促使这些地区的碳排放权交易市场针对抵消的地域和类别做出相应调整。

---

① 乔国平:《碳排放交易制度对企业创新激励研究——基于企业现金流和资产收益率视角的分析》,载《价格理论与实践》2020年第10期,第167—170页。

② 文惠茹:《“双碳”目标下我国碳排放权交易制度的完善》,西南科技大学硕士论文,2023年。

2.2.3 多元化碳汇有效扩大碳排放权交易的产品范围

实现“双碳”目标的途径之一是发展碳汇项目。例如,森林碳汇可通过植树造林等措施提高绿化率,增强吸收和储存大气中二氧化碳的能力,进而降低大气中的二氧化碳含量。2020 年,生态环境部在《碳排放权交易管理办法(试行)》中规定重新纳入自愿减排核证机制,允许排放单位将购买林业碳汇作为履行减排义务的一种方式,以此搭建 CCER 与全国碳排放配额市场之间的联系通道。

2021 年 9 月,中共中央办公厅、国务院办公厅印发《关于深化生态保护补偿制度改革的意见》,强调要健全以国家温室气体自愿减排交易机制为基础的碳排放权抵消机制,将具有多种效益的林业等领域的温室气体自愿减排项目纳入全国碳排放权交易市场。

在碳排放权交易市场中引入碳汇,能够有效增强全国碳排放配额市场的流动性,同时凸显其稀缺性,碳汇是全国碳排放配额交易市场的有效补充。当前,我国主流碳汇类型为林业碳汇。在“双碳”目标背景下,水土保持碳汇、草原碳汇、海洋碳汇等多元化生态碳汇项目的持续发展,有望通过 CCER 被纳入碳排放权交易市场,从而扩大碳排放权交易的产品种类。

在政策推动下,对碳汇系统的改进与融合,不仅能更有效地发挥其作为碳排放抵消工具的功能,还能让参与其中的企业获得实际收益,进而激活已进入碳汇交易体系商品的市场活力。此外,随着森林碳汇发展达到一定规模,整个行业的效能会大幅提升,这也会增强碳汇市场对外部的吸引力。与此同时,土壤保育、生物多样性维护、海域及湿地生态服务功能提升所产生的生态系统碳汇被纳入其中,如此一来,可供碳汇交易选择的商品种类增多,自愿减排交易市场的参与者数量也得以扩大,进而提升了自愿减排交易市场的活跃度。

进一步来讲,多样化的碳汇交易将推动碳金融的发展与革新。在碳排放权交易市场中,不仅会存在特定的实物商品,而且商品品种将更为繁多,这无疑会增强市场的灵活性与活跃度。此外,大众参与的市场为消费者日常购物活动与碳汇生态环境产品建立关联提供了可能性,从而使个体成为碳汇交易的关键角色。因此,可以看出,将多种形式的碳汇交易融入碳排放权交易市场,会增加该市场的商品类型,提升市场的流通性,扩大市场范围,并为碳排放权交易市场带来更多的发展机遇。

2.2.4 碳排放管理制度的发展有效促进碳排放交易规则的完善

“双碳”目标是中国对世界应对气候变化问题的责任担当。这不仅给我国的政策制定与执行体系带来了新的课题,也为我国在国际舞台上推动气候变化管理创新提供了契机。“双碳”目标的设定使中国在碳排放控制策略上发生了重大转变,更加注重体系构建、精准管理和科学方法的运用,进而推动了碳排放管理制度的长远发展。[①]

首先,应对气候变化的管理部门发生了变动。根据国务院机构改革方案,应对气候变化的职责已从过去的国家发展和改革委员会(下文称国家发改委)转移至生态环境部。相较于承担统筹协调职责的国家发改委,生态环境部的角色更侧重于企业层面的排污控制和政策执行。其管理方法更加系统全面,具备专业深度,能够深入到企业的细微运营环节。生态环境部可借助现有的环境监管机制,精准实施对企业碳排放的管控,以实现科学性和制度化的目标。

其次,具体执行政策也发生了转变。在中国加入《京都议定书》的过程中,积累了丰富的环境保护与气候变化管理经验,这些实践为“双碳”目标的实现提供了有力支撑。总体来看,中国的环保举措逐步构建起一套完整的生态环境治理框架,包括设立地区性零污染试验区和项目示范区,以及建立以温室气体排放监测评估系统为核心的环境监测网络等。

此外,中国特别强调各行业能源消耗控制以及减少废弃物产生的重要性,同时注重提升热能数据的记录与计算能力,逐步建立起一套具有代表性、涵盖各类热力资源使用情况的信息收集、分析和处理体系。这无疑是推动我国可再生能源使用率不断提升的重要保障因素之一。

“双碳”目标提出后,为满足新的碳减排需求,公众对政府的管理水平和执

---

① 张文显:《习近平法治思想的基本精神和核心要义》,载《东方法学》2021年第1期,第5—24页。

行力有了更高期望,同时也将企业的碳减排责任和义务提升到了更高层次。这进一步推动了地区性碳排放权市场机制、自愿碳排放权市场体系、CCER 抵偿系统以及企业碳排放信息公开透明化等相关政策的构建与优化。碳排放管控方式从主要依靠宏观管理、间接控制、经济刺激为主的引导模式,转变为鼓励与限制并行的综合策略。

因此,为应对日益完善的碳排放管控政策,需尽快对碳排放权交易规定作出相应修订。首要任务是保障所有市场参与者的权益,提升整个碳排放权交易系统的效能,通过强化碳排放权交易的规则框架来引导市场参与者的行动方向。

此外,有必要确保碳排放权交易活动平稳运行,持续、准确地收集和公布相关温室气体排放数据。只有这样,才能稳步推动"双碳"目标的实现,进而构建一个全国统一的碳排放权交易系统。通过利用市场竞争力及定价策略,引入长期激励机制,实现碳排放权的有序流转,满足各方碳减排需求。这不仅能拓展碳排放权的市场潜力,还能提高碳排放权交易的总体收益,为实现"双碳"目标带来持久且强大的驱动力。①

2.3 基于"双碳"目标审视:我国碳排放权交易制度的现实困境与突破

2.3.1 "双碳"目标下我国碳排放权交易制度的发展成效

(1)交易范围:碳排放权交易范围由区域性扩展到全国

我国的碳排放权交易制度最初以区域性试点市场的形式启动。早在 2013 年,国内便开始在北京、上海、广东、深圳和天津等地开展碳交易试点。这些试点积累了大量经验和数据,为后续全国市场的建设奠定了基础。

随着试点工作的逐步推进,2017 年 7 月,我国政府决定建设全国统一的碳

① 董战峰,周佳,毕粉粉等:《应对气候变化与生态环境保护协同政策研究》,载《中国环境管理》2021 年第 1 期,第 25—34 页。

排放权交易市场,这标志着碳交易的范围从局部试点向全国拓展。全国碳排放权交易市场于 2021 年底正式上线运营,首先将电力行业的碳排放纳入覆盖范围。这一全国市场的建立,不仅使碳交易机制的操作更加规范,也增强了市场的流动性与透明度。

通过建立全国碳排放权交易市场,中国能够更有效地监测和管理碳排放,更好地实现各行业的减排目标,并在全国范围内实现资源的优化配置。各地区之间的碳排放额度能够进行灵活交易,这进一步推动了区域间的合作与竞争,助力形成一个更高效的碳排放权交易市场。

(2)交易类型:强制配额交易与自愿减排交易并存

在交易类型方面,我国的碳交易市场形成了强制配额交易与自愿减排交易相结合的格局。

强制配额交易是指政府按照设定的碳排放总量,将其分配给各个企业。企业必须在规定的配额内开展运营活动,若超出配额则需要购买额外的配额;若排放量低于配额,企业则可以出售多余的部分。这种机制增强了企业的减排意识,鼓励企业通过技术创新、管理优化等手段降低自身的碳排放,进而在市场中获取经济利益。

自愿减排交易是指企业或个人主动实施减排项目,由此产生减排量,并获得减排信用(一般称为“碳信用”)。这些碳信用既可以在市场上进行交易,也可用于企业实现法规要求之外的自愿减排目标,或者用于提升企业的社会责任形象。这种自愿性交易的灵活性,使更多企业能够参与到减排行动中来,进一步推动了社会各界对环保的关注与行动。

(3)交易规则:依托碳排放管理制度的交易规则体系

为了确保碳交易的有效性和公正性,我国建立了一套完整的交易规则体系。这些规则是基于国家的碳排放管理制度,通过科学合理的计算和评估,确保所有参与者的行为在法律和市场的框架内进行。

一是碳交易市场的参与方需要进行严格的登记和核查,确保其碳排放和减排项目的真实性和有效性。通过第三方机构的独立审核,确保所有的碳交易记录都是真实可靠的,这样可以增强市场的透明度,防止伪造和不当交易。二是交易规则中还涵盖了配额分配、交易流程、价格形成机制等关键内容。例如,配额的初始分配通常采取“历史排放法”,依据企业过去的排放数据进行分配,以确保配额的合理性。交易流程的简化以及价格的市场化形成都有助于提升交易的活跃性,同时降低企业的合规成本。三是从技术上讲,我国还在探索区块链等新兴技术的应用,希望通过技术手段提升碳交易的信任度和效率,进一步优化碳排放权交易市场的运作。

综上所述,在“双碳”目标的指引下,我国的碳排放权交易制度在交易范围、交易类型及交易规则等方面都取得了长足的进步。这一制度不仅为实现减排目标提供了有效的市场机制,也为各类企业提供了灵活的减排路径及经济激励。随着市场的不断成熟和完善,相信碳交易制度将在应对气候变化的过程中发挥越来越重要的作用。

2.3.2 “双碳”目标下我国碳排放权交易制度存在的不足

(1)配额分配尚待完善

①分配方法欠合理

当前,碳排放权配额的主要分配方式包括免费分配与拍卖分配等,但这些方法均存在一定弊端。免费分配通常依据历史排放数据或行业基准线进行,这种方式极易引发“鞭打快牛”现象。具体而言,那些减排成效显著的企业所获配额相对较少,而高排放、低效率的企业却能得到较多配额。如此一来,难以有效激励企业积极投入减排工作,不利于碳减排目标的高效达成。拍卖分配虽在理论层面更能彰显公平性并契合市场机制,然而在实际操作过程中,受拍卖规则不完善、信息不对称等诸多因素影响,往往会致使配额价格不合理,进而增加企业成本,影响企业参与碳市场的积极性。

②动态调整机制缺失

企业的生产经营状况、技术水平以及市场需求等因素处于不断变化之中,然而当前的配额分配大多基于某一固定时期的情况开展,缺乏根据企业实际变化进行动态调整的有效机制。这一现状使得部分企业在发展进程中,可能面临配额不足或过剩的问题。配额不足会限制企业正常生产经营,而配额过剩则会造成资源浪费,这不仅影响碳市场的运行有效性,也会干扰企业的正常运营秩序。

(2) 市场运行积极性亟待提升

①市场活跃度欠佳

碳市场的参与主体相对单一,现阶段主要以控排企业为主,金融机构、投资公司等其他市场主体的参与程度较低,这直接导致市场交易活跃度明显不足。此外,部分企业对碳市场的认知和重视程度有限,参与交易的积极性不高。这些企业更倾向于通过内部减排措施来满足配额要求,而不愿涉足市场交易,这在一定程度上抑制了碳市场的活力。

②价格波动问题突出

碳排放权价格受宏观经济形势、能源价格、政策调整、天气变化等多种因素综合影响,导致价格波动较为频繁。价格的不稳定无疑增加了企业的减排成本与市场风险,同时也对碳市场的稳定性和可预测性造成负面影响。这使得企业在制定长期减排策略和投资计划时面临较大困难,阻碍了碳市场的健康有序发展。

(3) 国际协调有待进一步加强

①国际规则存在差异

不同国家和地区的碳排放权交易制度在配额分配、交易规则、监管要求等多个方面存在显著差异。这种差异给国际碳市场的互联互通带来诸多阻碍。跨国企业在不同国家和地区开展业务时,不得不花费大量精力去适应各异的碳市场规则,这无疑增加了企业的合规成本与管理难度,不利于国际碳市场的协同发展。

②碳泄漏问题凸显

由于不同国家和地区的碳减排政策与力度不尽相同,可能致使一些高碳排放产业从减排要求严格的国家和地区向减排要求相对宽松的国家和地区转移,进而引发碳泄漏现象。碳泄漏不仅会削弱全球碳减排的整体成效,还会对实施严格减排政策的国家和地区的产业竞争力产生不利影响,破坏全球碳减排行动的协调性与有效性。

2.3.3 “双碳”目标下完善我国碳排放权交易制度的对策建议

(1)加强政策引导和支持,完善碳排放权交易制度

①明确目标与规划

制定碳排放权交易制度的阶段性和长期目标。短期内,设定年度碳排放强度降低目标,为减排工作提供具体量化指引;长期而言,以实现碳达峰、碳中和为导向,针对不同行业和地区,明确未来几十年的碳减排路径与目标。如此,可为市场参与者提供清晰明确的政策方向,使其在碳减排工作中有据可依。组织相关部门及专家编制碳排放权交易专项规划,并将其纳入国家和地方的经济社会发展规划体系,与能源、产业、环保等规划紧密衔接。通过这种方式,确保各项政策协同发力、连贯推进,形成政策合力,共同推动碳排放权交易制度的有效实施。

②加大资金与税收支持

设立碳排放权交易专项基金,该基金主要用于支持企业的碳减排项目、技术研发、市场建设以及能力建设等方面。通过资金投入,助力企业提升碳减排能力,推动碳市场的健康发展。对于积极参与碳市场交易且减排成效显著的企业,给予财政补贴,以此激励企业加大减排投入,形成良好的市场示范效应。同时,对参与碳排放权交易的企业实施税收优惠政策。例如,对通过节能减排实现碳排放权盈余并在市场出售的企业,给予所得税减免;对购置和使用节能低碳设备的企业,给予投资抵免企业所得税等优惠措施。这些税收优惠政策能够降低企业参与碳市场的成本,提高企业的积极性。

③推动金融创新与资源配置

鼓励金融机构开发与碳排放权交易相关的绿色金融产品,如碳排放权质押贷款、碳债券、碳保险等。这些多元化的金融产品可为企业参与碳市场提供丰富的融资渠道和有效的风险管理工具,满足企业不同的需求。引导金融机构将碳排放权交易情况纳入企业信用评级体系。对于碳减排表现良好的企业,在信贷额度和利率方面给予倾斜支持,促使金融资源向低碳领域合理配置,助力低碳产业发展。

(2)加强监督与宣传培训

①加强监管与政策评估

明确生态环境、发展改革、金融监管等部门在碳排放权交易政策执行中的监管职责,建立健全协调联动的监管机制。加强对碳排放权交易全流程的监督管理,确保政策执行不走样,维护碳市场的正常秩序。构建一套科学合理的政策评估指标体系,涵盖碳排放总量控制效果、碳市场活跃度、企业减排成本、社会经济效益等多个维度。定期对碳排放权交易制度的实施效果进行评估,通过全面、客观的评估,及时发现制度运行中存在的问题与不足。根据评估结果,对政策进行动态调整与优化,确保政策始终保持有效性和适应性,更好地服务于碳减排目标。

②加强宣传与培训

借助电视、报纸、网络等各类媒体平台,广泛宣传碳排放权交易制度的政策目标、意义、规则及操作流程等内容,提高社会公众对碳市场的认知度与关注度,营造全社会共同参与碳减排的良好氛围。组织开展形式多样的主题宣传活动,如碳市场知识竞赛、公益广告大赛、低碳发展论坛等,增强社会各界对碳减排和碳市场的参与意识,激发公众参与碳减排行动的积极性。针对企业管理人员和相关工作人员,开展碳排放核算、报告、交易等方面的专业培训,帮助企业深入理解和准确执行政策,提升企业参与碳市场的能力与水平。同时,对各级政府部门和监管人员进行培训,使其熟悉碳排放权交易的政策法规、监管要求和业务流程,提高政策执行和监管能力,保障碳市场的规范运行。

(3)增强碳配额管理制度的科学性

构建目标导向明确的碳排放配额总量管控系统是关键的前置条件。该系统通过为特定时期内的所有地区设定温室气体排放上限来发挥作用。这一排放上限数值依据社会经济发展的实际情况确定并执行,旨在确保企业拥有足够的碳排放额度。设定碳排放配额总量是开展碳排放管理的首要步骤,其主要任务是在规定范围内设定碳排放管理目标。完善的碳排放配额总量管控机制,对于保障碳排放权交易活动的顺利开展至关重要,也是实现"双碳"目标的关键举措。首先要确定碳排放配额总量,随后按照一定标准将其分配给不同的减排责任主体。只有在存在碳排放配额总量限制的前提下,各排放单位才能依据自身需求参与碳排放权交易活动。考虑到各国在应对气候变化方面自我承诺目标的调整等因素，应依据远期的整体规模调控目标，构建连贯的长效减排路径。接着，结合长期目标与发展需求，进一步细化长远期目标和阶段性目标，形成短期行动计划并推动政策实施，从而构建推动“双碳”目标达成的驱动体系。

(4)加强国际合作与交流

综合考量各国的历史排放、发展阶段、产业结构以及人口等因素，采用行业基准线与历史排放相结合的方法，并依据不同行业的特点和减排潜力实施差异化调整。如此，确保配额分配既能有效激励企业积极减排，又能保障各国产业得以合理发展。借助国际合作项目与技术援助，助力发展中国家提升监测与核算能力，使其能够更好地适应并执行统一标准。通过举办培训课程、研讨会，开展专家咨询等活动，分享先进的减排技术与经验，支持发展中国家构建并运行碳排放权交易制度。成立专门的国际碳排放权交易监管机构，负责对各国碳市场的运行状况进行监督，确保各国遵守国际规则与标准，对违规行为展开调查与处罚。该机构可与各国国内的监管部门建立紧密的合作关系，形成高效的监管网络。

2.3.4 我国碳排放权交易制度政策对医药制造行业的影响

我国碳排放权交易制度对医药制造行业的积极影响和带来的挑战如下。

(1)对医药制造行业的积极影响

我国的碳排放权交易制度自2021年正式启动以来，逐步覆盖发电、石化、化工、建材、钢铁、有色、造纸和航空八大行业。尽管医药制造行业尚未被纳入全国统一碳市场，但地方试点碳市场和行业政策已对医药企业产生显著影响。结合政策导向与行业实践，碳排放权交易制度对医药制造行业的积极影响主要体现在以下几个方面。

一是倒逼绿色技术创新，提升行业技术壁垒。医药制造行业，尤其是原料药生产环节，涉及高能耗的化学合成、发酵和溶剂使用，其碳排放强度约为制造业平均水平的1.5倍。碳排放权交易通过配额约束和碳价信号，推动企业加速技术转型。江苏某原料药企业通过酶催化技术替代传统化学合成，使某抗生素生产步骤从12步缩减至5步，不仅使碳排放减少45%，还降低70%溶剂使用量；上海某生物医药园区企业引入光伏发电和生物质锅炉，2022年清洁能源占比从15%提升至35%，年减碳量达1.2万吨；山东某药企部署AI驱动的能源管理系统，实时优化发酵罐温控参数，使单位产品能耗下降18%。据中国医药企业管理协会统计，2020—2023年间，医药行业绿色技术专利年增长率达27%，远超医药行业整体创新速度。

二是重构成本结构，增强长期竞争力。碳成本内部化促使企业重新评估生产全生命周期的经济性。浙江某药企通过余热回收系统改造，年节省蒸汽费用800万元，同时减少1.5万吨碳排放，节省配额成本约90万元；某药企建立绿色供应商白名单，要求主要原料供应商提供碳足迹证明，带动上游企业改进工艺，2022年供应链整体碳排放强度下降12%；某集团通过开发VOCs治理项目获得CCER，累计交易收益超2 000万元。据某咨询测算显示，提前布局碳管理的医药企业，到2030年运营成本可降低8%~12%。

三是拓展市场空间，突破国际贸易壁垒。随着全球医药供应链对低碳化要求日益严苛，碳排放权交易制度助力企业对接国际标准。华东某原料药出口企业建立全生命周期碳核算体系，成功通过欧盟碳边境调节机制(CBAM)预审，避免4%的额外关税；某企业2023年发行绿色债券融资5亿美元，利率降低1.2个百分点，资金专项用于苏州基地零碳改造；某中药企业通过中药材种植碳汇认证，其拳头产品在欧美市场售价提高15%，年增收超3 000万美元。数据显示，2023年，通过ISO 14064认证的中国药企出口额增长率比未认证企业高出9个百分点，充分体现了低碳化对市场拓展的作用。

四是推动行业整合，优化产业结构。碳排放约束加速落后产能淘汰，提升行业集中度。河北某维生素C生产企业因无法承担年800万元的碳配额成本，于2022年被行业龙头并购，推动行业CR5集中度提升至68%；苏州某产业园区实施集中供能、危废协同处置，入园企业单位产值碳排放较分散布局降低40%；重庆某医药产业园实现溶剂回收率95%，年减少危废处理成本1 200万元，相关技术获国家科技进步奖二等奖。生态环境部数据显示，2023年医药制造业规模以上企业数量较2020年减少12%，但行业利润总额增长23%，呈现“减量提质”的显著特征。

五是培育新兴增长点，拓展产业边界。碳约束催生医药行业新业态：深圳某三甲医院通过药品冷链物流碳足迹追溯,实现年度减排3 000吨,获评国家低碳医院示范单位;某企业成立碳中和技术服务事业部,为跨国药企提供绿色工艺开发服务,2023年收入突破2亿元;某生物公司利用合成生物学技术生产生物基材料,替代石油基材料,产品碳足迹降低60%。据麦肯锡预测,到2030年,中国医药行业低碳技术服务业市场规模将达150亿元,年复合增长率超25%,展现出强劲的增长潜力。

碳排放权交易制度正深刻重塑医药制造业的竞争格局。通过技术创新驱动、成本结构优化、市场边界拓展和产业结构升级,该制度不仅推动行业实现绿色转型,更培育出新的增长动能。随着全国碳市场扩容预期增强,提前布局碳管理的企业将获得先发优势,而反应迟缓者可能面临市场份额萎缩风险。在这一过程中,政策制定者需关注中小企业转型支持、碳核算标准细化、国际规则衔接等关键问题,确保行业转型平稳有序。

(2)对医药制造行业带来的挑战

尽管碳排放权交易制度在推动绿色转型方面具有积极作用,但其对医药制造行业也带来了一系列复杂挑战。这些挑战不仅涉及经济成本和技术升级,还触及行业结构、国际竞争及政策适应性等多个维度。

一是直接成本压力与财务负担。配额购买成本激增,医药制造企业若被纳入全国碳市场,需为超出免费配额部分的碳排放支付成本。以2023年试点碳市场均价60元/吨计算,某大型原料药企业年排放50万吨二氧化碳,若需购买10%的配额,年度成本将增加300万元。中小企业因规模劣势,单位碳排放成本可能更高。监测与报告系统建设投入,建立符合MRV(监测、报告、核查)要求的系统,企业需投入50~200万元用于安装在线监测设备、培训专业人员。江苏某药企的案例显示,其碳数据管理系统建设费用占年度环保预算的35%。

二是技术升级与工艺改造困境。绿色技术研发周期长,医药行业从实验室到产业化平均需5至8年,而碳达峰目标要求2030年前实现技术突破。某抗生素生产企业研发酶催化工艺耗时6年,其间仍需承担传统工艺的碳排放成本;山东某药企测算显示,将燃煤锅炉替换为天然气锅炉需投入1 200万元,年节省碳配额成本仅90万元,投资回收期超过13年,远高于行业平均回报期(5至7

年)。此外,因技术锁定风险,部分企业选择短期末端治理技术(如碳捕获)而非根本性工艺革新。河北某维生素C厂投资CCUS设备后,发现运营成本占净利润的18%,反而削弱了竞争力。

三是供应链协同难题。上游原材料碳足迹不可控,医药生产所需化工原料(如丙酮、甲醇)的碳排放占产品全生命周期排放的40%~60%。浙江某药企因供应商无法提供低碳证明,被迫承担15%的关联排放成本;国际供应链标准冲突加剧,欧盟CBAM要求披露原料药全生命周期碳排放数据,但国内核算标准与欧盟存在12项差异,某出口型药企为满足双重标准,年度合规成本增加800万元;冷链物流碳排放管理存在盲区,生物药冷链运输的柴油冷藏车碳排放强度是普通物流的3倍,但现有碳核算体系未涵盖此环节,导致企业面临隐性碳成本风险。

四是市场竞争力重构压力。碳成本推高原料药价格,海外竞争对手因无碳约束,同类产品报价低8%~12%。2023年1—9月,我国青霉素工业盐出口量同比下降6.7%。创新药研发资源挤占,恒瑞医药2022年报显示,其绿色技术投入占研发预算的比例从5%升至12%,直接导致3个早期抗癌药项目进度延迟。资本市场估值分化,2023年ESG评级低于BBB级的医药上市公司市盈率较行业水平低23%,融资成本高1.5个百分点。

五是政策适应与合规风险。区域政策碎片化问题突出,长三角三省一市的碳配额分配规则存在5项差异,某跨省药企因各地核算标准不一,年损失配额价值超200万元。动态调整带来的不确定性,全国碳市场扩容时间表不明,企业难以制定中长期技术路线。某上市药企因误判政策节奏,提前投资的碳捕集设备闲置率达60%。行政处罚与信用风险叠加,现行《碳排放权交易管理办法(试行)》规定数据造假最高罚款3万元,但某企业因误报数据被取消绿色信贷资格,间接损失超5 000万元。

六是行业格局分化加剧。头部企业虹吸效应显著,2023年医药行业绿色技术专利TOP10企业占比达78%,中小企业因无力投入,被迫退出高端原料药市场。区域发展失衡,东部医药集群(长三角/珠三角)单位产值碳排放较中西部地区低35%,政策倾斜加剧中西部药企外流,2022年湖北医药投资额下降18%。

碳排放权交易制度对医药制造业的挑战呈现多维度、深层次特征,涵盖直接成本冲击、技术路线博弈、供应链重塑及全球竞争格局变动，这些挑战正在重构行业生态。2025 年全国碳市场扩容预期下，医药企业需建立碳战略管理体系，通过技术创新、供应链协同和碳金融工具应用等综合手段化解风险。政策制定者应关注行业特殊性，在配额分配、技术标准、区域协调等方面优化制度设计，推动实现环境效益与产业竞争力的动态平衡。

第3章

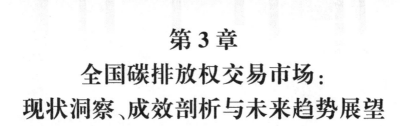

全国碳排放权交易市场：现状洞察、成效剖析与未来趋势展望

在全球积极应对气候变化的大背景下,我国于2021年7月16日正式启动全国碳排放权交易市场(简称"碳市场"),这一举措标志着我国在利用市场机制控制温室气体排放、推动经济绿色低碳转型方面迈出了关键一步。经过三年多的建设与运行,全国碳排放权交易市场已取得显著进展,在诸多方面展现出积极成效,同时也为未来的深化发展奠定了坚实基础。在第2章中,我们详细探讨了"双碳"目标下碳排放权交易制度的发展情况,明确了制度的内涵、影响以及当前的发展现状与对策。在此基础上,本章将聚焦全国碳排放权交易市场的实践,深入分析其运行现状、发展成效与特点,并展望未来的发展趋势,提出相应的对策建议,旨在进一步揭示该制度在全国层面市场实践中的具体表现和发展方向。

根据生态环境部发布的《全国碳市场发展报告(2024)》,截至2023年底,全国碳排放权交易市场碳排放配额累计成交量4.42亿吨,累计成交额249.19亿元,其中,第二个履约周期碳排放配额累计成交量2.63亿吨,累计成交额172.58亿元,交易规模逐步扩大,交易价格稳中有升,交易主体更加积极。全国碳市场由强制性的碳排放权交易市场和自愿性的减排交易市场共同构成,二者既各有侧重、独立运行,又通过配额清缴抵销机制相互衔接,形成了完整的全国碳市场体系。配额分配与清缴制度是全国碳排放权交易市场健康平稳有序运行的基础,也是实现政策目标的关键保障。根据国家温室气体排放控制目标,全国碳排放权交易市场采用碳排放强度基准法分配配额,确保与"双碳"目标的推进节奏和力度保持一致。

报告显示,全国碳排放权交易市场2021和2022年度配额发放量分别为50.96亿吨和51.04亿吨,经核查的实际排放量(应清缴配额量)分别是50.94亿吨和50.91亿吨,分别盈余147万吨和1 298万吨,占配额发放总量的0.03%和0.25%。总体来看,第二个履约周期配额分配盈亏基本平衡,符合政策预期。此外,重点排放单位共使用371.74万吨国家核证自愿减排量用于配额清缴抵销。截至2023年底,2021和2022年度配额清缴完成率分别为99.61%和99.88%,较第一个履约周期进一步提升,这一表现位居国际主要碳市场前列。[①]

通过向企业发放碳排放许可证,并且允许市场参与者以低于自身减排成本

① 生态环境部:《全国碳市场发展报告(2024)》,第11、13页。

的价格获取这些许可证,这背后蕴含一个经济学观点:即碳排放权的市场化是成本最低的减排方式。其原理在于,这种方式能使所有排放者的边际减排成本相等,从而有效控制整体排放量,且总体成本相对较低。

碳排放权交易可实现多个目标。首先,全国碳排放权交易市场被广泛视为一种以成本效益为导向的工具,用于控制电力、工业等主要排放源的碳排放量,也是我国为全球应对气候变化贡献力量的一种机制。不过,成本效益并非唯一目标。碳排放权交易市场提升了政府在碳排放监测、报告和核查(MRV)方面的能力,这对于衡量国家气候目标的进展情况、增强参与者和观察员对该体系有效性的信任必不可少。

此外,碳排放权交易市场为中国的二氧化碳抵销市场注入了新活力。此前,我国的碳抵销市场依赖于向欧盟排放权交易体系(EU ETS)出售经认证的减排量。更为重要的是,碳排放权交易市场要求排放者对自身排放的二氧化碳负责。这为管理者对二氧化碳和其他温室气体排放承担责任奠定了基础,就如同早期针对当地环境污染物的政策一样。

尽管我们可以实施许多有助于实现这些目标的替代政策设计,但这些替代政策在行业覆盖面、对当地情况的熟悉度与支持度以及国际地位方面都有所欠缺,也与我国国内碳排放权交易市场的改革议程不相符。虽然碳排放权交易市场将有助于平衡企业间的碳边际减排成本,但这远远不是中国决策者判断该体系成功与否的唯一标准。

习近平总书记 2023 年在全国生态环境保护大会上强调,今后 5 年是美丽中国建设的重要时期,要深入贯彻新时代中国特色社会主义生态文明思想,坚持以人民为中心,牢固树立和践行绿水青山就是金山银山的理念,把建设美丽中国摆在强国建设、民族复兴的突出位置,推动城乡人居环境明显改善、美丽中国建设取得显著成效,以高品质生态环境支撑高质量发展,加快推进人与自然和谐共生的现代化。①

我国积极投身世界范围内的环境保护工作,推动《巴黎协定》的签署与实施,并成为全球环保事业的主要领导者之一。在气候多边进程面临不确定性时,中国发挥大国引领作用,提振各方信心。作为有担当的发展中国家,我国承

① 《习近平在全国生态环境保护大会上强调:全面推进美丽中国建设 加快推进人与自然和谐共生的现代化》,https://www.gov.cn/yaowen/liebiao/202307/content_6892793.htm。

诺要在2030年之前实现温室气体排放达峰，并积极追求在2060年前实现碳中和目标。为此，我国构建"1+N"的政策体系框架，以此为基础展示出我国在全球气候管理中的领导角色。

在中国的积极推动下，联合国环保领域首个核心议题讨论成功推动了《生物多样性公约》第15届缔约方会议（COP15）的进程，并且协助达成了"昆明—蒙特利尔全球生物多样性框架"这一历史性的协议。这个框架不仅具有远大的目标，同时也具备实际可行的策略，实现了两者之间的完美结合。此次会议确立了2030年全球行动目标和2050年全球长期目标，开启了全球生物多样性治理的新篇章，获得了国际社会的广泛赞誉。

党的十八大以来，我国积极实施应对气候变化的国家战略，并在经济社会发展方面推进全面的绿色低碳转型，取得了显著的进步。这一重大转变使我们从被动接受到主动采取行动，为我国从全球气候治理的参与者向领导者的角色转变奠定了坚实基础。

一是温室气体排放得到有效控制。到2022年底，中国每单位GDP的二氧化碳排放已经减少了超过51%，非石油能源的使用占比达到了17.5%，这意味着与十年前相比，这个比例上升了7.8个百分点。我国一直在大力推进全国范围内的植树造林工作，使得森林面积与蓄积量在过去的三十几年里一直呈现出"双增"的状态。2021年，我国的森林覆盖率为24.02%，森林蓄积量达194.93亿立方米，这也基本上完成了2025年的预定目标。此外，我国成功建立起了全球最大规模的清洁电力系统，截至2023年6月末，中国可再生能源发电总装机规模已经超越了13亿千瓦。[①]

二是绿色低碳发展取得显著成效。截至2023年10月底，我国可再生能源发电装机规模突破14亿千瓦。[②] 非化石能源装机占比提高至50.9%。中国新能源汽车产销量连续8年居全球第一，保有量超过1 800万辆、占世界一半以上。我国可再生能源和新能源汽车发展为全球加速绿色低碳转型做出了巨大贡献。

三是适应气候变化行动深入开展。到2022年，中国发布并执行了名为《国家适应气候变化战略2035》的文件，该政策旨在对山、水、森林、土地、湿地与沙

① 《我国可再生能源发电总装机规模突破13亿千瓦》，https://www.gov.cn/lianbo/bumen/202307/content_6893309.htm。

② 中国气象局：《看这里！助海上风电"乘风破浪"！我们这里好"风光"》，https://baijiahao.baidu.com/s?id=1784764096496769541&wfr=spider&for=pc。

漠等自然资源进行一体化保育及综合整治,持续增强生态环境对气候变化的抵抗力。我国建立青藏高原生态环境保护和气候变化适应部际联席会议机制,扎实推进 28 个气候适应型城市建设试点工作。

四是政策和市场体系不断完善。过去 10 年,《国家应对气候变化规划(2014—2020 年)》《2024—2025 年节能降碳行动方案》等先后印发,碳达峰碳中和"1+N"政策体系、行动体系及保障体系基本形成。截至 2023 年 10 月底,全国碳排放权交易市场的交易量已累计超过 3. 8 亿吨,交易额达到 206. 6 亿元人民币,这一成绩充分展示了我国在积极应对气候变化方面的努力。我国建立了全球最大规模的碳排放权交易市场,该市场在全国范围内覆盖了发电行业的 2 275 家重点排放单位,并且覆盖的二氧化碳排放量已超过 50 亿吨。这一进展证明了我国在环境保护和可持续发展方面取得了重要突破。①

"十四五"时期是我国全面深化合作、推动"一带一路"高质量发展的关键阶段。在全球经济可持续发展理念提出的背景下,这一时期为探索环保型发展道路提供了全新机遇与视角。在此背景下,推行中国绿色发展助力全球经济可持续复苏策略具有重要意义。这一策略不仅是推动建立以内需市场为主导、内外需互促的新经济模式的重要动力之一,也对引领全球实现环境友好型减排行动目标(如减少温室气体排放)发挥着积极作用。同时,该策略还与政府倡导的推进 2030 年可持续发展议程的全球框架高度契合。

其一,将绿色发展作为核心理念,致力于实现"一带一路"倡议、全球发展倡议与联合国 2030 年可持续发展议程的三方共赢。此外,"一带一路"倡议及其全球发展战略是推动联合国 2030 年可持续发展目标实现的关键工具和框架。我国在推进这两个项目的过程中,能够向世界展现更多可持续发展的实力与解决方案,分享我国在经济社会发展以及环境保护方面积累的宝贵实践经验。另外,区域层面的合作也不容忽视:"东盟共同体"期望加快东南亚各国在政策、财政及人文领域的整合步伐;"非盟 2063 年议程"则设定了包容性增长和可持续发展的目标。结合地区主要合作框架,"一带一路"倡议和全球发展方案在促进地区可持续发展和环保项目实施方面具有天然的契合点,为各方协同合作创造了巨大潜力。

---

① 生态环境部:《全国碳排放权交易市场第一个履约周期报告》,https://www.mee.gov.cn/ywgz/ydqhbh/wsqtkz/202301/t20230101_1009228.shtml。

其二，整合并采纳国际通用规范，助力更多国家和地区打造高质量项目。随着气候变化、生物多样性等全球环保问题日益严峻，企业的运营方式和社会责任管理（如 ESG）逐渐成为决策的重要考量因素，新的规则和做法不断涌现，这给我国的海外投资以及“一带一路”的发展带来了更大挑战。例如，联合国环境规划署推出的可持续基础设施规则，以及世界自然保护联盟倡导的生态解决方案等。[①] 因此，“一带一路”倡议和全球发展计划应坚持采用高标准的环保规范，积极推动与国际通用准则的协调统一，确保为参与国家提供更多高质量的项目成果。

其三，聚焦环保节能产业，推动“一带一路”倡议与全球经济可持续发展协同共进。“一带一路”倡议与全球发展战略在基础设施互联互通、能源供应、投资金融、环境保护以及生态科技和数字化产业发展等方面高度契合，这体现了我国致力于推动国际社会实现可持续发展目标，并加大对发展的资金支持。自“一带一路”倡议提出以来，我国已取得一系列环保成果，包括创建零排放区域、建设低碳工业园区、推广绿色示范工程等。这些实践为全球发展政策提供了可借鉴的经验。同时，落实全球发展战略的一些具体举措，如推动建立全球清洁能源合作伙伴关系、探索建立国际能源变革联盟等，也可与绿色丝路共享资源和合作网络，进而推动这两个计划同步发展。[②]

其四，注重公平转型，平衡好短期与中长期发展目标。近年来，公平转型议题日益受到关注。一方面，由于能源短缺或经济发展滞后等问题，部分发展中国家仍需依赖化石燃料及传统产业；另一方面，鉴于其庞大的劳动力人口和市场需求，现存的高污染行业很难立即停止运营。因此，在全球向零碳迈进的过程中，必须充分考虑发展中国家的实际需求，加大对它们的经济支持和技术帮扶力度，以确保这些国家在长远的绿色可持续发展进程中，实现粮食、能源、公共卫生和饮用水等方面的安全保障，并保持短期与长期发展目标的协调一致。

---

① 《积极推动全球清洁能源发展》，《人民日报》2022 年 7 月 18 日，第 15 版。

② 杨大鹏，王树堂，李运航：《“一带一路”国家和地区开展碳市场链接的设想与展望》，载《中华环境》2022 年第 12 期，第 32—35 页。

3.1 全国碳排放权交易市场的运行机制与实践动态

3.1.1 全国碳排放权交易市场运行体系与运行机制

(1)全国碳排放权交易市场运行体系

现阶段,我国碳排放权交易市场运行体系呈现地方性与全国性并行的结构,由7个试点地区以及四川省、福建省这两个非试点地区共同构成。各地区的碳排放权交易市场均自主建立且独立运营,在机构设置方面存在差异:部分地区将登记机构与交易机构合并设立,而另一些地区则分别组建了这两类机构。

全国碳排放权市场采取登记与交易分开管理的运行模式。全国碳排放权注册登记机构承担记录全国碳排放配额("CEA")的持有、变更、清缴、注销等信息的职责,并提供结算服务。依据该机构及其系统所记录的信息,能够明确CEA的所有者。国家自愿减排交易注册登记系统则负责记录国家核证的自愿减排量的持有、变更、注销等相关信息。全国碳排放权交易机构负责组织全国碳排放权的集中统一交易活动,交易产品涵盖CEA以及其他可能的交易品种。①

当前,全国碳排放权的注册登记机构和交易机构尚未正式组建。现阶段,湖北碳排放权交易中心承担全国碳排放权注册登记系统的相关工作,上海环境能源交易所负责全国碳排放权交易系统的相关事务。② 地区及全国碳排放权交

① 《碳排放权交易管理办法(试行)》第五条 生态环境部按照国家有关规定,组织建立全国碳排放权注册登记机构和全国碳排放权交易机构,组织建设全国碳排放权注册登记系统和全国碳排放权交易系统。全国碳排放权注册登记机构通过全国碳排放权注册登记系统,记录碳排放配额的持有、变更、清缴、注销等信息,并提供结算服务。全国碳排放权注册登记系统记录的信息是判断碳排放配额归属的最终依据。全国碳排放权交易机构负责组织开展全国碳排放权集中统一交易。全国碳排放权注册登记机构和全国碳排放权交易机构应当定期向生态环境部报告全国碳排放权登记、交易、结算等活动和机构运行有关情况,以及应当报告的其他重大事项,并保证全国碳排放权注册登记系统和全国碳排放权交易系统安全稳定可靠运行。第二十条 全国碳排放权交易市场的交易产品为碳排放配额,生态环境部可以根据国家有关规定适时增加其他交易产品。

② 《关于发布〈碳排放权登记管理规则(试行)〉〈碳排放权交易管理规则(试行)〉和〈碳排放权结算管理规则(试行)〉的公告》:一、全国碳排放权注册登记机构成立前,由湖北碳排放权交易中心有限公司承担全国碳排放权注册登记系统账户开立和运行维护等具体工作。二、全国碳排放权交易机构成立前,由上海环境能源交易所股份有限公司承担全国碳排放权交易系统账户开立和运行维护等具体工作。

易市场的注册登记机构/系统以及交易场所如表3-1所示。

表3-1 地区及全国碳排放权交易市场的注册登记机构/系统以及交易场所①

<table>
<tr><th>碳排放权交易市场区域</th><th>碳排放配额注册机构/系统</th><th>核证自愿减排量注册登记系统</th><th>交易场所</th></tr>
<tr><td>北京</td><td>北京市气候中心</td><td rowspan="10">国家自愿减排交易注册登记系统(部分地区设有地方核证自愿减排量登记系统)</td><td>北京绿色交易所</td></tr>
<tr><td>上海</td><td>上海信息中心</td><td>上海环境能源交易所</td></tr>
<tr><td>深圳</td><td>深圳市注册登记簿系统</td><td>深圳排放权交易所</td></tr>
<tr><td>天津</td><td>天津排放权交易所</td><td>天津排放权交易所</td></tr>
<tr><td>广州</td><td>广州碳排放权交易所</td><td>广州碳排放权交易所</td></tr>
<tr><td>重庆</td><td>重庆碳排放权交易所</td><td>重庆碳排放权交易所</td></tr>
<tr><td>湖北</td><td>湖北碳排放权交易中心</td><td>湖北碳排放权交易中心</td></tr>
<tr><td>四川②</td><td>——</td><td>四川联合环境交易所</td></tr>
<tr><td>福建</td><td>福建省生态环境信息中心</td><td>海峡股权交易中心</td></tr>
<tr><td>全国</td><td>全国碳排放权注册登记机构(未设立,湖北碳排放权交易中心暂时承担相应职能)</td><td>全国碳排放权交易机构(未设立,上海环境能源交易所暂时承担相应职能)</td></tr>
</table>

(2)全国碳排放权交易市场运行机制

全国碳排放权交易市场是一种借助市场机制管理碳排放的政策工具,其主要功能是实现重点排放单位之间的碳排放配额交易。全国碳排放权交易市场的运行主要涵盖碳排放数据核算、报告与核查,碳排放配额分配与清缴,碳排放交易与监管等环节(如图3-1所示)。被市场纳入的重点排放单位必须每年记录并上报上一年度与碳排放相关的数据,同时接受政府组织的数据核查,核查结果将作为分配和清缴重点排放单位配额的依据。

① 虞谊,梁睿龙,张冰月:《聚焦碳交易(上):碳排放权交易市场的发展与现状》,https://www.kwm.com/cn/zh/insights/latest-thinking/focus-on-carbon-trading-development-and-current-situation-of-carbon-emission-trading-market.html。

② 四川并无自行分配的碳排放配额,因此没有相应的碳排放配额登记机构,四川联合环境交易所的交易产品中亦没有碳排放配额。

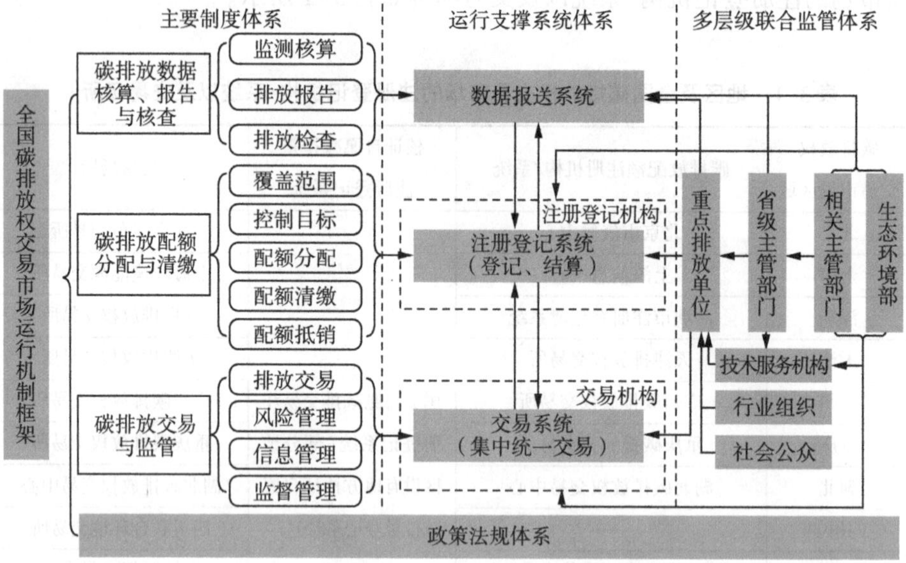

图 3-1　全国碳排放权交易市场运行机制框架①

国家综合考量重点排放单位的生产排放需求、技术水平以及国家减排需求，为重点排放单位分配一定的碳排放配额，这一配额作为重点排放单位在规定时期内的排放额度，可能大于或小于其实际排放需求。重点排放单位获得配额后，可根据自身实际情况，通过碳排放权交易市场进行配额买卖，但必须在履约截止日期前，提交不少于自身排放量的配额以完成履约。

为保障我国碳排放市场的正常运转，环保部门建设了一套完善的信息技术体系，包括碳排放数据报告和监控平台、碳排放许可注册管理中心、碳排放权交易网络等。其中，主要污染源企业需向平台提交碳排放相关资料；注册管理中心负责存储并更新全国碳排放许可证的所有者、转移、清缴及注销等相关信息，同时提供结算服务；而交易网络则致力于实现全国碳排放权的市场化集中交易。

依据《碳排放权交易管理办法（试行）》规定，生态环境部的职责是制定全国范围内的碳排放权交易管理规范，同时监管各地区的碳排放配额分配、温室气体排放记录与检查等事务，并协同其他相关部门共同实施全国范围内有关碳

① 生态环境部：《全国碳排放权交易市场第一个履约周期报告》，第 6 页。

排放权交易及其相关的各项管理工作。各省的生态环境厅则需承担本省域内的碳排放配额分配与清缴、温室气体排放监测等工作,并对这些工作进行有效监督和管理。

地级市生态环境局(原环保局)的职责是协助上级生态环境部门完成具体操作事项,并在符合规定的条件下开展相应监察工作。主要污染源企业需向政府提交碳排放数据,履行碳排放配额清缴义务,公示交易情况及其他相关活动信息,并接受各级生态环境部门的监督管理。全国性的碳排放权交易体系借助市场力量生成价格信号,从而有效引导碳减排资源的合理配置,降低全社会的减排成本,推动绿色低碳产业发展。

3.1.2 全国碳排放权交易市场主要政策

(1)全国碳排放权交易市场政策文件

①《关于做好全国碳市场第一个履约周期后续相关工作的通知》明确了对第一个履约周期未按时足额清缴配额的重点排放单位的处理方式。

生态环境部于2022年2月15日发布了《关于做好全国碳市场第一个履约周期后续相关工作的通知》。该文件针对全国碳排放权交易市场首个履约周期的后续任务进行了详细说明。根据此项工作的具体安排,提出要迅速解决全国碳排放权交易市场首轮履约期间未能按要求及时、足额清缴配额的重点企业问题。文件指示各主要污染源企业所在地的省生态环境部门,必须在2022年2月28日前,对这些未按规定时间和额度清缴配额的企业下达整改通知,并依法对其进行相应处罚。

《全国碳排放权交易市场第一个履约周期报告》显示,在全国碳排放权交易市场的首轮履约期间,重点排放企业的履约率为91.15%。这其中,全部1 833家重点排放企业成功按规定时间和额度完成了配额清缴,而另外178家重点排放企业只进行了部分配额清缴。在此情况下,生态环境部发文要求各地生态环境主管部门抓紧组织未能按时足额清缴配额的企业限期整改,并对其开展行政处罚及信息公示。这为各重点排放单位在新一个履约周期的配额清缴工作敲响了警钟,有利于第二个履约周期工作的顺利推进,进一步规范碳排放交易市场秩序。①

②《关于做好 2022 年企业温室气体排放报告管理相关重点工作的通知》开启全国碳排放权交易市场第二个履约周期的管理工作。

2022 年 3 月 15 日,生态环境部办公厅发布了《关于做好 2022 年企业温室气体排放报告管理相关重点工作的通知》(以下简称《工作通知》)。该文件主要针对全国碳排放权交易市场第二个履约周期中企业的温室气体排放情况进行了详细说明与规划。其中涉及的主要任务包括:大型企业上报排放量信息,加强对审计公司的监督管理,定期更新数据质量控制方案,公布并确认 2022 年度的重点排放单位名单,加大日常监管力度等。

与 2021 年 3 月 29 日生态环境部办公厅发布并实施的首个履约周期的《关于加强企业温室气体排放报告管理相关工作的通知》相比,新版本,即 2022 年版的《工作通知》,在执行规定和计划时间表方面具有连续性和一致性。例如,对于排放报告递交及审核的规定几乎没有变化,截止日期仍然固定为 3 月 31 日和 6 月 30 日。此外,在新版《工作通知》中,企业的纳入条件并未变动,依旧以 2.6 万吨二氧化碳当量的阈值为准,并且将满足该条件的电力企业视为全国碳排放权交易体系的重点排放单位。

更重要的是,《工作通知》针对碳排放数据的质量控制提出了更具实操性和约束力的流程规范,要求相关企业每月向环境信息平台报送相关数据及原始凭证。从 2022 年 4 月开始,电力行业的重点排放单位必须在规定时间内,即在相关周期结束后的四十天内,利用环保信息网络平台存储与碳排放计算有关的数据参数、经过 CMA 认证的检验结果、发电设备的运行记录。

同时,该项政策强化了重点排放单位的信息公开责任,要求它们于 2022 年 3 月底前,通过环保信息网络平台发布首个履约期(2019—2020 年)经核实的温室气体排放相关信息,这些内容包括企业基础资料、机器设备及其运行状况、燃料热值和碳含量测量方法、排放数量、业务运营变动情况、专业技术服务提供商情况、履约及缴费情况等等。

---

① 易芳,李德庭,朱敏琦等:《ESG 绿色低碳转型系列(三十四):2022 年国内碳市场发展回顾及展望》,https://www.junhe.com/legal-updates/2202。

③《关于加快建立统一规范的碳排放统计核算体系实施方案》为碳排放核算机制提供制度支撑。

2022 年 4 月 22 日，国家发展改革委、国家统计局、生态环境部联合发布了《关于加快建立统一规范的碳排放统计核算体系实施方案》（发改环资〔2022〕622 号，以下简称《实施方案》）。该文件提出了未来碳排放统计核算体系的规划目标，具体如下：到 2023 年，建立职责清晰、分工明确、协同高效的部门协作机制，进一步夯实相关统计基础，稳步推进各行业的碳排放统计核算工作，提升碳排放数据对碳达峰和碳中和工作的支撑能力，初步建立统一规范的碳排放统计核算体系。到 2025 年，进一步完善统一规范的碳排放统计核算体系，筑牢碳排放统计基础，采用更科学的核算方法和先进的技术手段，为碳达峰和碳中和工作提供全面、科学、可靠的数据支持。①

④《关于印发〈企业温室气体排放核算与报告指南 发电设施〉〈企业温室气体排放核查技术指南 发电设施〉的通知》为核算报告与核查工作提供指导。

为进一步提升碳排放数据质量，生态环境部办公厅于 2022 年 12 月 19 日发布了《企业温室气体排放核算与报告指南 发电设施》（以下简称《核算报告指南》）和《企业温室气体排放核查技术指南 发电设施》（以下简称《核查技术指南》），旨在为全国碳排放权交易市场中的发电行业在 2023 年及后续年份的核算报告与核查工作提供指导。根据生态环境部相关负责人的解释，这两个文件的主要内容体现在《核算报告指南》的相关措施上。

“两个简化”措施：一是把复杂的供电量计算方法替换为直接读取表格中的发电量数据；二是简化核算技术参数链条，将供热比等 5 个参数调整为报告项目。

“两个完善”措施：一是充实数据质量控制计划的内容，明确关键环节和执行标准；二是进一步细化信息化存证的管理要求，强化数据存证的规范性和可追溯性。

“三个增加”措施：一是将上网电量列为报告项目之一；二是新增生物质掺烧热量占比的计算方法，提升核算精度；三是新增非常规燃煤机组单位热值含

① 李汪繁，吴何来：《双碳目标下我国碳市场发展分析及建议》，载《南方能源建设》2022 年第 4 期，第 118—126 页。

碳量的默认值,统一标准并减少不确定性。

以《核算报告指南》为基础,《核查技术指南》详细梳理并总结了针对重点排放企业排放报表中重要信息的核实范围与要点,包含一些必不可少的检查项目。同时,确定了统一标准来衡量核查人员的行动方式,比如通过查阅文档、询问有关人员、查看装置设备、计算或者验证操作等方法开展核查任务。并且,该指南还规范了核查报告的格式,要求核查小组依据审查资料和实地考察结果,编写出一份真实、公正、条理清晰的核查报告。

(2)全国碳排放权交易市场管理办法

2014 年 12 月,国家发展改革委发布《碳排放权交易管理暂行办法》(以下简称《暂行办法》),为全国碳市场建设提供了法律基础以及管理框架。此后,中共中央、国务院的一系列重大决策中也进一步强调了碳排放权交易机制建设的重要性。2015 年 4 月 25 日,中共中央、国务院发布《关于加快推进生态文明建设的意见》,明确提出“建立节能量、碳排放权交易制度,深化交易试点,推动建立全国碳排放权交易市场”。2016 年 3 月,《国民经济和社会发展第十三个五年规划纲要》提出“推动建设全国统一的碳排放交易市场,实行重点单位碳排放报告、核查、核证和配额管理制度。健全统计核算、评价考核和责任追究制度,完善碳排放标准体系”,碳市场建设成为了“十三五”期间落实国家绿色发展理念的具体抓手之一。

目前我国碳市场的建立和运行遵循的是 2024 年 5 月 1 日起施行的《碳排放权交易管理暂行条例》(以下简称《暂行条例》)。《暂行条例》是第一部国家层面碳市场法规,明确了国家碳市场建设的制度框架和管理体系,对各主管部门的管理和职能进行了相应的安排。根据《暂行条例》,全国碳市场将采取两级管理模式,中央政府统筹规划,地方政府协同配合。在覆盖范围、配额分配等方面,地方被赋予较大的自主权和灵活度。

具体内容如表 3-2 所示。

表3-2　国家主管部门和地方主管部门的主要职能①

	碳排放核算报告和核查	覆盖范围	配额总量	配额分配	配额清缴	注册登记系统	碳排放权交易
国家主管部门	制定核算报告和核查标准，第三方核查机构备案	确定纳入标准	确定国家和地方配额总量	确定分配方法和标准	公布清缴情况	建立和管理系统	确定交易机构
省级主管部门	管理排放报告进度，审核排放核查报告，统计分析排放数据，汇总报送排放数据	根据国家标准确定辖区内重点排放单位名单，可扩大范围	—	根据标准进行免费分配，可从严并进行有偿分配	管理辖区内重点排放单位的配额清缴	利用省级管理员账户管理辖区内的配额分配和清缴	管理辖区内交易情况
地市级主管部门	协助开展能力建设	—	—	协助省级主管部门开展配额分配	督促企业履约、协助开展执法	协助组织地方企业数据报送	动员企业积极开展交易

3.1.3　全国碳排放权交易市场整体运行情况

2021年7月16日，全国性的家庭二氧化碳排放量交易平台正式启动运营。与此同时，部分地区试运行的家庭交易场所与国家级平台同步运行。全国性家庭二氧化碳排放量交易平台设立在上海，而用户的个人信息资料则记录在武汉

① 清华大学中国碳市场研究中心，北京中创碳投科技有限公司：《地方政府参与全国碳市场工作手册》，第35页。

的数据库中。

2013 年至 2019 年期间，年度二氧化碳排放量达 2.6 万吨当量（约相当于 1 万吨标准煤的综合能耗）的电力生产商以及其他行业的自备电厂是碳交易体系主要参与者。作为首批纳入国家碳交易系统的行业，电力行业已包括两千多家重点排放单位。这些单位在过去几年间的碳排放量已达到惊人的 45 亿吨二氧化碳。①

根据生态环境部公布的《碳排放权交易管理办法（试行）》，我国实行全国与各地区试点碳排放权交易市场并存的制度。未被纳入国家碳排放权交易市场的企业，仍需在其所在地区的试点市场进行交易活动；而已经加入国家碳排放权交易市场的企业，则不再参与当地的试点碳市场。该法规规定的交易商品是碳排放配额实物，可通过公开拍卖、大宗协议等方式进行交易。同时明确指出，通过公开拍卖达成的价格应在前一天结算价的±10%范围内，通过大宗协议达成的交易价格应在前一日结算价的±30%范围内。②

生态环境部于 2021 年 10 月印发《关于做好全国碳排放权交易市场第一个履约周期碳排放配额清缴工作的通知》，要求各省碳排放权交易市场管理部门紧急完成第一个履约周期的碳排放配额核定与清缴工作。同时，加强与全国碳排放权交易市场相关系统的对接，督促和指导重点排放单位完成配额清缴。确保在 2021 年 12 月 15 日 17 时前，本行政区域内 95%的重点排放单位完成履约，并在 12 月 31 日 17 时前，所有重点排放单位完成履约。重点排放单位可以使用国家核证的自愿减排量来抵消配额清缴量，但抵消比例不能超过应清缴配额的 5%。③

（1）重点排放单位地区分布差异较大

自 2021 年 1 月 1 日起，全国范围内正式启动首个履约周期。该阶段于 2021 年底结束，涉及发电行业的 2 225 家重点排放单位，其地区分布如图 3-2 所示。这标志着我国首例由政府主导、覆盖所有大型工业企业的强制性减缓气

① Zhang Z X. China's Carbon Market: Development, Evaluation, Coordination of Local and National Carbon Markets and Common Prosperity, in *Journal of Climate Finance*, 2022, 1: 100001.

② 庞军：《碳中和目标下对全国碳市场的几点思考》，载《可持续发展经济导刊》2021 年第 3 期，第 19—21 页。

③ 生态环境部：《全国碳排放权交易市场第一个履约周期报告》，第 8 页。

候变化责任分配制度得以确立。该制度旨在借助市场的力量推动企业的可持续发展和绿色转型。

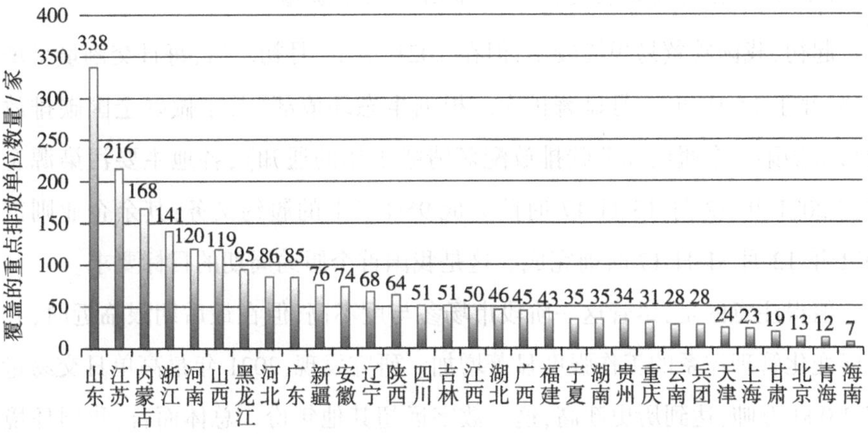

图 3-2 全国碳排放权交易市场覆盖重点排放单位分布情况①

重点排放单位在不同省份的分布存在较大差异。山东省是重点排放单位最多的省份,海南省则是重点排放单位最少的省份。山东省和江苏省的重点排放单位数量均超过 200 家,远超其他省份,而海南省仅有 7 家重点排放单位。

(2)市场活跃度还有较大提升空间

2021 年 7 月 16 日,即首个交易日,中国碳排放权交易市场的日平均交易量达到 410.4 万吨,总成交金额也突破了 2.1 亿元人民币。② 截至 2021 年 12 月 31 日,全国碳排放权交易市场运营状况良好,累计交易规模约达 1.79 亿吨,总成交金额高达 76.61 亿元。③

我国碳排放权交易市场配额规模预计达 45 亿吨,据现有交易数据推断,其交易频率约为 3%。欧洲碳排放权交易市场是目前世界上最为活跃的碳排放权交易市场之一,其交易频率已从最初的 4.09%上升至如今的 417%。相较之下,

① 北京理工大学能源与环境政策研究中心:《中国碳市场回顾与展望(2022)》,第 6 页。

② 《成交额 2.1 亿元! 全国碳市场上线首日开门红》,https://www.gov.cn/xinwen/2021-07/16/content_5625562.htm。

③ 《碳排放配额累计成交量 1.79 亿吨》,https://www.gov.cn/xinwen/2022-01/04/content_5666282.htm。

我国碳排放权交易市场仍处于初级阶段,因此在提升市场活力方面还有很大潜力。①

(3)首个履约周期临近结束时市场交易量激增

起初,我国碳贸易规模较小,但在2021年10月初之后,每日交割量呈增长态势,并于11月和12月显著扩大。根据生态环境部《关于做好全国碳排放权交易市场第一个履约周期碳排放配额清缴工作的通知》,各地主要污染源企业需在2021年12月15日17时前完成95%以上的履约义务;其余企业则需在2021年12月31日17时前完成。这是我国首个履约周期的目标要求。

值得注意的是,尽管这一阶段市场参与度不高,但在最后期限临近时,我国气候变化管理体系的工作强度显著增加。研究发现,2021年最高单日交易量超过2 000万吨,达到历史新高,这一数字远超其他年份。总体而言,我国环境保护工作仍面临诸多挑战,需要不断完善,以应对新的挑战和需求。

(4)日成交均价基本平稳

2021年7月至8月,全国碳排放权交易市场的日均成交价格在每吨50至60元之间波动。然而,自2021年8月起,成交价格的波动性逐渐减弱且出现下降趋势。2021年9月至12月初,成交价格基本稳定在每吨40元左右。但从12月中旬开始,全国碳排放权交易市场的日成交均价逐步上涨,至12月底已涨至每吨60元。大致而言,全国碳排放权交易市场每日的交易均价在每吨40至60元之间波动,基本保持平稳。

(5)大宗协议交易是目前主要的交易方式

碳排放权的交易包括挂牌交易和大宗交易两种形式。其中,10万吨以下的交易通过挂牌交易完成,10万吨(含)以上的交易通过大宗交易完成。

2021年7月至12月,大宗交易的总交易份额显著超过挂牌交易,分别达到了83%和17%。7月21日,中国石化成功进行了国内首笔大宗交易,向华润集团购买了10万吨国家碳排放权。据上海环境能源交易所公开数据显示,这

① 王科,李思阳:《中国碳市场回顾与展望(2022)》,载《北京理工大学学报(社会科学版)》2022年第2期,第33—42页。

是国家碳排放权上市后的首次大宗交易,也是当天唯一的此类交易,此项交易的成交额高达 529.2 万元。

2021 年 8 月到 12 月,大宗交易每月的总体成交比例都显著超过公开拍卖交易。然而,7 月份的情况相反,公开拍卖交易的总成交比例高达 85%,而大宗交易仅为 15%。这种现象可能是由于全国碳排放权市场处于初始阶段,大部分企业持观望态度,仅进行了少量的试探性买卖活动。综合来看,目前全国碳排放权市场上最常用的交易模式是大宗交易。

观察全国碳排放权交易市场的每日成交价,大宗交易和挂牌交易之间的差异并不明显。虽然挂牌交易的价格普遍比大宗交易略高一些,但两者未显著偏离。从 2021 年 8 月中旬开始,两者的价格逐渐趋于平稳,挂牌交易的价格约为每吨 45 元,大宗交易价格则大约在每吨 40 元。[①]

(6)市场履约情况较好

首轮全国碳排放权交易市场的运营时间为 2021 年全年。按履约数量计算,全国碳市场在第一轮履约期内的履约责任完成率达 99.5%,总体表现良好。特别值得一提的是,海南省被列入第一批碳排放权交易系统的相关企业(包括七大电力企业)都成功缴纳了配额费用,使海南省成为全国首个履约率达 100% 的地区。

需要强调的是,在全国首个履约周期中,全国碳排放权交易市场仍有 0.5% 确定需履约的数量未完全执行。2022 年 1 月 1 日,苏州环境保护综合管理机构率先对那些未能及时缴纳排污许可相关费用的企业进行了处罚。依据《碳排放权交易管理办法(试行)》的规定,若重点排放企业不能按照规定的时间和标准缴纳碳排放配额,将受到企业运营所在地县级以上环保部门的警告,并被责令整改,同时会面临最高不超过 3 万元的罚款。若超过规定期限仍未改进,则会被扣除相应的缺口金额,作为下一年度的碳排放额度。[②]

① 北京理工大学能源与环境政策研究中心:《中国碳市场回顾与展望(2022)》,第 4—10 页。

② 王科,李世龙,李思阳等:《中国碳市场回顾与最优行业纳入顺序展望(2023)》,载《北京理工大学学报(社会科学版)》2023 年第 2 期,第 36—44 页。

3.1.4 全国试点和非试点碳排放权交易市场运行情况

2011 年 10 月，国家发展和改革委员会发布一份通知，批准在北京、天津、上海、重庆、湖北、广东和深圳等地开展碳排放权交易试点工作。截至 2021 年，北京、天津、上海、广东和深圳五个试点地区已完成八次履约，湖北和重庆地区也已完成七次履约。

(1)试点碳排放权交易市场的交易总体情况

截至 2021 年底，参与七大试点的碳排放企业及机构达 2 900 多家，共发放约 80 亿吨的碳排放额度。其中，在 2021 年度这七大试点的碳排放交易中，共计完成超过 3 626.242 万吨的配额交易，涉及金额达 11.67 亿元人民币。这些信息来源于中国碳排放交易网和七个试点交易场所，数据截至 2021 年 12 月 31 日。表 3-3 展示了各试点碳排放权交易市场自开市以来累计线上配额成交情况。

表 3-3 各试点碳排放权交易市场自开市以来累计线上配额成交情况①

试点	开市日期	成交总量/万吨	成交总额/亿元	成交均价/元·吨$^{-1}$
北京	2013-11-28	1 640.03	10.37	56.42
上海	2013-11-26	1 778.55	5.46	30.71
深圳	2013-06-18	4 921.82	11.85	24.08
天津	2013-12-26	1 866.43	4.10	21.96
广东	2013-12-19	17 602.29	36.19	20.56
重庆	2014-06-19	971.28	0.66	18.28
湖北	2014-04-02	7 637.86	17.56	22.99

作为我国唯一交易量超过一亿吨的试行碳排放权交易市场，广东省是全

① 北京理工大学能源与环境政策研究中心：《中国碳市场回顾与展望(2022)》，第 11 页。

国省级层面累计成交总量和累计成交总额最大的参与者;尽管湖北省进入该领域的时间比其他省份稍晚,但仍紧随其后,保持着较高的市场活力与流动性。

尽管深圳是首个启动碳排放权交易市场的城市,但其累计交易数量与金额略低于湖北省和广东省的市场,不过仍高于其他试点市场。重庆市是所有试点中最后开启碳排放权交易的城市,其交易总体规模、总金额远不及其他试点市场,且平均价格也是最低的,仅为每吨 18.28 元。

北京碳排放权交易市场作为全国较大的碳交易平台,平均价格为每吨 56.42 元,比其他六大试点高出约一倍。天津市和上海市的碳排放权交易起始时间、累计成交金额及成交数量大致相同,但上海市场平均价格更高,达到每吨 30.71 元,仅次于北京。①

(2)试点碳排放权交易市场的交易量情况

各试点碳排放权交易市场的日交易量波动较大,呈现一定的周期性,交易量高峰多集中在履约期截止日期附近。

北京的碳排放权交易市场,周期性表现尤为突出,通常在合规期限临近时,会看到交易活动显著增加。天津市的碳排放权交易市场经历了两个相对平静的年份(2018 年与 2019 年),但在 2020 年突然激增:2018 年全年仅完成一次交易,2019 年全年交易次数不超过五次,然而到了 2020 年,其总交易规模达到惊人的 520 万吨,并在 2021 年保持稳定,交易量达 494 万吨。上海碳排放权交易市场的周期性逐渐减弱,2021 年交易集中度有所缓解,市场运行更加平稳。

近年来,湖北省的碳排放权交易规模未见显著增长,其交易活动相对平稳,无明显的高峰或低谷时期。广东省的碳排放权交易从 2016 年起呈下滑态势,然而到了 2021 年却大幅反弹,成交额超过该年度之前的水平。重庆市的碳排放权交易于 2017 年突然激增,打破了以往持续疲软的状态,不过随后两年再次趋于下行,活跃程度非常有限,再次陷入低潮期。

---

① 王科,李思阳:《中国碳市场回顾与展望(2022)》,载《北京理工大学学报(社会科学版)》2022 年第 2 期,第 33—42 页。

2016年,深圳碳排放权交易市场的交易量创下历史新高,其中3月21日单日交易量达400万吨。刷新了碳试点单日交易量的历史最高纪录。此后,交易量开始逐年减少。尽管交易周期仍然十分明显,但单个交易日交易量过大的情况已有所缓解。

广东省和湖北省的碳排放权交易在全国各省市中占据较大份额。从2014年到2021年的数据来看,它们的交易量累计占比分别为48.33%和20.97%,因为这两个省份是国家级碳排放权交易市场的主体部分。而重庆市的碳排放权交易仅占整个国家试验区碳排放权交易总量的2.67%,这是所有地区中占比最小的。

观察2020年及2021年度各试点的碳排放权交易量占比情况可以发现:湖北省与广东省的变化最为明显,湖北省碳排放权交易量占比从2020年的32%降至2021年的5%;相反,广东省的占比则从45%增长到61%,使其连续三年位居交易量首位。北京市、上海市以及重庆市的碳排放权交易量相对较为稳定,无明显变动趋势;天津市的情况有所不同,虽然其交易量占比在之前几年处于低位,但在2020年突然大幅提高,并在2021年依然维持这一水平;深圳市的碳排放权交易量占比自2018年起逐渐减少,然而在2021年又有了显著回升。①

(3)试点碳排放权交易市场的交易集中度与交易活跃度

通过对历年交易信息进行数据分析,可以得出描述各个试点区域交易特点的关键指数,包括总交易量、日交易量最大值、交易集中度(即每年交易量最多的前20%交易日的交易量之和÷全年总交易量)和交易活跃度(即全年总交易量÷全年配额总量)。表3-4详细列出了2014至2021年期间七大试点碳排放权交易市场的相关统计情况。

① 北京理工大学能源与环境政策研究中心:《中国碳市场回顾与展望(2022)》,第12—13页。

表3-4　试点地区的交易集中度与交易活跃度①

试点	年份	配额估计值/亿吨	总交易量/万吨	日交易量最大值/万吨	交易集中度	交易活跃度
北京	2014	0.47	105.62	10.12	93.41%	2.25%
	2015	0.47	125.87	7.24	92.74%	2.68%
	2016	0.46	241.92	12.93	93.57%	5.26%
	2017	0.45	238.35	15.50	92.07%	5.30%
	2018	0.50	263.85	13.78	86.50%	5.28%
	2019	0.45	301.37	13.77	77.31%	6.70%
	2020	0.50	115.06	7.25	81.67%	2.30%
	2021	0.50	187.07	18.61	89.88%	3.74%
天津	2014	1.60	98.99	65.91	95.85%	0.62%
	2015	1.60	52.67	47.94	97.32%	0.33%
	2016	1.50	31.05	19.19	99.94%	0.21%
	2017	1.50	116.10	82.78	100.00%	0.77%
	2018	1.60	0.07	0.07	100.00%	0.00%
	2019	1.50	4.34	4.18	100.00%	0.03%
	2020	1.60	520.27	48.76	85.45%	3.25%
	2021	1.60	494.87	52.54	92.33%	3.09%
上海	2014	1.60	171.08	20.40	91.47%	1.07%
	2015	1.62	168.95	18.10	78.43%	1.04%
	2016	1.55	415.57	54.60	96.45%	2.68%
	2017	1.48	245.67	27.28	91.29%	1.66%
	2018	1.60	181.36	16.57	91.73%	1.13%
	2019	1.50	268.33	35.37	86.56%	1.79%
	2020	1.58	214.72	40.32	90.02%	1.36%
	2021	1.05	138.00	21.25	91.91%	1.31%

① 北京理工大学能源与环境政策研究中心:《中国碳市场回顾与展望(2022)》,第15—16页。

续表

试点	年份	配额估计值/亿吨	总交易量/万吨	日交易量最大值/万吨	交易集中度	交易活跃度
湖北	2014	2.81	898.14	203.49	66.28%	3.20%
	2015	3.24	1 394.15	117.62	75.92%	4.30%
	2016	2.53	1 110.57	60.87	70.19%	4.39%
	2017	2.57	1 487.01	68.22	71.77%	5.79%
	2018	2.50	883.17	41.47	75.76%	3.53%
	2019	2.40	402.23	33.96	84.94%	1.68%
	2020	2.70	1 421.62	46.21	55.13%	5.27%
	2021	1.66	385.29	15.01	77.71%	2.32%
广东	2014	3.88	105.55	18.81	99.97%	0.27%
	2015	3.70	465.63	69.75	97.40%	1.26%
	2016	3.86	1 396.78	140.20	90.65%	3.62%
	2017	3.99	1 236.78	115.26	84.78%	3.10%
	2018	4.22	987.50	135.78	86.66%	2.34%
	2019	4.65	1 225.06	61.07	73.39%	2.63%
	2020	4.65	1 948.86	139.78	71.79%	4.19%
	2021	4.65	2 683.54	235.20	75.85%	5.77%
深圳	2014	0.33	184.71	12.85	94.37%	5.60%
	2015	0.31	440.09	17.28	84.67%	14.20%
	2016	0.30	1 102.07	400.00	97.18%	36.74%
	2017	0.29	691.31	164.65	100.00%	23.84%
	2018	0.30	124.06	14.52	99.99%	4.14%
	2019	0.29	78.49	6.58	99.98%	2.71%
	2020	0.29	123.92	21.02	95.86%	4.27%
	2021	0.30	599.29	93.77	96.05%	19.98%
重庆	2014	1.30	14.50	14.50	100.00%	0.11%
	2015	1.06	12.76	2.68	100.00%	0.12%
	2016	1.00	46.02	30.83	100.00%	0.46%
	2017	1.00	678.20	211.26	99.56%	6.78%
	2018	1.30	26.06	19.96	99.72%	0.20%
	2019	1.17	11.28	3.10	98.65%	0.10%
	2020	1.30	21.97	2.5	97.59%	0.17%
	2021	1.30	114.72	10.17	87.99%	0.88%

①交易集中度与活跃度

在2021年，北京市、上海市、天津市、深圳市等城市以及广东省、湖北省等省份的碳交易集中度均呈现提升态势，仅重庆市的交易集中度出现下降。其中，深圳市的交易集中度最高，而广东省的交易集中度相对较低。

从交易活跃度来看，北京市、深圳市和重庆市的碳排放权交易活动更为活跃，而天津市、上海市和湖北省的活跃程度则有所下滑。值得注意的是，深圳市的交易活动在2021年显著增长，而湖北省的相关活动却大幅减弱，形成鲜明对比。

②价格波动与趋势

各试点城市的碳交易价格呈现出多样化趋势。北京市的碳价波动最为突出，且始终处于领先地位，尽管2021年价格剧烈波动，但平均碳价约为每吨60元。相比之下，天津市的碳价相对较低，但自2020年起稳步上涨，2021年达到每吨41元的峰值。

深圳市碳价波动剧烈，整体呈下滑趋势，尤其是在初期阶段，最高曾达每吨100元，随后逐步下降，直至2015年才再次有所回升。重庆市碳价在2016年后出现明显反弹，并在2021年的大部分时间里维持在约30元的水平。

广东省碳价由高向低发展，最终趋于平稳，大致稳定在每吨20元。上海市碳价在2014年至2018年期间波动较大，2015年至2016年一度跌至最低点，但自2017年起逐步回升，并在2019年后趋于稳定，大致在每吨40元上下波动。

湖北省碳价在2014年至2017年间相对稳定，约为每吨10元，但自2017年后出现增长势头，2018年中显著上涨并维持在每吨30元左右。

③配额与交易量的关系

2014年和2015年，配额估计值与日交易量最大值之间存在相对明显的正相关关系，即当配额分配越多时，交易量越大。然而，2016年和2017年，这种正相关关系逐渐减弱，表明交易量受配额影响较大的趋势有所缓解。

2018年和2019年，配额估计值与日交易量最大值之间再次出现较为明显的正相关关系；而在2020年和2021年，这种正相关关系再次减弱。整体来看，配额估计值与日交易量最大值之间的正相关关系存在较大不确定性，这可能与市场政策调整、企业参与度以及供需关系波动有关。

(4)试点碳排放权交易市场履约情况

如表 3-5 所示,该表对 2013 至 2020 年七个试点碳交易市场的履约情况进行了详细描述。除部分尚未公开履约相关信息的试点外,北京、天津、广东和深圳等试点地区均成功完成了 2020 年的全部履约任务。特别是天津市,其履约率已连续 6 年达到 100%。

总体而言,经过约 7 至 8 年的运营,参与试点的企业对过去几年积累的实践经验与失败教训进行了深入研究和反思,并不断优化相关政策框架,更加注重前期引导及执行过程的管理。这使得参与试点的企业在履约方式、市场趋势把握、系统使用等方面有了更深入的认识,企业积极履约的意识也逐步提高,进而推动试点地区的碳交易市场朝着更加稳健的方向发展。

表 3-5　七个试点碳排放权交易市场履约情况(2013 至 2020 年)①

地区	2013 年度	2014 年度	2015 年度	2016 年度	2017 年度	2018 年度	2019 年度	2020 年度
北京	97%	100%	100%	100%	99%	未公布	100%	100%
天津	96%	99%	100%	100%	100%	100%	100%	100%
上海	100%	100%	100%	99%	100%	100%	100%	未公布
湖北	—	100%	100%	100%	未公布	未公布	未公布	未公布
广东	99%	99%	100%	100%	100%	99%	100%	100%
深圳	99%	99%	100%	99%	99%	99%	100%	100%
重庆	—	70%	未公布	未公布	未公布	未公布	未公布	未公布

(5)全国碳排放权交易市场启动首年试点碳排放权交易市场运行情况

2021 年度,七个试点碳排放市场共计发放配额超过 11.06 亿吨。其中,线上配额交易量达 4 603 万吨,线上交易总额达 15.41 亿元人民币,平均每吨价格为 33.47 元。2021 年度七个试点碳排放权交易市场的配额分配及线上交易情况,如表 3-6 所示。

① 北京理工大学能源与环境政策研究中心:《中国碳市场回顾与展望(2022)》,第 22 页。

表3-6　2021年度七个试点碳排放权交易市场的配额分配及线上交易情况①

地区	配额分配量/亿吨	总交易量/万吨	总交易额/万元	最高成交价/(元·吨$^{-1}$)	最低成交价/(元·吨$^{-1}$)	平均成交价/(元·吨$^{-1}$)
北京	0.5	187.07	13 559.18	107.26	18.63	72.48
天津	1.6	494.87	13 837.47	62.38	15.00	27.96
上海	1.05	138.00	5 445.71	49.98	28.60	39.46
湖北	1.66	385.29	8 648.90	45.47	21.59	22.45
广东	4.65	2 683.54	102 117.30	46.78	16.74	38.05
深圳	0.3	599.29	6 766.10	42.27	1.00	11.29
重庆	1.3	114.72	3 694.65	44.86	11.15	32.21

①价格与交易量

在北京和上海这两个试点的年度交易价格方面,北京以约每吨80元的价格领先其他五个地区(包括湖北、广东、天津和重庆等地),而上海碳排放权交易市场的成交均价约为每吨40元。湖北、广东、天津的碳排放权交易市场成交均价大约为每吨30元,重庆碳排放权交易市场的成交均价约为每吨25元,而深圳在2020至2021年间价格波动较大。

从每日交易量来看,广东碳排放权交易市场在某些交易日的成交量超过200万吨,且履约周期结束日期附近的单日成交量尤为突出。北京、上海、天津碳排放权交易市场的单日交易量变化幅度较小,分布较为均匀。相比之下,重庆碳排放权交易市场最不活跃,交易量也最小。

总体而言,2020至2021年间,中国七大试点碳排放交易体系在配额分配、市场监管(如MRV制度)以及履约机制等方面存在显著差异,导致运营成果参差不齐。其中,广东省和湖北省的碳交易体系运行相对高效,而重庆市的市场活跃度较低,表现相对逊色。②

②典型案例分析

湖北省自启动碳交易市场以来,采用“低价起步、适度从紧”的配额分配策

① 北京理工大学能源与环境政策研究中心:《中国碳市场回顾与展望(2022)》,第22页。

② 王科,李世龙,李思阳等:《中国碳市场回顾与最优行业纳入顺序展望(2023)》,载《北京理工大学学报(社会科学版)》2023年第2期,第36—44页。

略，通过历史法与基准法相结合的方式确定初始配额。同时，逐步提高行业减排目标（即控排系数），强化对重点行业的管控力度，并在扩大覆盖范围的同时动态调整相关参数。在此情况下，“减少排放权限数量有助于激发商业活动并提升整体活跃度”这一政策被证明十分有效。

作为全国首批试点省份之一，广东省在七个试验区中表现尤为出色。其碳交易体系秉持“稳定但略显紧张”的原则分配配额，并针对不同行业需求采取差异化策略。随着时间推移，这种分配方式的合理性和公正性逐渐凸显。此外，广东省借鉴欧洲模式，率先推行配额拍卖制度，以有限有偿的形式分配配额，这有助于提升重点排放企业对履行环保责任的关注度和投入度。

截至 2023 年 9 月，重庆碳排放权交易市场累计成交量达 4 586 万吨，成交额突破 10 亿元。其中，重庆碳配额（CQA）占主导地位，累计成交 4 043 万吨，成交额 9.01 亿元；CCER 和 CQCER 作为补充机制，累计成交 542 万吨，成交额 1.10 亿元。这表明重庆碳市场主要依赖强制配额交易，而自愿减排交易占比相对较小。①

碳交易市场是实现“双碳”目标的重要政策工具。截至 2023 年 10 月，重庆碳排放权交易市场的重点排放单位已增至 308 家，温室气体排放总量约为 1.5 亿吨/年，在重庆市年度温室气体排放总量中的占比由 33% 提升至 60%。通过市场机制的推动，重庆碳排放权交易市场的强制减排和激励减排作用得到充分发挥，“十三五”时期碳排放强度累计下降 21.9%。截至 2023 年 8 月 31 日，重庆市已累计碳交易量 4 410 万吨，交易金额 9.61 亿元，推动企业自主实施 50 余个工程减排项目，减碳效益约 800 万吨/年，为推动重庆市经济发展向绿色低碳转型发挥了重要作用。②

（6）中国非试点地区碳排放权交易市场运行情况

2016 年 12 月 16 日，四川省成功启动碳排放权交易市场，成为全国第 8 个获得国家认可的碳排放权交易中心的省级行政区。截至 2021 年末，该省实现的 CCER 总计销售量达 3 406.42 万吨。

① 《重庆碳市场累计成交额突破 10 亿元 累计成交量 4586 万吨》，https://baijiahao.baidu.com/s?id=1779955471154207385&wfr=spider&for=pc。

② 《强信心·走进百企丨新场景、新交易、新产业 重庆“碳”寻绿色发展之道》，https://baijiahao.baidu.com/s?id=1777638547646385485&wfr=spider&for=pc。

同样在2016年12月22日,福建省开启了碳排放权交易市场的运营。按照国家规定,福建省将石油和化学制品制造、建筑材料生产、钢铁工业、有色金属加工、造纸产业、发电和航空等行业纳入碳交易市场。此外,福建省在国内首次将陶瓷制造业纳入碳交易市场,开创了行业扩展的新局面。

截至2021年底,福建省碳排放权交易市场在五个履约期内平稳运行,履约率达100%,共完成成交量3 190.44万吨,成交额达8.63亿元。其中,碳排放配额累计成交量1 357.86万吨,成交金额2.65亿元;福建林业碳汇累计成交量350.8万吨,成交金额5 168.86万元;CCER累计成交量1 481.77万吨,成交金额5 168.86万元。2021年,福建省碳排放配额成交221.7万吨,福建林业碳汇成交94.1万吨,CCER成交243.16万吨。①

3.2 全国碳排放权交易市场的发展历程、发展特点与发展趋势

3.2.1 全国碳排放权交易市场的发展历程

全国碳排放权交易市场的发展经历了从无到有的三个主要阶段。

第一阶段从2005至2012年。当时,中国尚未设立独立的碳排放许可贸易平台。在此期间,我国企业只能以参与全球清洁发展机制(Clean Development Mechanism,简称"CDM")的形式,部分参与全球范围内的碳许可证交易业务。在这一时期,我国相关企业与发达国家相关企业建立合作关系,共同投资开发绿色能源,降低二氧化碳等有害气体排放,以此获取能证明CDM项目减排成果的核证减排量("CERs")。这些CERs可用于满足签署《京都议定书》的国家和地区所承担的环保责任要求。

早在2011年,国家发展改革委办公厅发布《关于开展碳排放权交易试点工作的通知》(发改办气候〔2011〕2601号),批准北京、天津、上海、重庆、湖北、广东以及深圳作为首批试点,启动二氧化碳排放权交易活动。这些选定的试点地

① 北京理工大学能源与环境政策研究中心:《中国碳市场回顾与展望(2022)》,第24—25页。

区随后均成功建立了各自的二氧化碳排放权交易市场体系。

与此同时,我国本土企业也能从中受益,实现双赢局面。这一初始阶段的经验为后来构建我国专属的二氧化碳排放额度交易体系提供了借鉴,也为制定相关政策法规奠定了坚实基础。自 2013 年起,欧盟排放交易体系(European Union Emission Trading System,即“EU ETS”)不再接受来自中国的新注册 CDM 项目。

第二阶段从 2013 年至 2020 年,我国区域性的二氧化碳排放许可贸易体系进入发展的第二个时期。到 2016 年,除首批试点城市外,四川、福建等地也陆续加入并创建了自己的碳排放权交易平台。第二阶段地区碳排放权交易市场的建设与推广,为后续全国碳排放权交易市场的建设积累了符合中国国情的宝贵经验。

第三阶段从 2021 年至今,全国碳排放权交易市场建设发展进入新阶段。《碳排放权交易管理办法(试行)》于 2021 年 2 月 1 日起施行,2021 年 7 月全国碳排放权交易市场正式上线,标志着国内碳排放权交易市场发展迈入第三阶段。

目前,中国的碳排放权交易市场存在地区和全国两个层面。重点排放单位(控排企业)、符合交易规则的法人机构和个人,可以在地区或全国碳排放权交易市场交易碳排放配额,还可以在地区碳排放权交易市场交易 CCER 以及该地区自行核证的自愿减排量。

2021 年 3 月 30 日,生态环境部发布《关于公开征求〈碳排放权交易管理暂行条例(草案修改稿)〉意见的通知》及《碳排放权交易管理暂行条例(草案修改稿)》。从相关内容可以看出,逐步形成统一的全国碳排放权交易市场是国内碳排放权交易市场的未来发展目标。

草案明确提出,该条例正式颁布施行后,将不再新建地方碳排放权交易市场,现有的地方碳排放权交易市场应逐步纳入全国碳排放权交易市场,现有的地方碳排放权交易市场应逐渐融入国家级系统。此外,已经加入国家级控排体系的企业,无需再参加任何地方级或同类工业企业的类似活动。

从实际操作情况来看,这种多个独立市场共同运作的状态可能会持续相当长一段时间。所以本章节将聚焦于两个不同的市场,即地方二氧化碳排放权交易中心和全国二氧化碳排放权交易市场。

全国碳排放权交易市场发展的重要日期见表 3-7。

表 3-7 全国碳排放权交易市场发展的重要日期[1]

重要日期	重要内容
2011 年 10 月	发布《关于开展碳排放权交易试点工作的通知》
2013—2014 年	七个国内碳排放权交易试点开始运行
2017 年 12 月	启动全国碳排放权交易市场、制定路线图并得到国务院批准
2018 年	应对气候变化与发展碳排放权交易市场职责从国家发展改革委转移到生态环境部
2020 年 12 月	《碳排放权交易管理办法(试行)》发布(2021 年 2 月 1 日起 施行)
2021 年 3 月	《碳排放权交易管理暂行条例(草案修改稿)》发布

3.2.2 全国碳排放权交易市场发展特点

全国碳排放权交易市场的建立,是中国运用经济手段调控并减少温室气体排放,推进环境保护与可持续发展的策略创新,也是我国实现碳达峰与碳中和的关键政策工具。截至 2022 年 12 月 22 日,全国碳排放权交易市场的交易额已突破 100 亿元大关。[2] 这种方式不仅能确保交易市场稳定运营并保持健康的增长态势,还能激励企业积极开展节能减排行动,强化全社会的低碳生活意识,充分彰显了我国坚定实施“双碳”目标的决心。

第一,就涵盖领域而言,七个碳排放权交易试点具有显著的地域特色。在这七个地区,共有超过两千家企业参与其中。同时,这些地区的交易市场也向机构和个人投资者开放,吸引了约 500 名会员加入,使总体会员数量达到 1 302 户。广东、天津和湖北等工业发达地区首次参与该项目,参与企业大多为工业类企业,其准入标准设定较高。而上海由于既有大量工业型企业,又存在众多非工业类排放源,因而采用了两种不同的准入标准。[3]

相较于全球标准,我国的碳排放许可市场试点具有多种特点:其一,仅聚焦

① 哈佛气候协议项目:《中国碳排放权交易制度:历史、现状与展望》,2021 年,第 3 页。

② 《全国碳市场释放减排新动能》,https://eco.cctv.com/2022/12/25/ARTIv87QmHIv 7bYyxD3gUbfE221225.shtml。

③ 王科,李世龙,李思阳等:《中国碳市场回顾与最优行业纳入顺序展望(2023)》,载《北京理工大学学报(社会科学版)》2023 年第 2 期,第 36—44 页。

单一类型污染物,如一氧化碳、二氧化碳;其二,涵盖直观及隐含的环境影响因素(如电力使用);其三,监管的目标主体是企业而非具体生产设备;其四,一些地区会逐步扩大环境保护覆盖范围,让更多单位和个人参与其中。

第二,就配额发放情况而言,在我国碳排放权交易试点的早期阶段,主要采取无偿方式分配配额。在首个年度,深圳、上海、北京、天津以及湖北的碳排放权交易试验区向控排企业提供的初始配额全部免费。而广东在初始分配时加入了有偿部分,要求企业支付一定比例的有偿配额费用,这部分占总数的 3%。深圳已开始探索配额拍卖制度,但具体执行方式和时间表尚未确定。相比之下,武汉并未将拍卖用于配额分配,而是将其作为一种价格探测工具。

在我国碳排放权交易试验区,无偿分配配额采用了多种策略。主要方法是基于历史排放量,同时兼顾历史强度标准和行业基准线。此外,我国在碳排放权交易市场试验区的配额分配上展现出独特的创造力。例如,引入历史强度标准用于无偿配额的分配;在确定免费配额数量时,除参考历史产出外,还会考虑实际生产情况,以实现减排与经济发展的平衡。再者,广东采用了"购买+免费"的混合分配模式,规定企业需按规定额度提前买入一定配额,才能获取免费配额。同样,深圳和上海在设定免费配额的方式上也各有特色,尤其是上海充分考虑了早期减排行动对配额分配的影响。

第三,所有碳交易试点都采用了 CCER 来构建抵消机制。换句话说,这些试点允许控排企业通过购买并使用一定数量的 CCER 来替代部分排放量,以履行配额清缴责任。不同地区的 CCER 使用率存在差异,范围在 5%至 10%之间,且具体规定各不相同。据估算,若将深圳、上海、北京、广东、天津五地的配额总量计算在内,这些试点地区的年度最大 CCER 需求量约为 0.64 亿吨。①

3.2.3 全国碳排放权交易市场发展趋势

(1)碳排放交易立法趋于完善

全国碳排放权交易市场正式运行后,开启了国内碳排放权交易的新篇章,

① 庞军:《碳中和目标下对全国碳市场的几点思考》,载《可持续发展经济导刊》2021 年第 3 期,第 19—21 页。

而这需要高位阶,特别是针对性法案予以支持。然而现阶段,我国生态环境部发布的“管理规定”,仅是我国环境污染治理体系的基础框架,无法满足国家对环保工作的全面规划与部署要求。当然,随着国务院及相关行政部门在碳排放权交易方面政策研究工作的推进,我国碳排放权交易市场的文件立法进程必将进一步加快。

当前值得关注的进展是,《碳排放权交易管理暂行条例》已被列入国务院年度立法项目。生态环境部已对其进行了新一轮修改,并征求公众意见。基于全国碳排放权交易市场的发展经验,该法规草案筹备时间较长。这有助于为全国碳排放权交易市场的建立奠定坚实的法律基础,也能为未来碳排放权交易市场的发展制定清晰且具体的指导方针,进而推动全国及各地碳排放权交易市场共同发展。[①]

(2)全国碳排放权交易市场参与主体更加多元

根据《全国碳排放权交易市场建设方案(发电行业)》规定,全国碳排放权交易市场将以各地区性市场的试点经验为指引,在未来条件成熟时,将更多元化的碳交易主体纳入市场参与范围。这是全国碳排放权交易市场充分发挥市场化效用的必由之路。

数据显示,2021年7月,中国碳排放权交易市场正式启动上线交易。第一个履约周期共纳入发电行业重点排放单位2 162家,年覆盖二氧化碳排放量约45亿吨,该市场成为全球覆盖排放量规模最大的碳排放权交易市场。截至2022年11月11日,我国碳排放权交易市场配额累计成交量达1.97亿吨,累计成交额86.74亿元人民币。[②]

截至2022年底,我国碳排放报告与核查范围涵盖石化、化工、建材、钢铁、有色、造纸、电力、航空等重点排放行业。专家预计,完成这几大行业覆盖之后,全国碳排放权交易市场的配额总量将从目前的45亿吨扩容至70亿吨,覆盖我国二氧化碳排放总量的60%左右。按照目前的碳价水平,到2030年碳达峰时,

---

① 曹明德,张天宇:《气候变化立法工作进展及建议》,载《中华环境》2020年第4期,第30—32页。

② 王科,李世龙,李思阳等:《中国碳市场回顾与最优行业纳入顺序展望(2023)》,载《北京理工大学学报(社会科学版)》2023年第2期,第36—44页。

累计交易额有望达到1 000亿元。①

预计在全国碳排放权交易市场中,将出现更多碳排放权的灵活分配情况。这将降低进入市场的门槛,逐步吸引专业机构和个人投资者加入。金融机构将碳排放权交易市场视为一种投资途径,并在其中充当中介角色,能够促进交易的顺利进行,进而形成更公平有效的价格机制,提升整体市场活力与参与度,充分发挥全国碳排放权交易市场的全方位覆盖性和广泛适应性。

(3)全国碳排放权交易市场交易品种更加丰富

业内一致认为,在建立国家碳排放权市场时,CCER系统不可或缺。尽管目前中国尚未将CCER作为碳排放权交易市场的交易商品,但生态环境部已多次呼吁加快恢复CCER的申请与交易活动。特别是在2023年2月,生态环境部部长黄润秋在全国生态环境保护工作会议上的讲话中,明确提及将"制定温室气体自愿减排交易管理办法"列为2023年的主要任务之一。这表明,CCER重启的可能性越来越大,甚至可能已进入蓄势待发阶段。

现阶段,CCER各项恢复工作正有序推进并逐步落实。国务院于2021年8月发布的《关于支持北京城市副中心高质量发展的意见》(国发〔2021〕15号)指出,要推动北京绿色交易所在承担全国自愿减排等碳交易中心功能的基础上,升级为面向全球的国家级绿色交易所。

另外,据中央财经大学绿色金融国际研究院估算,从市场供需角度考量,全国碳排放权交易市场每年的碳信用需求约为2亿吨。2017年备案暂停前签发的5 800余万吨CCER目前已基本消耗殆尽,亟需新的碳信用供给,以满足全国碳排放权交易市场控排企业灵活履约的需求。因此,无论是交易基础配套设施的建设,还是与碳信用市场需求的匹配情况,碳交易市场都已为CCER的重启做好了准备。②

此外,从长远来看,碳金融业务是全国碳排放权交易市场未来发展的必然方向,将逐步形成各类碳金融业务全面覆盖、不断丰富的交易格局。实际上,在"碳达峰、碳中和"政策目标的推动下,相关管理部门已多次强调建立碳金融市

---

① 章轲:《覆盖行业范围将逐步扩大,中国碳市场瞄准"国际影响力"》,https://m.yicai.com/news/101595801.html。

② 温梦瑶:《我国碳交易市场现状与发展趋势》,载《中国货币市场》2023年第4期,第71—75页。

场的必要性。碳金融工具不仅有助于更好地管理碳资产风险敞口，也有利于激发各类主体开展投资交易的积极性。从国际经验可知，在欧盟的碳排放权交易市场中，碳金融业务的推行对提升非履约周期交易的活跃度起到了关键作用。碳期货的成交量远超现货产品，这是有效激发碳排放权交易市场活力的策略。[①]

(4)全国碳排放权交易市场趋向国际化

在国内碳排放交易市场建设的基础上，我国已逐步开始探索参与国际碳排放权交易市场的交易。目前，我国在探索与国际碳排放权交易市场互联互通方面主要有两种方式。

一种方式是建设以跨境市场为导向的交易平台。2023 年 1 月，海南国际碳排放权交易中心成功完成首单跨境碳交易，交易产品为国际核证减排量(VCUs)，交易项目源自印度，总量达 10 185 吨。

另一种方式是引入国际资金参与国内市场交易。广州市生态文明建设规划明确提出，要在 2022 年 9 月前建立粤港澳大湾区碳排放权交易所，并试点开展碳排放权交易外汇交易，允许合格的境外投资机构和个人以外汇或人民币参与交易。事实上，粤港澳大湾区不仅拥有成熟的碳排放权交易市场基础，还具备国家绿色金融改革创新试验区和气候投融资试点的有利条件，因此人们对这片区域碳排放权交易市场国际合作的探索实践充满期待。[②]

2021 年 7 月 16 日，全国碳排放权交易市场正式运行，成为我国碳排放权交易历史的一个重要分水岭。在全国碳排放权交易市场启动之前，我国开展碳排放配额交易的八大区域性市场取得了显著的探索成果，为全国市场的建设积累了宝贵经验。全国碳排放权交易市场启动后，标志着我国国内碳排放交易市场的发展进入崭新阶段，形成了全国性市场与区域性市场协同发展的总体格局，为国内碳排放权交易市场的发展注入了新活力。

当然，新阶段、新实践的出现必然伴随着一系列问题，全国碳排放权交易市场的参与主体、交易品种、协调机制、长期规划等都是值得关注的话题。随着我国碳排放权交易市场的进一步发展，碳排放交易立法将趋于完善，市场参与主体将更加多元，交易品种将更加丰富，并逐渐呈现更广泛的国际化特征。在此

---

① 马广奇，赵健珺：《碳金融市场探索与突破》，https://baijiahao.baidu.com/s?id=1764953405061334063&wfr=spider&for=pc。

② 李晓依，张剑：《全球碳市场发展趋势及启示》，载《中国外资》2023 年第 5 期，第 34—37 页。

背景下,我国碳排放权交易市场的活力必将逐步提升,具备更强的投资价值与经济潜力。

3.3 全国碳排放权交易市场的未来发展对策建议

3.3.1 发挥市场机制协同作用,推动碳排放权交易市场稳定发展

及时扩大碳排放权交易市场的产业覆盖范围,并合理实施碳配额拍卖策略。目前,全国性碳排放权交易市场主要聚焦于电力领域,其他碳排放重点行业尚未被纳入其中,这不利于充分发挥我国碳排放权交易市场的功能。若将更多碳排放关键行业纳入现有的碳排放权交易市场,将提升市场的灵活性与活力,在降低碳价格的同时大幅增加碳排放权交易市场的交易量。

一是进一步拓展碳排放权交易市场的覆盖行业,有助于减轻碳排放权交易市场运行对国内生产总值的影响,从而有效降低全社会的碳排放成本。因此,未来全国碳排放权交易市场应逐步纳入制药、石油化工、化学、建材、钢铁、金属加工、印刷出版和航空运输等重要碳排放行业。

相较于无偿分配模式,采用拍卖方式发放初始碳配额,能更有效地抑制重点行业的碳排放行为,提高碳排放权交易市场的活跃度。此外,这种做法能更好地体现"污染者付费"原则,进而在推动产业减排和优化能源结构方面发挥更大作用。在以无偿分配为基础引入拍卖制度后,碳排放量较大的行业会优先通过拍卖获取碳配额,成为主要市场主体。基于完全自由竞争假设,拍卖制度的实施可能会使碳交易价格略有下降,且随着拍卖比例的提高,包括拍卖环节和交易环节在内的所有碳价都将持续降低。同时,这也有助于扩大全国碳排放权交易市场的规模。

采用"无偿分配 + 竞拍"作为初始阶段的碳排放额度分配方式,有助于平衡经济收益与社会环保效益。鉴于我国当前的社会经济负担状况,以无偿方式向全国控排主体(企业和部分家庭)分配初始碳排放额度具有合理性。然而,为促使高耗能行业减少污染、提高效率,需在无偿分配的基础上适当引入竞拍机制。在初期阶段,应避免过高的竞拍参与度,然后综合考虑碳排放权交易市场

的有效性和经济稳定性，逐步增加竞拍份额。

二是借助 CCER 交易和抵消机制，可将碳排放权交易市场与绿色电力证书（绿证）交易市场相互连接，形成耦合关系。当全国碳排放权交易市场与绿证交易市场协同运行时，社会经济发展会面临减少温室气体排放和提高可再生能源消费比例的双重挑战。相较于全国碳排放权交易市场单独运行，这种双重挑战对国内生产总值（GDP）的影响更为显著。然而，这种协同运作有助于更有效地降低温室气体排放量，也更有利于优化能源结构与电力布局。

若碳排放重点行业的绿证无法转换为 CCER 以平衡碳配额，这些行业可能会选择提高绿色能源的使用比例，而非依赖化石燃料来满足能源需求，进而实现碳减排目标。倘若以 CCER 交易和抵消机制为连接点，使碳排放重点企业能够通过购买绿证获取更多碳配额，那么碳排放权交易市场与绿证交易市场将紧密关联，刺激碳排放重点企业的需求，促进两个市场共同繁荣，进而促使碳价格下降。

尽管火电行业的部分企业尚未参与全国碳排放权交易市场，但它们仍有可能在碳排放权交易市场以较低价格购入更多碳排放额度，从而减轻自身的环保支出负担。同时，这种结合方式有助于弥补碳排放权交易市场与绿证交易市场双轨制运行可能带来的经济损失。

为减轻碳排放重点行业的经济负担，并推动绿证交易市场的发展，需要探索如何让企业在参与全国碳排放权交易市场的同时融入绿证市场。企业可通过购买绿证，并将其转换为 CCER 以抵扣碳排放额度。这将使两个市场相互连通，更高效、有力地协同合作，提升联合减排效果。

三是适度推行碳税制度，构建涵盖碳交易与碳税的双重碳价制定策略。碳交易是政府设定碳排放限额，允许企业将这些限额当作商品进行交易，以此降低全社会碳排放总量的一种手段。而碳税则是政府针对企业的碳排放行为征收费用，以此激励企业采取节能措施、减少污染物排放，从而实现减排目标。

从环保经济学的角度来看，在理想的市场竞争环境下，这两种政策工具的效果应是一致的。它们都能使私营企业的边际成本与社会边际成本趋于一致，进而消除因外部效应导致的市场扭曲，达成鼓励企业减少碳排放的目的。

然而，现实情况并非如此理想。由于存在信息不充分、不确定性以及各部门决策差异等问题，碳交易和碳税之间存在显著差别，且各有优势。一般来说，碳交易更侧重于设定明确的碳排放限量,减排效果更为直观。但构建和运行该体系较为复杂,会消耗大量资源,因此它更适用于排放地点固定、排放量大且易于监测的企业。若要将其推广至其他类型或规模较小的企业,将面临较大困难。调查显示,当特定行业被纳入国家碳排放权交易市场时,会出现跨行业的碳泄漏问题,即未参与碳交易的企业在碳交易实施后,其碳排放量相较于之前有所增加,这在一定程度上削弱了国家碳排放权交易市场的减排成效。而对这些未参与碳交易的企业征收碳税,能够有效防止此类跨行业碳泄漏情况的发生。此外,若要实现相同的减排目标,对未参与碳交易的企业征收碳税,不仅能增加政府财政收入,还能适度调节碳交易价格,从而减轻碳排放权交易市场覆盖企业的碳减排负担。

鉴于现阶段社会对践行这一新策略方向意愿强烈,且我们已积累了一些执行此类举措的具体操作经验,因此,对尚未纳入国家整体管理框架的各类机构和个人征收相应的碳价款,既合理又必要。

3.3.2 加快碳金融创新,探索碳金融业务

根据世界银行的数据,截至 2023 年 1 月,全球已有 30 多个碳交易市场在运行。[①] 经验表明,碳金融既能提高碳排放权交易市场的效率,又能为交易者提供风险缓冲手段。通过有效管理和盘活碳资产,不仅能吸引更多长期投资者参与,还能为碳排放权交易市场的持续健康发展提供有力支撑。

其一,进一步完善法律及配套设施。一方面,我国碳金融市场尚处于初期阶段,相关法律法规制度有待持续完善,一套较为完善的法律体系能够为碳金融的发展筑牢坚实基础;另一方面,金融监管部门应加强对碳金融日常发展的监督,不断更新服务理念,积极学习借鉴国外先进、成熟的经验,深入研究我国碳金融发展情况,制定相关碳银行业务规范。

其二,积极构建碳金融交易专业机构。商业银行可设立专门研究碳金融的部门或机构,并明确其职责。加大碳金融宣传力度,设立专门机构提供服务,消

① 马广奇,赵健珺:《碳金融市场探索与突破》,http://m.tanpaifang.com/article/96719.html。

除碳金融发展过程中体制创新的障碍。同时，针对碳交易体系不完善、市场不规范、主体专业性不足等问题，相关部门应加快完善碳金融风险预防机制的研究，积极把握政策方向，明确未来发展路径，保障碳金融长远发展。①

其三，立足国情，探索更有效的碳交易路径。首先，提升认证机构质量，不断增强自身业务能力，降低认证服务成本。其次，设立专门的认证机构监督部门，出台一系列认证标准。加强与国际组织合作，我国认证机构要持续提升专业水平，争取定价权，在全球碳金融交易中获得更多话语权，努力推动人民币成为碳交易结算的主导货币。

其四，积极创新，培养人才，加速碳金融产品创新。开发相应的标准化交易合同，以便更好地开展碳金融交易活动并应对各类风险。教育部门应推动高校开设碳金融本科专业，促进不同学院间的学科交叉与跨界融合，填补“双碳”背景下跨学科碳金融人才的缺口。

总之，碳交易的发展离不开碳金融的支持，碳金融与低碳经济相辅相成，二者协同发展能够有效推动低碳产业结构优化升级。而发展好碳金融，也将为可持续发展提供更坚实的保障。

3.3.3 扩大碳市场交易主体范围，丰富碳市场交易产品种类

在全国性碳排放权交易市场中，目前仅纳入了电力行业。为更好实现“双碳”目标，有必要扩大行业覆盖范围。应考虑进一步拓展碳排放权交易的市场领域，评估新行业的基础信息、温室气体减排能力以及未来可能对碳排放权交易市场产生的影响。对于减排企业的碳排放权交易活动，应持积极态度。同时，还需拓展其他非企业实体领域，以推动市场主体多元化发展。当前，我国在构建碳排放权交易体系时，应尽可能降低个体投资者的准入门槛，为其提供更多参与机会。通过降低碳排放权交易系统的准入标准，可使大量投资者依法加入该交易系统。

让个体参与碳排放权交易，在一定程度上能够缓解企业参与数量不足的问题，从而提升非履约期内的碳排放权交易活跃度。随着越来越多的个体投资者

① 马骏：《碳中和愿景下的绿色金融路线图》，载《中国金融》2021年第20期，第12—14页。

进入市场,可以有效培育更多散户群体,适度分散碳排放权集中于单一持有人的情况,降低市场运行风险。此外,推动参与主体多元化也是关键。鼓励社会资本参与其中,可探索引入更多市场主体(如社会团体、非政府组织等)参与碳排放权交易,增强市场活力与透明度。同时,应推动企业自愿减排和交易。鼓励企业在合规基础上,更积极主动地参与碳减排和碳交易。为此,可制定相关激励政策,如提供税收优惠、资金支持等,以提高企业的积极性。

"双碳"目标下,仅依靠碳配额交易和 CCER 现货交易的市场发展潜力受限。为提升市场活跃度与流通性,必须加强碳排放权交易市场金融体系建设。

首先,构建完善且功能完备的交易平台是关键举措之一,这有助于吸引各类投资者投身市场。其次,要拓宽碳金融市场的参与者范围,鼓励商业银行、投资银行等金融机构研发并推出更多类型的碳金融衍生品。在此过程中,需综合考量各种要素,制定多样化的衍生产品方案,以满足不同领域和层次的需求。同时,应积极探索各类金融产品的组合模式,如"碳汇 + 保险""期货 + 保险"等,以此吸引更多人涉足该领域,推动绿色金融发展,提升生态环境产品价值。将碳配额和 CCER 视作新型金融资产,可用于抵押贷款、信托等金融操作,满足绿色企业的融资需求,拓展绿色金融业态创新路径。

面对"双碳"目标以及环保与可持续发展的需求,需更加重视森林、草地和湿地等生态系统在减排中的作用。因此,要探寻新途径,更好地发挥这些生态系统的固碳功能。这包括研究如何将更多的碳汇纳入 CCER 体系。同时,应积极推动森林、草地、湿地等碳储量的测量与监测工作,制定相应技术标准,并全面评估其固碳潜力,确保它们能有效参与碳排放市场活动。此外,还应考虑将森林、草地、海域、土壤保持等纳入 CCER 项目的资源类别,这既能丰富碳排放权交易产品种类,又能让森林、海域、湿地等生态碳汇获得更高的经济价值。

3.3.4 提升碳排放权交易市场参与度和专业性,培养专业化人才

一是逐步增加市场参与者的多元化。目前,从交易者角度来看,我国的碳排放权交易平台仅接纳了电力行业的 2 225 家企业参与,这致使市场活力不足。建议允许银行及其他有意愿的企业参与碳交易。此外,可以借助碳期货等金融工具进一步提升碳排放权交易市场的活跃度,强化其价格形成功能。选取部分

企业或行业作为碳交易市场的示范点,通过实际案例展示碳交易带来的积极成效,鼓励更多企业投身其中。

二是推动服务业的专业化发展。建议监管部门对碳服务与咨询企业实施更严格的管理,以彻底改变当前碳服务行业准入条件宽松、各类服务企业专业水平参差不齐的状况。例如,针对碳排放权交易市场、碳资产管理等特定领域实行许可证制度,并制定详细标准指导持证企业。同时,应加强行业自律和信誉管理,引领碳服务产业迈向标准化与专业化道路。加强对市场参与者的监管,要求企业定期披露碳排放情况并提供相关数据,以提高市场的透明度和信息对称性。

三是加快专业技能人才的培养速度。建议相关部门制定人力资源发展战略,加强与高等教育机构及研究中心的合作,推动各碳相关产业加强在碳计算、碳交易、碳信息管理等方面的专业团队建设和人员培训工作,同时进一步强化这些专业的资格认定,打造一支优秀的碳市场专业人才队伍。鼓励高等院校开设与碳排放权交易市场相关的专业课程,如环境经济学、可持续发展、气候变化等,培养具备专业知识和技能的人才。

四是加大技术创新与平台建设力度。开发便捷的碳交易平台,提高市场交易效率与便利性。借助技术手段,保障交易的安全性和信息的真实性。运用大数据分析挖掘市场趋势和参与者行为,助力企业精准决策,降低交易风险,提高参与度。探索区块链技术在碳交易中的应用,提升交易的安全性、透明度和可信度,增强参与者信心。

五是积极开展国际合作与交流。积极参与国际碳排放权交易市场的合作与交流,提升我国碳排放权交易市场的专业化水平。通过国际组织建立跨国碳交易合作机制,实现数据共享和市场互通,提高全球碳排放权交易市场的整体效能。鼓励国内外专业人才交流合作,促进知识共享与传播,提升人才的国际化水平。

综上所述,提升碳排放权交易市场的参与度和专业性,需要从政策、教育、技术、国际合作等多个方面综合施策。通过有针对性的举措,不仅能有效提高市场活跃度,还能为应对气候变化培养更多专业人才,为实现可持续发展目标奠定坚实基础。最终形成一个高效、有序、透明的碳排放权交易市场,为全球减排贡献积极力量。

3.3.5 全国碳排放权交易市场与“一带一路”碳排放权交易市场连接展望

在推动“一带一路”发展的过程中,我国始终坚持以绿色发展理念为主导,主动采取相关行动,携手各方共建环境友好型“一带一路”。我国率先推行降低温室气体排放的举措,借助“一带一路”碳交易体系履行对全球生态环境保护的责任。

当前,我国的碳交易系统已正式启动,其他“一带一路”合作伙伴也即将搭建各自的碳交易平台,这为构建全球碳交易网络创造了良好条件。预计未来国际碳交易网络将备受关注,因此需要加强该领域的前瞻性研究,深入剖析碳交易连接可能带来的风险和问题,进而积极、稳定且有序地推动不同国家碳交易之间的交流与合作。主要涵盖以下四点。

一是为“一带一路”合作伙伴的碳排放管理体系建设提供援助。当前,许多“一带一路”合作伙伴在碳排放管理起步阶段面临诸多困难,需要大量时间和资源来推进相关工作。我们可与那些有意愿但能力不足的国家开展合作,分享我国在创建和运营碳排放管理系统方面的成功经验与案例,帮助它们提升相关技能水平,指导其结合本国实际推进项目,提高设计方案的协调性和兼容性,以确保未来“一带一路”区域内碳排放管理系统能够顺利对接。建议鼓励这些国家先从电力行业试行碳排放管理制度,特别是在有中方参股煤炭发电站的“一带一路”地区,以此彰显“一带一路”项目的环保特性。

二是启动“一带一路”碳排放交易市场法律规范体系研究项目。稳健有效的法律框架对碳排放交易市场的稳定发展至关重要。在推动“一带一路”碳排放交易市场发展过程中,建议以我国现有的碳排放交易市场为基础,整合经验并结合“一带一路”各地区特点,先行探索建立公平合理的“一带一路”区际碳排放交易市场法律制度。开展对“一带一路”合作伙伴在应对气候变化、减少温室气体排放等方面立法工作的研究与梳理,深入研究已建立碳排放交易市场国家的相关法律规定。同时,在制定我国碳排放交易市场相关法律时,要充分考虑“一带一路”碳排放交易市场建设的需求,为未来“一带一路”碳排放交易市场法律规范体系的构建奠定基础。①

三是逐步探索“一带一路”碳排放市场的各类连接方式与合作策略。在碳排放市场联合行动的初期,我们应更注重沟通与研究,稳步推进信息披露、核算系统、监管措施及交易流程的协调统一,同时积极参与跨国抵消机制项目的开发。当全国碳排放市场运行趋于成熟时,可以从规划“一带一路”碳排放市场的连接着手,首先建立中国、欧盟和美国碳排放市场之间的双向连接,之后等待其他国家碳排放市场进一步发展并逐步将其纳入。②

四是加强培养与“一带一路”合作伙伴碳排放权交易市场相关的专业人才。为推动“一带一路”合作伙伴在碳排放交易领域的深度合作与交流,举办“一带一路”碳排放管理研究会议,吸引各国政策决策者、专家学者和商业领袖参会,共同深入探讨全球碳排放定价机制的重要性、可行性及面临的问题,加深他们对碳定价策略的理解。我们还制定了详细的碳排放交易人才培训计划,逐步建立完善的人才资源库,持续向“一带一路”合作伙伴输送优秀人才。同时,我们致力于助力科技实力相对薄弱的“一带一路”合作伙伴快速提升相关科学领域水平,培养相应的专业人才队伍。

---

① 杨大鹏,王树堂,李运航:《“一带一路”国家和地区开展碳市场链接的设想与展望》,载《中华环境》2022年第12期,第32—35页。

② 朱源,李盼文:《共建绿色丝绸之路 推进全球可持续发展》,https://www.yidaiyilu.gov.cn/p/265614.html。

第4章

地方碳排放权交易市场实证研究：以江苏省为例的多维度剖析与经验推广

碳市场建设是一项复杂的系统工程,需要完善的法律法规、有效的管理机制、真实的排放数据、可靠的交易系统及扎实的能力建设,这需要中央和地方主管部门协同推进。地方主管部门在参与全国碳市场时,既要准确把握全国碳市场的建设方向、趋势和要求,又要吸收借鉴试点地区好的经验和做法,分阶段、有步骤地推进相关工作。第3章深入分析全国碳排放权交易市场的现状,既剖析了发展成效,也对未来发展趋势进行了展望。基于此,本章将聚焦地方碳排放权交易市场实证研究,通过以江苏省为例的多维度剖析与经验推广,系统揭示地方政府在碳排放权交易市场中的角色定位,深入明确江苏省市场实施探索的示范意义。

4.1 地方政府角色定位:参与全国碳排放权交易市场的核心任务与保障机制构建

4.1.1 基于政府与市场关系视角的全国碳排放权交易市场和地方碳排放权交易市场

(1)基于政府与市场关系视角的全国碳排放权交易市场

全国碳排放权交易市场于2021年7月率先上线交易,全国温室气体自愿减排交易市场也在2024年1月正式启动,二者共同构成了全国碳排放权交易市场体系。2013年,党的十八届三中全会通过《中共中央关于全面深化改革若干重大问题的决定》,将全国碳排放权交易市场建设列为深化改革的重点工作之一,这一决定标志着全国碳排放权交易市场设计工作正式开启。

2017年12月19日,经国务院同意,国家发展改革委印发《全国碳排放权交易市场建设方案(电力行业)》。在发布会前,国家发展改革委组织召开全国碳排放交易体系启动电视电话会议,就全面落实《方案》任务要求、推动全国碳排放权交易市场建设进行动员部署,明确由湖北省和上海市分别负责建设全国碳排放权注册登记系统和交易系统,标志着全国碳排放权交易市场基础建设阶段的全面启动。

2018年机构改革后，随着应对气候变化部门转隶，碳排放权交易市场建设实现与生态环境保护体系的深度整合。相关部门系统推进从法律基础构建到制度规则完善、从数据管理到基础设施升级、从能力建设强化到监管体系优化的全方位建设。2019年10月至12月，生态环境部门举办了一场关于碳排放权交易市场配额分配与管理的综合培训活动。此次培训内容涵盖此前已有的基础内容，如配额分配计划解析、交易流程以及注册登记系统的使用方法；同时，还新增了一些关键内容，例如对重点排污企业的履约义务等方面进行了深入剖析。此外，本次培训还安排了配额预估计算和碳交易仿真实验的学习环节。[①] 碳排放权交易市场在推动经济社会发展全面绿色转型方面作用显著，市场对于进一步扩大全国碳交易市场行业覆盖范围、丰富交易主体和产品的需求日益强烈。

全国碳排放权交易市场是基于“cap-and-trade”（限额与交易）原则构建的。这一机制的基本原理是，政府依据特定时期内的温室气体排放总量目标，为每个参与企业设定排放限额。随着时间推进，这一限额通常会逐步收紧，以此激励企业减排。

每个参与企业在限额范围内获得相应的碳排放权（即配额）。配额的获取方式主要有免费分配、拍卖等。企业可在市场上进行碳配额的买卖操作。若某企业的实际排放量低于其获得的配额，便可以将剩余配额出售给其他有增加排放需求的企业。这种市场机制促使企业采用更低碳的生产方式，进而助力实现整体减排目标。

参与企业需要定期监测并上报自身的碳排放数据，以确保市场的透明度和自身的合规性。政府会对企业提交的报告进行审核，防止出现数据造假等不当行为。

2024年《政府工作报告》提出，“提升碳排放统计核算核查能力，建立碳足迹管理体系，扩大全国碳排放权交易市场行业覆盖范围”。2024年5月10日，中国人民银行、生态环境部、国家金融监督管理总局、中国证券监督管理委员会联合召开绿色金融服务美丽中国建设工作座谈会，会议指出，要推动环境要素

---

① 碳达峰与碳中和服务工作组：《赖晓明：统一碳市场应具备的特征，建设统一碳市场的关键问题、路径与措施》，https://ricn.sjtu.edu.cn/Web/Show/833。

市场建设,分阶段逐步扩大我国碳排放权交易市场的行业覆盖范围,完善全国温室气体自愿减排交易市场。

全国碳排放权交易市场的建立,是我国应对气候变化、推动可持续发展的重要举措。尽管面临诸多挑战,但其市场机制为促进低碳技术应用和可再生能源开发提供了一种灵活手段,有望在未来达成更高效的减排成效。通过持续完善市场机制,提高参与企业的积极性,增强市场透明度,全国碳排放权交易市场有潜力为中国的绿色转型以及全球气候治理贡献重要力量。

全国碳排放权交易市场的参与主体主要为高排放行业的企业,例如电力、化工、建材、钢铁等行业。市场的运行涉及以下几个关键环节:一是注册与纳入,参与全国碳排放权交易市场的企业,必须先进行注册,并提交相关的碳排放数据,符合条件的企业将被纳入碳交易体系;二是配额管理,企业获得的碳配额须依据实际排放量进行管理,确保企业在不超出限额的前提下开展业务运营;三是交易平台,全国碳排放权交易市场通常会搭建一个在线交易平台,企业可在该平台上进行碳配额的买卖交易;此外,市场参与者除了排放企业外,一些投资机构、碳资产管理企业以及专业交易员等,也会参与到碳排放权交易市场的交易活动中。

全国碳排放权交易市场是由法律制度体系、配额管理体系、监测报告核查(MRV)体系和市场监管体系等四大体系构成的统一市场(见表4-1)。法律制度体系以法律形式确立全国碳交易的各项制度,构成全国碳排放权交易市场的法律基础。配额管理体系与监测报告核查体系分别对碳排放配额和碳排放数据进行全流程管理。市场监管体系则有力保障碳排放权交易市场顺畅、有效地运行。

表4-1　全国碳排放权交易市场框架①

体系	内容
法律制度体系	以法律和部门规章的形式明确碳排放权交易市场重大制度安排
配额管理体系	明确国家和重点行业碳配额设定和分配方法 建立配额注册登记系统和管理制度

① 国家发展和改革委员会能源研究所:《2018—2019中国碳市场进展》,第5页。

续表

体系	内容
检测报告核查(MRV)体系	明确对重点排放单位、第三方核查机构的管理规定 明确碳排放数据检测报告核查的具体流程和方法
市场监管体系	明确对交易机构、交易主体的管理规定 对交易机构组织交易、交易平台的运行进行监管

2014 年,国家发展改革委发布《碳排放权交易管理暂行办法》,以部门规章的形式明确了全国碳排放权交易市场的制度设计和管理体系。2018 年 3 月,负责应对气候变化的主管部门由国家发展改革委划转至生态环境部。同年 6 月和 12 月,中央与地方的气候变化相关部门转隶任务也陆续完成。

转隶后的应对气候变化部门继续承担全国碳排放权交易市场的设计、建设和管理职责,并着力加强全国碳排放权交易市场与生态环境保护工作的协同,为全国碳排放权交易市场建设带来新契机。

生态环境部于 2019 年 4 月发布了《碳排放权交易管理暂行条例(征求意见稿)》。该条例正式出台后,将在更高层面确立碳交易制度的法律地位,进一步明确碳排放权交易市场利益相关方的责任与权利,并加大对违法行为的处罚力度。

全国碳排放权交易市场部门转隶的新机遇见表 4-2。

表 4-2 全国碳排放权交易市场部门转隶的新机遇①

部门转隶的新机遇	排放统一管理: 通过排污许可证制度统筹管理各种排放源的各类污染物排放
	数据交叉校核: 促进二氧化碳和大气污染物排放数据的交叉校核,提升数据质量
	开展联合执法: 对排放单位的各种排放行为进行强化监督和联合执法,督促排放主体完成减排目标

① 国家发展和改革委员会能源研究所:《2018—2019 中国碳市场进展》,第 7 页。

(2)基于政府与市场关系视角的地方碳排放权交易市场

2011年，我国在碳市场建设领域迈出关键步伐，北京、天津、上海、重庆、广东、湖北、深圳等七省市率先启动碳排放权交易试点。这些试点项目在2013—2014年期间相继完成交易系统建设并启动市场运行。2016年，四川省启动自愿减排交易，福建省建立地方碳排放权交易市场并开启配额交易。目前，各地已基本建成运行平稳、要素完整、成效显著且各具特色的地方碳排放权交易市场。

各地碳排放权交易市场纳入了约20个行业的数千家重点排放企业。这些地区依据自身实际情况，制定了各具特色的市场覆盖范围和碳交易策略。截至2019年6月末，各地区碳排放权交易市场已完成约3.3亿吨二氧化碳的配额现货交易，交易价值总计达71.1亿元人民币。不过，不同碳排放权交易市场之间存在一定价差。各市场均允许使用CCER完成履约。截至2019年8月，各试点碳排放权交易市场累计使用CCER约1 800万吨二氧化碳当量(tCO_2e)，约占备案签发CCER的22%。①

地方碳排放权交易市场积极探索创新，持续完善碳排放权交易市场的制度设计，为全国碳排放权交易市场建设积累了宝贵经验。其一，积极推动政策改革，不断拓展碳排放权交易市场的产业领域，吸引更多参与者，同时构建分配与回收机制，防范各类市场风险。其二，积极尝试推行碳金融服务，如碳资源托管、碳抵押借款、碳配额收购以及碳保险等。其三，将民众的环保行为融入碳交易，例如实施碳积分奖励计划等。

地方碳排放权交易市场有力推动了区域低碳转型。自2012年起，各地方碳排放权交易市场所在省市连续六年均完成了单位GDP二氧化碳排放下降的年度目标。其中，上海市纳管企业2017年碳排放量相较于2013年累计下降7%，煤炭消耗总量累计下降11.7%②；湖北省纳管企业碳排放量在2014—2016年间年均下降3.8%。③

---

① 《碳排放权交易，中国大步踏出自己的路》，https://www.gov.cn/xinwen/2021-08/03/content_5629115.htm。

② 《重磅！上海碳市场十周年成效评估》，https://sthj.sh.gov.cn/hbzhywpt1272/hbzhywpt1158/20240726/3fbbddcbd80149b18418a85baa3a62b2.html。

③ 《湖北单位GDP碳排放6年累计下降23.9%》，www.tanpaifang.com/tanzuji/2023/0713/98652.html。

从地方碳排放权交易市场运行的必要性来看,碳排放权交易市场是一种通过碳排放权买卖来调控碳排放总体规模的机制。它最初从地区层面自下而上被采用,随后逐渐推广至全国范围,并推动了内部化进程。在这一体系中,市场这只"看不见的手"能够依据最优方式分配气候容量资源,使温室气体减排效率更高的企业将减排潜力转化为实际的经济收益;相反,高耗能或高污染企业则需支付一定价格获取必要的碳排放额度。如此,既能保障经济的健康增长,又能满足特定地区碳排放总量控制的要求。推进碳排放权交易市场建设,有助于让排放大户承担更多成本,提升节能环保型企业的盈利能力,同时促进相关低碳技术进步和新兴产业发展。这一举措有利于推动政府从强制减排向引导企业主动减排转变,实现环境保护、经济发展和社会福利的多赢。

我国的碳排放权交易市场作为一种政策导向型市场,是从地区试验起步发展的。其有效运行依赖于全国统一的碳排放权交易市场体系的构建与完善。由于碳排放权交易涉及节能减排以及应对全球变暖等问题,诸如确定碳总量限制目标、公平且高效地分配碳排放配额、明确碳交易范围及方式等,在我国属于新兴领域。

在碳排放额度的计算、监测、认证等方面,存在较高的专业技术要求。这需要借助地区试验来积累经验,在逐步提升公众和企业对气候变化认知的同时,强化他们对气候容量稀缺性的认识。因此,在地方气候立法过程中设立本地化的碳排放交易系统,打造区域性的碳排放交易平台,有助于为未来构建全国性的碳排放权交易市场、实施全面的碳排放交易策略奠定坚实基础。目前,我国仍有部分地区的能源消耗总量在快速增长,且将在较长时间内处于增长阶段。能源消耗与碳排放之间的关联性,决定了我国在这一时期减排面临巨大压力。为解决当前减排机制存在的刚性过强、效率不足以及激励机制不足等问题,建议在地方气候立法中率先引入地方碳排放交易机制,充分发挥市场机制的资源配置作用,确保地方层面顺利完成节能减排任务。

地方碳排放权交易市场也体现了对气候治理利益的动态平衡。该体系将减排成果固化、量化和规范化,盘活地方的碳资源,实现气候容量资源的优化配置,有利于充分调动地方各方广泛参与、共同合作开展气候治理的积极性,促使碳减排的方式和路径更加多元化。市场机制是政府管制的重要补充,构建地方碳排放权交易市场也是加强地方层面应对气候变化管理体制和能力建设的重要举措。地方碳排放权交易市场还能引导更多资金投入应对气候变化领域,尤其是清洁能源领域,促进地方技术和管理创新,推动可再生能源和低碳技术的研发与应用,助力地方实现低碳发展。从基于政府与市场关系视角的我国碳排放权交易市场建设的三个阶段来看,我国最早建立碳排放权交易机制,目的是实现国家和省级碳强度目标。2011 年 10 月,我国开始进行碳排放权交易试点工作。在接下来的几年里,陆续建立了包括北京、天津、上海、重庆等省市在内的碳排放试点地区。至 2021 年 7 月,全国性的碳排放权交易市场启动。在过去的十多年间,我国政府与市场的关系可划分为以下三个阶段。

第一阶段(2011—2016 年)。这一阶段是公共机构推动企业初步参与环境保护行动的发展时期。此期间的主要工作集中在各区域构建环保政策框架体系,具有明显的公有制导向特征。特别是国家对地级市的管理与引领,有力推动了试点工作的顺利开展。在低碳经济建设初期,各级政府积极制定并推行适合当地情况的环境法规及规章制度。这些实践工作不仅加深了对市场有效运作的理解,也为进一步优化碳排放权交易市场的设计方案提供了宝贵的实操经验。

第二阶段(2016—2021 年)。中央和地方行政机关持续修订和完善现有的环境保护制度,使企业的合规路径更加明晰。在此期间,各试验区逐步建立起更为成熟的市场运作模式,并在全国范围内形成了自下而上推进的基础架构。这一过程始于试验区的启动,并一直延续至 2021 年 7 月。2013 至 2017 年间,通过持续修正环保制度框架、强化监管体系、强化监管体系,逐步构建起具有自我调节能力的市场化减排机制。此阶段我国二氧化碳总排放量呈增长态势,但增速明显放缓。到 2017 年底,由于暂停接受 CCER 项目申报审批,已签发的 CCER 交易量在 2018 年同比骤降 50%。至 2019 年,这种情况有所缓解。此外,值得注意的是,为更好地应对全球变暖问题,我国将控制温室气体排放的职责移交给新的主管部门——生态环境部,这也标志着国内正积极推进可持续发展战略,以实现经济转型升级目标。2017 年 12 月《全国碳排放权交易市场建设方案(发电行业)》和 2020 年 12 月《碳排放权交易管理办法(试行)》的发布,成为第二阶段全国统一碳排放权交易市场建设的政策依据。

第三阶段(2021 年以来)。这一阶段是我国应对气候变化政策实施历程中的重要时期,即通过引入和运用市场手段,推动企业主动参与减排行动。在此过程中,我国致力于构建更具包容性的能源产业结构,提高对环保问题的重视程度;同时,优化国家层面的整体规划框架,以更好地满足各行各业的需求。截至目前,国家碳排放配额交易平台已涵盖超过 2 162 家大型工业企业,涉及约 45 亿吨二氧化碳排放量,这标志着我国的努力取得了显著成效。①

4.1.2 地方政府参与全国碳排放权交易市场的重点任务

(1)基础建设阶段的主要任务

构建碳排放权交易市场是一个庞大的综合性项目,它依赖于完备的法律框架、高效的管理流程、真实的环境排放信息、稳定的交易平台以及强大的能力提升机制。地方政府在参与国家碳排放权交易市场时,必须精准理解其建设路线图、发展模式及需求。同时,要学习并应用试点地区取得成功的策略与方法,稳步推进各个阶段的工作。

一是建立工作机制。为有效支持全国碳排放权交易市场的发展与运营,地方政府需构建一个以省级管理部门为主导、多部门协同推进、地市级相关部门紧密协作的工作体系(见图 4-1)。建议组建一支专门团队,负责监管并推进碳排放权交易的关键任务。该团队可在省生态环境厅内设立办公地点,团队组长应由省级政府的主要负责人担任。此外,省财政厅、林业厅、统计局等相关省级部门的负责人也应纳入该团队。同时,鼓励各省设立自己的碳排放权交易管理中心,以协助处理数据上报、配额分配等工作,包括温室气体自愿减排活动所涉及的相关事务。

---

① 《碳排放权交易,中国大步踏出自己的路》,https://www.gov.cn/xinwen/2021-08/03/content_5629115.htm。

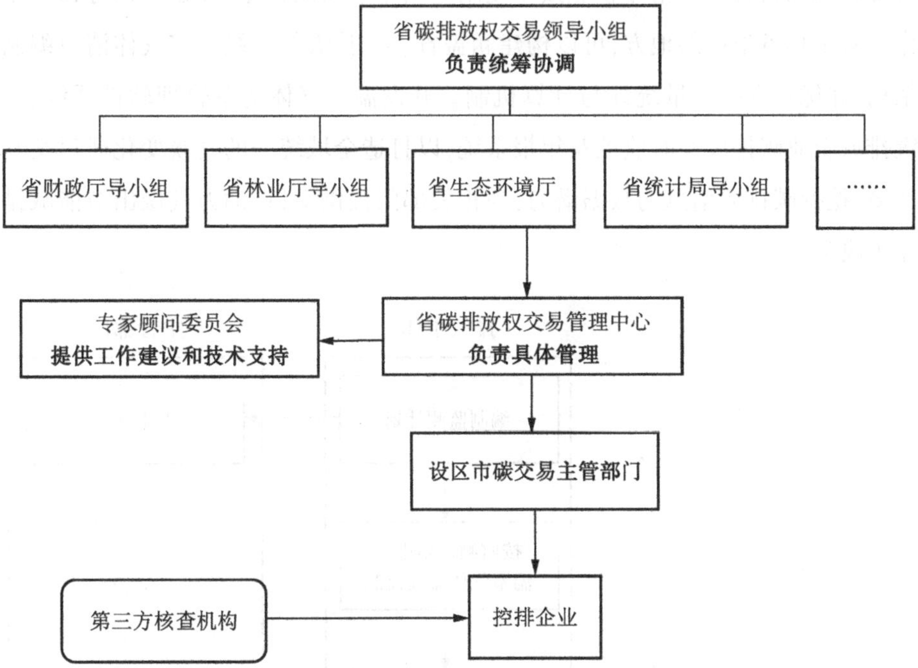

图 4-1 **省级碳交易管理体系管理架构**

二是制定配套制度。实施碳交易,需使控排企业参与到碳交易市场中,对其碳排放量进行强制性分配,并促使它们履行相关合约。鉴于国家层面会构建一套完善的碳交易法律体系,省级主管部门可依据地方实际需求,决定是否制定配套的管理办法和实施方案,以此明确省内各级、各部门在参与全国碳排放权交易市场建设中的职责与工作安排等,实现精细化管理。从推动立法的难易程度以及工作实际需求考量,建议先以政府令的形式出台地方政府规章,将其作为碳排放权交易市场建设和管理的法律依据;待国家条例颁布后,可考虑以地方性法规的形式出台本省碳排放权交易市场管理条例。

三是组织排放数据报送和核查(见图 4-2)。各省政府部门需履行以下职责:首先,应依据国家的标准和指导方针,结合本地实际情况,制定相应的技术规定,或进一步细化碳排放报告及环境核查技术的细则;其次,需按照国家要求开展环境核查,并在修正数据的基础上,整理最终确认的排放量,上报至中央政府部门；最后，督促和指导企业按年度制定碳排放监测计划，并逐年做好核查工作。对于具备条件的地方，可以构建涵盖省、市、县级的三级温室气体清单编制架构，并优化碳排放量统计与计算机制。开发温室气体清单管理软件系统、关键排放企业碳排放实时监控及年报系统，以打造全域统一的气候变化研讨交互环境，挖掘碳排放信息的数据潜力，为相关部门提供支持，助力其做出节能减排相关决策。

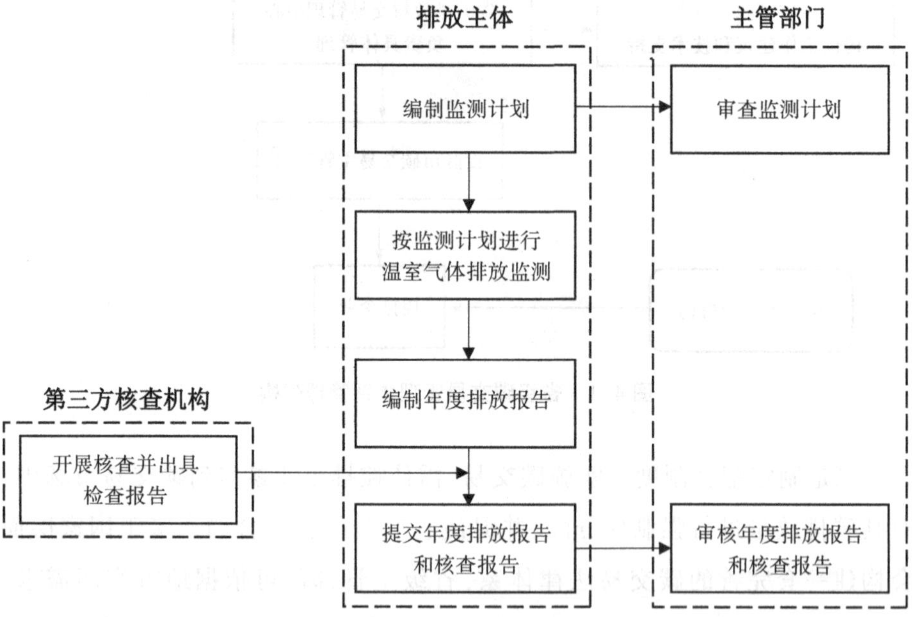

图 4-2　MRV 流程示意图①

四是完成支撑系统开户工作。按照国家碳排放权交易市场的建设规划，在基础设施建设阶段将完成数据上报、注册登记以及交易系统的搭建。系统上线后，省级主管部门应依照国家主管部门的要求，督促并监督重点排放单位完成开户操作。在此过程中，主管部门要做好与企业的沟通工作，及时组织系统操作培训，随时解决企业开户过程中遇到的各类问题。

① 唐人虎，陈志斌等：《中国碳排放权交易市场　从原理到实践》，电子工业出版社，2022 年，第 130 页。

五是制定配额分配和管理方案。依据国家配额分配的统一标准和方法,省级主管部门应组织专家力量开展本省经济影响评估,并根据评估结果向国家提出反馈意见和修改建议。结合本省经济发展规划与国家节能减排目标,确定最佳的配额分配策略,明确配额管理的职责分工和操作流程,构建配额的预发放、储备调节机制,加强对配额注册、转移、变更、履约各环节的管理。按照《试行条例》规定,各地可结合自身实际情况,实施更为严格的配额无偿分配方式和规范。第一批纳入全国碳排放权交易系统的发电企业将获得配额,并按照国家统一指导开展模拟交易。在此过程中,各级政府部门应根据国家公布的具体操作方案,迅速行动,协助辖区内的控排企业积极参与,提供支持与服务。模拟交易结束后,应及时进行总结评估,依据模拟交易结果,进一步优化省内配额分配的相关政策和措施。

六是开展能力建设。对于多数地区而言,建立碳排放权交易市场是一项新任务。在基础建设期,地方政府可在专家顾问委员会的协助下,通过建立问答机制和开展分层培训这两种方式,有计划、有针对性地开展相关能力建设(见表4-3)。在现阶段工作中,涉及碳排放数据监测、报送以及核查的技术问题,应以国家"碳排放权交易市场帮助平台"给出的答案为准。未来,涉及配额分配的技术标准、三大系统使用规则、履约规则等方面的问题,也应遵循国家的统一解答。此外,专家顾问委员会应定期对能力建设工作中发现的问题进行研究和总结,并及时将问题反馈给国家主管部门。

表4-3　培训的方式和内容①

培训对象	培训目标	培训内容
相关政府部门	熟悉碳交易基础知识和管理流程、胜任碳交易日常运行和管理。	政策解读、具体日常工作流程、相关系统使用与操作、经验交流等。

① 清华大学中国碳市场研究中心,北京中创碳投科技有限公司:《地方政府参与全国碳市场工作手册》,第44页。

续表

培训对象	培训目标	培训内容
控排企业	会报送、会交易、会履约。	核查指南、监测方法解读,报告的格式和内容要求,三大系统的操作方法。
核查机构	掌握核查流程、规范核查工作	核查机构管理方法、核查指南与模版的解读、相关技术问题统一解答。

(2)实施运行阶段的主要任务

一是做好每年度的 MRV 工作。全国碳交易正式启动后,省级主管部门应督促企业和第三方机构形成常态化、完备的报送核查流程,及时总结经验教训并反馈给国家主管部门,以保障碳交易制度顺利运行。在数据监测方面,要重视数据监测计划的制定与审核,逐步在企业内部建立细化到设施、工序、产品层级的数据监测体系,提升重点排放企业数据的准确性和完整性。对于排放量较低、数据在线采集条件成熟、数据报告标准化程度高的行业,可创新试行基于大数据分析和区块链技术的数据监测方式。在排放报告方面,在目前一年一报告、一核查的基础上,可借助信息化采集技术,逐步增加数据报告频次,最终形成全年排放数据流,提高排放数据的精准度。在数据核查方面,在采用企业自身抄表数据的基础上,结合电力公司、天然气公司等能源监测单位的能源消耗数据,以及统计部门的企业产量、产值等产品信息数据,此外还可增加税务信息数据等作为交叉核对信息来源。

二是做好配额年度分配与调整。根据每年的审查结果,省级管理部门确定本地区重点排放单位可享受的免费配额数量。待国务院碳交易主管机构确认该数量后,会向该行政区内的重点排放单位发放免费排放配额。依据《碳排放权交易管理暂行条例》的规定及当前初定的基准线分配策略,各地区的配额总数由以下三部分组成(见图 4-4),形成"总量刚性约束、结构弹性调控"的复合管理体系。其中,预分配的配额每年都会重新分配,具体数量取决于配额分配方式;需调整分配的配额由各省碳交易主管机构在次年,根据前一年的实测碳排放情况与统计指标数据,确定前一年的实际配额数量,并据此对企业的配额进行增补或削减;为新进入者储备的配额的具体数量会根据各地政府的新建项目计划及其减排目标设定。由于新增设施能耗水平通常较为先进,对其配额发放通常会采取更为严格的分配方式。

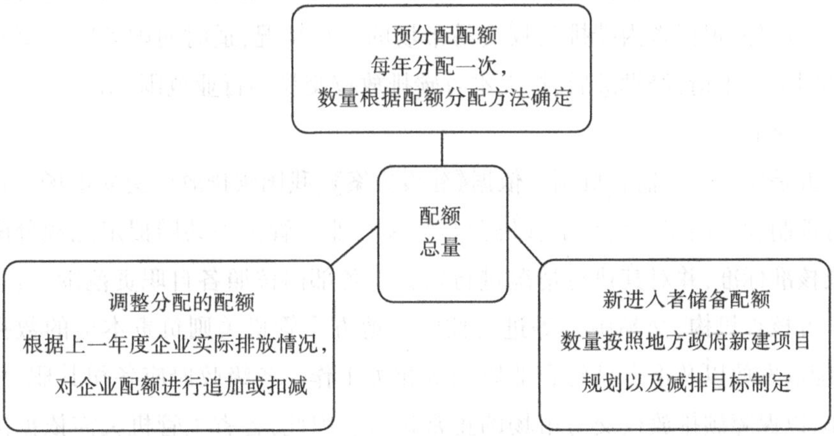

图4-4　配额总量的构成①

三是做好企业履约管理。根据规定,省级主管部门负责企业的履约工作。为确保每年的履约任务顺利完成,省级主管部门可依据国家主管部门的相关规定,明确本省的履约规则。履约规则应涵盖抵消配额的使用规则、存储预借规则、履约的时间要求与流程以及未履约处罚等内容。其中,抵消配额的使用规则需遵循国家主管部门的统一规定;具体的工作流程和要求应依据国家统一要求制定;对于未履约处罚,在国家统一要求的基础上,省级主管部门还可在自身权限范围内增加处罚措施,如取消节能先进评比资格、取消节能专项资金补助、将违规行为计入企业信用系统等。所有规则和条款都应向全社会公布。

四是酌情扩大覆盖范围。依据《碳排放权交易管理暂行条例》规定,经国务院碳交易主管部门批准,省级碳交易主管部门可适度拓展所监管的企业领域,增加参与全国碳排放权交易的重点污染源企业数量。为明确本地控排企业名单,地方法规制定机构需按照国家监管部门划定的全国碳排放权市场覆盖的产业领域及纳入企业标准,全面调查研究本省重点工业领域的产能、能源消耗以

① 清华大学中国碳市场研究中心,北京中创碳投科技有限公司:《地方政府参与全国碳市场工作手册,第45页。

及二氧化碳排放量等数据,深入了解本省重点工业领域的能源使用和二氧化碳排放情况,并对这些数据进行分析,以预测未来几年各主要工业领域能源消费和二氧化碳排放的变化趋势。每年需提交一份参与全国碳排放权市场的企业名录。此外,根据省内碳排放权交易市场的运行情况,适时向国务院碳交易主管部门提出申请,经批准后,扩大本省碳排放权交易的行业范围,增加纳入交易的重点企业。

五是建立市场监管机制。依据《建设方案》,我国碳排放权交易市场实行分级管理制度。国家碳交易主管机关与相关行业主管机关共同拟定配额分配计划及核准标准,并对其执行情况进行监控。各部门按照各自职责范围,负责对第三方核查机构、交易中心等进行监管。地方主管机关则负责本地的数据审核、配额发放以及重点排污企业履约等相关工作。各级政府应各司其职、相互协作,以保障碳排放权交易市场的正常运行。因此,各省主管机关需依据国家相关规则建立监管体系,全面监管参与碳排放权交易的企业、投资者、审计机构等主体。实施"诚信激励与违约惩戒"的管理策略,建立跨部委协同监管和联合惩戒机制,确保对碳排放权交易参与者形成精准且有效的影响力与约束力,切实保障市场交易的稳定性与有序性。加大对重点排污企业污染物数据虚假报告、隐瞒或伪造行为的打击力度,提高碳排放权交易市场的信息公开程度,鼓励公众和社会团体参与,构建外部监督网络。

六是建立健全评估机制。回顾全球及国内碳排放市场的发展历程,其建设和运营是一个不断学习、持续优化的过程。因此,碳排放交易管理机构必须建立一套评估体系,以便定期对碳排放市场的各方面情况进行分析和改进。同时,要积极借鉴成功实践经验,针对存在的问题提出改进措施,更有针对性地完善碳排放交易相关法规,通过这些法规推动建设、规范行为、达成目标并实施责任追究,为构建全国一体化的碳排放市场提供更全面、有力的法律支撑。具体而言,地方政府部门要对信息报告审核、配额分配与履约交易等各环节工作情况进行评估,优化管理流程,降低管理成本;同时,要对本地重点污染源企业的排放量、配额缺口及市场交易活动情况进行分析,调整配额发放策略,确保碳排放权交易市场的减排成效。基于这些评估结果,提出相关政策建议并提交给中央政府部门,纳入下一年度工作计划。通过"计划—执行—检查—改进"的循环,不断完善碳排放权交易市场制度,降低全社会减排成本,推动低碳发展。

4.1.3 地方政府参与全国碳排放权交易市场的保障措施

领导重视是前提,资金支持是关键,能力建设是基础,宣传引导是手段。无论碳排放权交易市场建设处于哪个阶段,这四大保障措施都应贯穿始终。

(1)领导高度重视

从目前各地区的试点案例可以看出,当地政府的高度重视对于碳市场的成功实施与推广至关重要。当管理层面充分理解并支持该项举措时,其推行会更为顺利,环保成效也更为显著。同时,也能更好地运用多种监管手段,如产量控制、污染物排放量监测、数据审核等一系列工作流程,有效规范企业行为。然而,仅靠各级主管部门的力量难以满足这种复杂的管理需求。因此,还需要由高级官员牵头,建立一套有效的协同框架,实现各部门之间的无缝对接,确保整个系统正常运转。

(2)加大资金支持

构建碳排放权交易市场是一项长期工程,需要大量财力支持。所有成功的试点案例虽成果显著,但都耗费了大量时间和人力。因此,各省主管部门、财政部门及其他相关部门应根据碳排放权交易市场的建设目标,调整投资策略,主要涵盖增加对政策及实施方案的研究投入、提升数据上报系统质量、加强基础能力建设以及参与核查活动等方面。各省可利用现有的节能减排资金,或在新设立的政府收支科目中增设应对气候变化管理的项目,将重点企业碳排放报告与审核、统计核算工作以及碳交易基础知识教育等费用纳入年度预算。各级行政单位也应为这些专项活动提供额外专项资金,确保活动顺利开展。此外,还应借助国际合作、公私合作等方式,解决资金需求问题。

(3)强化能力建设

为提升本地企业在碳排放权交易市场中的竞争力,地方法规制定机构应全力推动本地区碳排放权交易市场服务产业发展,构建一套针对性的碳排放权交易市场人力资源培训、职业规划和创新支持体系。充分借助区域内科研机构和高校的资源,增强碳排放权交易的研究力量,着力提升科技支撑水平,确保具备充足的碳排放权交易技术储备，优化碳排放报表审核流程。积极推动配额分配及全国配额分配计划在本地区的应用，深入研究碳排放计算的关键要点，分析碳交易对省级重点行业的影响，开展碳交易如何影响企业竞争力等基础问题的研究。

碳排放权交易市场作为一种新型的碳排放减排策略，在初期，对于政府部门、控排企业及审核单位等各方而言，普遍面临专业知识和实践经验不足的问题。因此，必须积极推进能力建设工作。当市场运行趋于成熟后，由于人员岗位变动、国家法律法规及技术规范更新、覆盖区域扩大、交易产品规则变化等多种因素影响，地方监管部门需定期且频繁地举办针对性培训课程。同时，也鼓励控排企业之间相互学习与经验分享。此外，培训教育的深度应根据市场发展情况逐步加深，以提高相关部门管理碳排放权交易市场以及参与碳交易的专业技能水平。

(4)积极宣传引导

有效应对全球变暖问题、加速环保转型进程，不仅依赖公共机构的大力推进，还需要广大民众的支持、协作与积极参与。可借助媒体等传播渠道，向社会普及节能措施及相关碳金融信息，提升民众对可持续发展的认知；通过多种途径传播碳市场信息，推广优秀典型案例和社会实践经验。同时，可借助“全国节能宣传周”“世界地球日”等各类生态文明主题活动节点，以二氧化碳配额交易相关信息为重点，举办丰富多样的宣传教育活动，强化企业的生态环境责任意识，营造良好的社会氛围和服务型经济模式的环境基础。各部门(单位)可通过悬挂宣传横幅、接受群众咨询、发放宣传资料等方式，向群众宣传节能降碳的意义，传播生态文明、绿色发展理念与知识。条件允许的地方，可试行碳积分制度，努力构建多元化的三级碳汇体系，促使企业和个人更深刻认识到减少温室气体排放的重要性，提高民众参与积极性。

控排企业是碳交易体系的关键主体，需要对其进行有效推动和引导，避免部分企业产生负面或抵触情绪。可通过培训班、论坛、座谈会、实地走访等多种形式，加强与这些企业的沟通交流，鼓励它们积极参与所在省份的碳交易系统，并如实提供碳排放数据，以协助完成定期检查和核实碳排放情况等相关工作。此外，要倾听控排企业的意见和想法，让它们明确自身的责任与权益，适时运用政策工具或经济手段激发其积极性。

巧用社会对比信息,能够有效激发公众的低碳生活行动力。当人们获取“他人”都在践行低碳行为的社会规范信息,或发现自己的低碳行为成效不如他人时,为缓解由此产生的社会压力并寻求社会认同,往往会主动采取低碳行动。例如,将居民用能信息与邻居的对比结果随账单一同反馈,相较于传统账单反馈,可产生近15%的节能效果;持续向群体成员反馈群体间的用能信息排名,相较于单纯告知其自身的节能信息,能产生超过17%的节能效果。因此,一方面建议相关部门在宣传教育中增加社会规范信息,让人们了解到身边越来越多的人在践行低碳行为,借助群体参照心理激发低碳行动力;另一方面,鼓励能源企业在提供个人用能账单时,增添与邻居或同事的对比信息,巧妙运用来自“你、我、他”的社会对比信息,激活社会比较心理。这在促进低碳行动方面将取得意想不到的效果,也是一种低成本、高收益的促进低碳生活的方式。

4.2 江苏省各类企业参与碳排放权交易市场:参与模式、驱动因素与经济绩效分析

4.2.1 江苏省碳排放权交易市场发展现状

“全球最大的碳排放权交易市场”——全国碳排放权交易市场于2021年7月16日正式运行,这无疑是一个具有重大历史意义的时刻。这一举措标志着全国范围内碳交易与碳金融体系取得实质性进展,不仅是我国环境保护体系现代化的重要体现,也是中国履行对国际社会气候承诺、引领全球应对气候变化的关键一步。

全国碳排放权交易市场投入运行后,我国真正步入“碳约束”时代。这将使以较低成本控制和减少碳排放的市场调节效果更加显著,同时也会让实现“双碳”目标的相关政策手段的重要性日益凸显。据估算,在未来数十年,环保与低碳理念将渗透到所有经济活动中,并成为决定投资、生产、消费及销售等各类决策的关键因素。

尽管江苏省未被纳入全国首批试点,但早在2016年5月9日,江苏省就设

立了碳排放权交易市场建设办公室,负责全省碳排放权交易市场工作的综合统筹与协调。当前,江苏省参与碳排放权交易市场建设的情况主要体现在以下三个方面:

一是组织开展碳排放报告与核查工作。江苏省经济体量大、产业结构偏重,纳入全国碳排放权交易市场的企业约有 530 家,其中电力企业约 220 家,包括自备电厂。目前,江苏省依据《全国碳排放权交易市场建设方案(发电行业)》《碳排放权交易管理办法(试行)》,并按照生态环境部的统一部署执行相关任务,每年对企业的气候变化影响数据进行收集与核实等工作,以确保企业准确无误地履行年度环境信息披露义务。这些举措有助于推动我国乃至全球范围内的二氧化碳减排行动,特别是促进电力行业的配额交易活动发展。

二是参与碳排放权交易市场的交易与履约。"按照《2019—2020 年全国碳排放权交易配额总量设定与分配实施方案(发电行业)》,针对我省纳入第一个履约周期的发电行业重点排放单位,组织开展登记开户、配额分配、市场交易、清缴履约、违约处罚等相关工作。我省纳入第一个履约周期的发电行业重点排放单位共 209 家,配额履约量为 7.94 亿吨,履约完成率 99.92%,高于全国平均水平。"①

三是参与全国碳排放权交易市场联建工作。尽管江苏省并非国家碳排放权交易市场建设试验区之一,但由于省内有大量企业被纳入该体系,且二氧化碳排放量在国内占比较大,因此按照生态环境部发布的《温室气体自愿减排交易管理办法(试行)》征求意见稿,经过多次沟通协调,江苏省成功争取到与其他省级政府共同承担该项工作的机会。经江苏省政府同意,由一家省属国有资本投资公司代表江苏省参与全国碳排放权交易市场联建并出资入股,持股比例为 9.5%。②

江苏省经济体量大、产业结构偏重,同时化石能源占比高、碳排放量大。如何抓住碳排放权交易市场建设的战略机遇,推进江苏省产业结构调整优化,提升绿色低碳发展水平,是江苏省面临的机遇与挑战。

---

① 江苏省生态环境厅:《对省十三届人大五次会议第 1025 号建议的答复》,https://www.jiangsu.gov.cn/art/2022/7/7/art_59167_10532505.html。

② 陈澄,梅剑飞,李睿哲:《全国碳市场启动,对江苏意味着什么》,http://jsnews.jschina.com.cn/2021/ztgk2021/202107/t20210719_2818629.shtml。

目前,江苏省正在推进相关碳排放权交易市场建设工作。首先,开展自愿减排交易和碳普惠调查研究。江苏省正积极推动本省自愿碳排放减少计划的发展,通过深入研究该领域并制定相关策略,构建江苏自愿碳排放减少体系。同时,江苏省致力于落实长江三角洲地区的碳信用交换协定,尝试建立一种跨区域的碳信用兑换机制,以此激励南京、无锡、常州、苏州和镇江等城市率先行动。

其次,充分发挥绿色金融政策的支持作用。人民银行南京分行会同 12 个部门共同起草了《关于大力发展绿色金融的指导意见》(苏政办发〔2021〕80号),阐述了一系列发展策略与愿景,同时提出多项具体措施,以推动环境友好型经济发展模式。该方案强调如何有效将普惠性融资服务与可持续环境保护工作相结合。此外,还创新推出了专门为中小微企业设计、符合国家低息信贷支持计划的产品"苏碳融"——它依据企业的温室气体排放量来确定利率水平,并考虑还款能力等因素的影响。

强化财政金融联动,大力推广"环保贷""节水贷"等政银金融产品。发挥直接融资渠道对绿色经济的积极作用,鼓励金融机构发行绿色金融债。同时,充分利用全国碳排放交易系统及其金融功能,与人民银行南京分行及江苏金融机构合作拟定了《江苏省碳资产质押融资操作指引(暂行)》,这不仅有助于规范碳资源管理,还能为企业提供激活碳资源的有效途径。

最后,开展低碳园区试点示范。根据江苏省碳达峰碳中和领导小组办公室《关于加快推进碳达峰碳中和政策体系中专项实施方案和保障方案编制工作的通知》的分工安排,组织起草了《江苏省低碳园区试点示范创建工作方案》,以试点示范推动减污降碳。

当前,江苏省碳排放权交易市场的发展状况主要体现在以下四个方面:各类企业积极参与碳排放权交易市场;银行持续完善碳金融产品体系;居民绿色出行节约碳配额;江苏省在碳排放权交易市场中展现出示范担当。

作为经济大省,自全国碳排放权交易市场建设以来,江苏省积极投身碳交易市场,不断取得新进展,也为相关产业带来了新机遇。

(1)碳"红线",倒逼碳减排

江苏省规模较大的发电企业,旗下共有 7 家电厂。2021 年,该公司完成发电量 755.21 亿千瓦时。2021 年末,公司顺利完成 2019—2020 年碳排放配额的清缴履约,各电厂约有 2%—10%的配额盈余。所谓碳排放配额,是政府分配给控排企业在指定时期内的碳排放额度,单位以“吨”计。当企业实际排放量高于配额时,超出部分需购买;当实际排放量低于配额时,结余部分则可在碳排放权交易市场上出售。企业每年获得的碳排放配额为基准值乘以企业当年实际产量。

对于发电企业而言,基准值如同“排放红线”,能效水平越低,离红线越近。在 2019—2020 年的配额分配方案中,600MW 和 1 000MW 等级的燃煤机组参照同一基准值计算配额。2019 年,国家能源集团所属公司对早期投产的 600MW 等级燃煤机组进行汽轮机通流节能改造,度电煤耗从 300 克降至 280 克。2021 年,江苏公司度电煤耗约为 280.55 克,低于全国平均的 305 克。此外,所属泰州公司还将对早期投产的 1 000MW 等级燃煤机组进行节能降耗改造。①

华润电力华东大区旗下共有 10 家电厂,其中 8 家位于江苏省。在 2021 年首次履约周期内,整个大区共计实现碳盈余 700 多万吨。华润电力华东大区碳资产相关负责人介绍,区内大部分燃煤电厂已完成超低排放和节能改造,但仍在探寻降耗空间,例如加强散煤替代,做好电机、泵、压缩机等设备的节能增效工作。除了技术改造,碳“红线”也促使更多企业进军风电、光伏等新能源领域。华润电力华东大区旗下火力发电厂较多,为避免“高碳锁定”,目前也在积极发展风电、光伏等新能源项目。火电技术可配合新能源发电进行调峰,提供辅助服务。近年来,企业已完成 10 台机组 30%负荷深度调峰灵活性改造,调峰容量增加 918MW。②

(2)碳“红利”,盘活碳资产

2022 年上半年,江苏某化工企业通过全国碳排放权交易市场交易平台完成两笔碳交易,共计转让 1 000 吨碳排放配额。该企业是全国最大的基础化工原料氢氧化钾生产厂家,属于高能耗行业。2019 年,企业对一台原效率低、发电供热汽耗高的汽轮机组进行升级改造。改造后的机组热能转化更充分,能量利用

① 陈澄,王静:《积极投身碳交易市场,江苏做了这些!》,https://jres2023.xhby.net/index/202207/t20220710_7611589.shtml。

② 《瞭望阁|全国碳市开张,江苏怎么干?》,http://www.yzwb.net/zncontent/1481030.html。

率大幅提高。经第三方认证,年节能量达7 425吨标准煤。[①]

更多企业通过盘活碳资产,享受到了丰厚的碳“红利”。2022年6月,江苏某地农商银行以林业碳汇额度作为担保方式,为江苏某经营电力设施的有限公司办理1 000万元综合融资授信,这成为当地首单落地的林业碳汇质押贷款。

据介绍,一家从事环保、智能化工程的绿色中介企业,主要通过传感监测技术,为企业和政府部门提供二氧化碳、废污排放高精度监测等服务。在近期“碳账户”建设调研过程中,江苏某地农商银行了解到,该企业为推动“零碳”行动,主动配置12万吨林业碳汇额度,专项用于所在地区的节能减排工作。鉴于企业有融资需求,银行工作人员主动对接,创新推出“绿碳贷”产品,以企业林业碳汇额度为主要担保方式,在一周内为企业办理快捷授信,综合执行利率4.05%,为企业节省30余万元成本。

一家经营数字能源业务和清洁能源业务的科技股份有限公司加强碳资产管理,凭借资源与技术优势,积极与金融机构开展碳配额质押贷款业务,获得大额低息绿色贷款,拓宽了企业融资渠道,降低了企业融资成本。江苏省临省某地级市的首笔“碳权贷”的发放对象是该公司下属的环保热电有限公司。该下属公司以50万吨碳配额获得了银行1 000万元授信。

(3)碳“衍生”,形成新产业

准确可靠的数据是碳排放权交易市场有效规范运行的生命线。2022年3月,生态环境部公开通报了4家机构碳排放报告数据弄虚作假等典型问题案例,篡改伪造检测报告、制作虚假煤样、报告结论失真失实等一系列问题被曝光。这为重点排放企业敲响了警钟,也为新产业开辟了新赛道。

江苏省一家以领先的绿色低碳零碳科技主导创新发展的全球化创新型领先企业早在2015年便成立碳资产服务有限公司,统筹管理下属企业碳资产业务。该公司不仅健全了集团碳排放数据管理体系,明确了各电厂实际配额盈缺情况,还充分把握碳配额市场行情变化,选择合理时间节点完成碳交易及碳配额履约。

---

① 陈澄,王静:《积极投身碳交易市场,江苏做了这些!》,https://jres2023.xhby.net/index/202207/t20220710_7611589.shtml。

某化妆品集团亚太地区最大的碳中和工厂位于江苏省。该集团承诺,到2025年,所有生产部门、行政办公室和研究中心都将实现碳中和。如此高规格的排放约束目标,带来了复杂的能源供应模式需求。为帮助该工厂打通"零碳工厂"的最后环节,公司新建了分布式热电联供系统,并借助多能互补型综合能源管理系统,使工厂达成了零碳目标。该集团中国分公司也因此成为该集团首个零碳分公司。

新产业离不开新技术。CCUS(碳捕获、利用与封存)是减少二氧化碳排放的关键技术之一,该技术是指把生产过程中排放的二氧化碳捕集提纯,然后投入新的生产过程进行再利用和封存,从而直接减少二氧化碳排放。2022年3月,国家能源集团江苏某公司50万吨/年二氧化碳捕集与资源化能源化利用技术研究及示范项目在所属某地级市公司打下第一根桩基,这是目前国内火电行业在建规模最大的碳捕集项目。

新赛道还催生了新职业。2021年3月,人力资源和社会保障部联合国家市场监督管理总局、国家统计局发布了包括碳排放管理员等在内的18个新职业。其中,"碳排放管理员"是这18个新职业中唯一的"绿色职业"。2022年4月,又一批18个新职业公布,运用碳计量方法学,从事森林、草原等生态系统碳汇计量、审核、评估的"碳汇计量评估师"成功入选。①

(4)碳"合作",推动碳市场

构建以二氧化碳为主体的环境污染物交易机制,是降低环保治理成本、推动产业结构优化升级的重要手段。江苏省作为全国GDP排名靠前的省份之一,拥有庞大的生产规模,年排放量超过一万吨,且能源消耗企业众多,其中关键大气污染源企业的数量在国内也名列前茅。

现阶段,江苏省大部分主要空气质量监测点已成功向相关部门提交完整的气候变化影响评估文件,并通过审查。此外,江苏省还建立了较为完备的环境保护信息管理系统,涵盖对各类主要气态物质(如二氧化碳)的数据收集与分析流程框架。这些举措无疑将成为推动建立新型"绿色"经济发展模式的基础设

---

① 陈澄,王静:《积极投身碳交易市场,江苏做了这些!》,https://jres2023.xhby.net/index/202207/t20220710_7611589.shtml。

施支撑。①

江苏省发改委委托的第三方核查机构首次开展核查工作,研究了某化纤企业2013年至2015年的碳排放情况,为进一步确定该企业的碳排放配额提供了依据。江苏省发改委表示,已完成重点排放单位名单的确认工作,并将历史碳排放数据核算和报告等相关工作纳入其中。该名单中,中国石化驻江苏企业有多家,包括某化纤、某陵石化、某子石化、某化公司等。同时,江苏省结合当地实际情况,制定了第三方核查机构的认定和管理办法,汇总企业碳排放历史数据的核查结果,并上报给国家发改委。

各省将按照国家发展改革委设定的配额分配策略,充分考虑全省需求、产业状况以及企业实际情况,广泛征求各界意见,形成一套科学合理、便于实施的省级配额分配实施方案,包括试点分配、注册登记等一系列相关工作,确保中央政府下达的配额得到有效落实。

有关部门建议,对于钢铁、化工等能源消耗大户而言,首先要清晰认识自身情况,妥善管理碳资源。在日常运营中,企业可通过采用新型清洁能源或环保装备等方式减少碳足迹,积累碳资产,再借助配额交易或碳金融策略实现增值。② 与此同时,有必要设立一个专门负责碳排放权交易市场的部门,以确保有效实施低碳管理。此外,培育一支熟悉碳排放权交易市场相关法律法规、精通交易规则且能熟练运用碳资产管理的专家团队也至关重要。

企业应积极参与碳交易活动,积累实践经验。通过碳排放权交易市场,企业能够在综合考量自身温室气体减排能力和成本的基础上,选择最优的减排路径,主动推动产业转型与节能减排,并借助碳金融推动主营业务发展。若条件允许,企业也可积极涉足碳金融领域,为自身发展提供助力。为避免碳资产闲置浪费,企业可用碳资产作为贷款担保,常见的碳金融服务,如碳配额抵押、碳债券、碳资产托管等,都是可行的选择。

2021年3月,江苏省一家环保科技集团股份有限公司与上海某新能源环保科技有限公司达成战略协议,旨在实现碳中和目标。双方将发挥各自业务优势

---

① 中国清洁发展机制基金管理中心:《全国碳排放交易进入倒计时 江苏纳入企业数居前列》,https://www.cdmfund.org/13854.html。

② 《走近零碳|化工行业节能降碳需多方协同》,https://m.thepaper.cn/detail/27335916。

展开合作与探索。江苏省这家环保科技集团股份有限公司希望通过将碳减排项目推向碳交易市场,实现量化的环保效益,为公司带来额外的碳减排收益。此外,江苏一家专注于智慧能源和智慧城市两大业务的专精特新中小企业在持续拓展智慧能源业务的同时,也开始涉足碳交易领域。该企业与高校长三角碳中和战略发展研究院达成合作协议,并成功中标一个“近零碳园区”示范项目。项目建成后,每年可替代约 330 吨标煤,减排二氧化碳约 870 吨。①

尽管企业对投资碳排放权交易市场表现出浓厚兴趣,但仍需借助金融手段为其提供支持。一些金融机构率先行动,推出了聚焦于减少污染、降低碳排放、促进清洁能源利用以及推广零碳建筑等方面的“碳中和”计划。为推进这一目标的实现,该银行推出了创新型的碳收益结构型储蓄产品。该产品在传统储蓄产品基本框架的基础上进行优化调整,融入碳配额元素,形成了新颖的产品形式。此举不仅能为企业带来实际收益,还能解决企业因履行相关义务可能导致的碳配额流通不畅问题。

(5)碳“披露”,加强碳管理

为确保碳交易市场有序运行,必须强化对有效碳信息的支撑。碳信息披露是指企业或集团在生产活动中核算温室气体排放总量,编制碳排放信息报告,并在一定范围内予以公开,公开方式既可以是主动公开,也可以是在政府和其他组织要求下进行公开。碳信息披露能够有力支持碳排放权交易市场的健康运转,具有推动企业实施“碳管理”和“碳约束”的作用,有助于政府进行有效监管与政策制定,同时可满足社会公众和其他利益相关方对企业温室气体排放及能源消耗信息的需求。

此外,碳信息披露有助于推动全国碳排放权交易市场建设目标的实现。“碳信息披露”在《环境信息公开办法(试行)》中有相关规定,该办法明确企业应当遵循自愿公开与强制公开相结合的原则,及时、准确地公开企业环境信息。除此之外,《生态文明体制改革总体方案》和《关于构建绿色金融体系的指导意见》也着重强调要建立上市公司强制性环保信息披露机制。2017 年 6 月 12

① 中国清洁发展机制基金管理中心:《全国碳排放交易进入倒计时 江苏纳入企业数居前列》,https://www.cdmfund.org/13854.html。

日,生态环境部与证监会签署《关于共同开展上市公司环境信息披露工作的合作协议》。这些文件和协议均强调要完善环保信用评价和信息强制披露制度。2017 年末,全国碳排放权交易市场正式运行,为我国开展碳信息报告工作提供了契机。

关于碳信息披露的具体内容,各研究机构和学者观点不一。不过,一般来说,这些内容应涵盖公司的温室气体排放总量(包括直接排放和间接排放)、单位产品的温室气体排放率、配额分配及交易情况、碳金融服务、污染减排措施及成效、涉及气候变化的风险与机遇等方面。并且,所有这些数据都必须完整、准确、真实、实时可用且向公众开放。

碳信息披露的利益相关方及需求分析见表 4-4。

表 4-4　碳信息披露的利益相关方及需求分析①

碳信息披露内容	利益相关方	信息供求目的
排放量及碳交易相关信息	政府及监管部门	市场监管,制定低碳政策
企业面临的碳风险及应对风险的战略安排,企业碳排放量及碳交易状况,碳减排成本及减排绩效,碳交易损益,碳审计等	企业管理者	降低碳管制风险,制定低碳战略,进行低碳管理决策的依据
碳风险对债务人偿债能力的影响,碳减排成本、碳交易的损益情况等	投资者和债权人	投融资决策的依据
企业面临的碳风险,碳活动对企业经营的财务及社会影响,碳审计等	会计师事务所、律师事务所等中介机构	降低经营风险,拓展业务范围
企业碳排放量、碳减排措施与绩效等	消费者、消费者保护组织及社会公众	在消费市场、资本市场做出消费或投资决策的依据

实现减排和降低温室气体排放目标,离不开准确无误的信息公开,而信息的透明度依赖于大量具有可比性的碳数据。这些数据是企业采取节能措施实现减排以及政府开展环境管理工作的必要基础。无论是为了让投资者做出明智的投资选择,还是为了促进碳排放权交易市场的稳定发展,都必须全面公开

① 清华大学中国碳市场研究中心,北京中创碳投科技有限公司:《地方政府参与全国碳市场工作手册》,第 58 页。

碳交易相关信息。然而，当前我国企业的碳信息公开积极性不足，仍有待进一步提高。推动企业主动公开碳信息，对于实现中国的减排目标以及全国经济的绿色转型具有深远的现实意义。

(6)碳"金融"，完善产品体系

数据显示，十年来江苏全省地区生产总值连跨6个万亿级台阶，从2014年的6.51万亿元跃升至2023年的12.82万亿元，13个设区市全部跻身全国百强，5个城市经济总量过万亿。江苏省在经济总量近乎翻番的同时，单位GDP能耗、碳排放强度分别下降26.4%、30.9%，江苏省的碳排放控制企业占全国碳排放控制企业总数的10%，在全国碳排放权交易市场中扮演着重要角色。随着全国碳排放权交易市场的开启，此前并非碳排放权交易试点的江苏省，由于缺乏大量跨地域的碳排放权交易实践，如今需迅速跟进。作为国内众多交易公司及配额资源的主要所在地，江苏省应抓住这一契机，积极投身碳排放权交易市场，而这同样需要政府、交易中心、企业界以及金融界共同协作、付出努力。①

截至2024年3月末，江苏银行绿色融资余额突破5 300亿元，绿色贷款占比在央行直管的24家银行中名列前茅。作为中国江苏省的省级商业银行业务机构，该银行被推选为国际环保协会-绿色基金会的董事成员之一，同时也是由全球17家主要大行组成、旨在推动各方合作与对话以实现经济增长和社会进步目标的责任投资原则委员会的一员。该银行绿色金融品牌的市场认可度持续提升，荣获华证指数ESG评级A级、中诚信ESG评级A-级。②

为服务国家"碳达峰、碳中和"战略目标，充分运用结构性货币政策工具支持绿色金融产品创新，该银行创新推出"苏碳融"产品。该产品采用与再贷款政策对接、与企业碳账户挂钩的创新模式，实现对绿色低碳项目的精准支持。"苏碳融"产品具有三方面特点：

第一，产品精准聚焦绿色涉农小微企业。其服务对象为"江苏省央行资金重点支持绿色企业名录库"内的绿色涉农企业和绿色民营小微企业，有效杜绝

① 《江苏银行的"绿色十年"》，https://finance.sina.cn/2023-06-29/detail-imyyyaki3582768.d.html? from=wap。

② 《江苏银行打造绿色金融三大特色服务体系助力美丽中国建设》，https://czt.jiangsu.gov.cn/art/2024/6/28/art_76357_11297957.html。

"洗绿""漂绿"风险。第二,产品提供多样化融资服务,可发放优惠利率贷款、中长期贷款和信用贷款,满足绿色企业在价格、期限、担保方式等方面的需求。第三,产品的信贷额度和利率与企业碳账户相关联。内置的碳计算模型能够自动计算企业减少的碳排放数量,并将其纳入企业碳账户,以此作为确定信贷额度和利率的依据。同时,通过建立环境信息披露机制,定期披露支持领域、碳减排效应等信息。此外,该产品还有配套激励政策,人民银行提供全额再贷款资金支持,其中符合财政部门政策要求的,还可由省普惠金融发展风险补偿基金提供增信和风险补偿。

以生态金融筑牢美丽中国发展根基。加强生态保护是实现高质量发展的重要基础,也是建设美丽中国的必然要求。秉持"降碳、减污、扩绿、增长"的理念,该银行构建了一个全面的服务体系,涵盖环境保护与修复、生物多样性保护、城乡可持续发展等重要领域。同时,这家银行还推出了"生态环境导向的开发(EOD)""基础设施特许经营""生态资产价值质押(GEP)"等多种新型融资模式,并始终致力于为重点环保部门提供优质高效的金融支持,助力美丽中国建设。①

4.3 江苏省碳排放权交易市场实施路径探索:政策引导、多方协同与绿色实践

实现碳达峰、碳中和,推动碳排放权交易市场发展是一项系统工程,需要政府、企业、民众"金三角"共同参与,通过政策引导、企业创新和居民实践,共同推动形成绿色低碳的生产生活方式。

政府在推动绿色低碳发展中发挥着主导作用。政府通过制定相关政策和规划,比如优化城市规划、道路设计,确保非机动车道安全畅通,提升市民出行的便利性与舒适度,以此促进绿色出行。此外,政府还积极倡导绿色低碳生活,致力于打造友好环境。通过推进动能转换、绿色低碳转型等举措,努力实现打造全面创新先行区、协调发展引领区等多个发展目标。

---

① 《全国首笔再贷款支持、挂钩碳账户绿色金融产品——"苏碳融"落地泰州》,http://nanjing.pbc.gov.cn/nanjing/117514/4334166/index.html。

企业在绿色低碳转型中同样扮演着重要角色。企业通过投资低碳或零碳发电项目、参与自愿碳减排抵消机制等方式,降低自身碳排放。同时,企业还凭借产品和服务创新,引导和激励公众参与绿色低碳行动。

居民作为绿色低碳转型的最终践行者,其行为和习惯对实现绿色低碳目标至关重要。居民需要改变日常行为,如节能降耗、减少排放,关注生态修复和生物多样性保护等,践行绿色低碳生活。居民通过参与各类低碳活动积累减排量,经官方认证获得“减排证书”。这不仅是对他们绿色行为的肯定,也能进一步激发更多人参与绿色低碳生活的积极性。

4.3.1 政府彰显责任与担当

把握绿色低碳发展大势,能够满足人民群众对更高品质生态环境和美好生活的需求。江苏省作为经济与生态并重的发展典范,一直重视推动经济社会发展绿色化、低碳化。能源利用是否高效清洁、工业生产是否减少排放、交通体系是否低碳便捷、建筑建设是否绿色环保,这些方面直接影响人民群众对生活环境是否宜居、美丽、安全的感受,而与人民群众幸福感、满意度和安全感息息相关的这些内容,一直是江苏省发展的立足之本。

为增强经济社会绿色低碳发展的内生动力,江苏省始终坚守绿色低碳发展目标,以能源、工业、交通、建筑等领域的绿色低碳转型为核心导向,大力支持科技创新与环保技术应用,推进产业数字化、智能化与绿色化、低碳化深度融合,加快构建以实体经济为基石的绿色低碳现代化产业体系,健全绿色制造体系和服务体系,大力发展绿色新兴产业、高技术产业、节能环保产业以及现代服务业,全面构建绿色低碳的产业结构和消费模式,为江苏省的高质量发展筑牢坚实基础。据此,建议结合国家战略和江苏省实际,聚焦两个方向先行探索、快速突破。

第一,探索构建全省统一碳资产管理体系。建议在省碳排放权交易市场建设办公室的基础上,适时组建江苏省碳资产投资管理集团,统筹负责全省碳交易服务和碳资产管理工作。江苏省碳资产投资管理集团主要具备三项核心职能:

一是确保低成本履约,当好碳排放权交易市场参与者。集团以独立法人身份参与碳排放权交易市场交易,利用市场的“潮汐”现象,在年度履约早期、价格较低时统一建仓、储备配额。这既能有效保障省内企业充分且低成本地履约,又能为新建重大项目以及招商引资提供配额支持。

二是推动高质量减排,当好碳资产管理者。全国配额发布后,参照央行存款准备金制度,按一定比例动态统筹全省配额。被统筹的这部分配额限制交易,由全省统一调剂使用。除保障企业履约和项目建设外,更重要的是通过调节“准备金率”,使省内配额供给维持在紧平衡状态,在省域内营造碳价高、配额紧的市场环境。一方面,通过“限量保价”让碳价保持在能有效发挥价格信号作用的合理范围;另一方面,促使省内企业提前感受“碳约束”,全面实现“碳觉醒”。此外,在推广节能减排技术时,可尝试与有技改意愿、能力且具备减排潜力的企业签订对赌协议,要求协议企业制定技术改造路线图和减排时间表,同步预支配额帮助企业度过改造期,若企业不能按期完成改造则收回配额。

第二,开发自减排项目,当好碳技术投资者。依托国内外的大学及研究机构,专注于“双碳”领域的碳排放监测、监控以及减排技术创新与碳储存产品开发,推动这些技术的商业化应用与普及。放眼全省,江苏各地牢固树立绿色发展理念,积极引导符合绿色低碳发展方向的传统产业转型升级,持续推进“智改数转网联”,加快形成科技含量高、资源消耗低、环境污染少的绿色产业体系;积极开展绿色低碳技术攻关,持续巩固提升生态系统碳汇能力,加强碳交易市场管理,踊跃参与全国绿色技术市场建设和交易。江苏经济的“含绿量”不断提升,为高质量发展和美丽中国建设注入新动能。

4.3.2 企业加快绿色低碳转型

“十四五”以来,江苏省将节能降碳作为生态文明建设的重要着力点,强化顶层设计,不断完善体制机制,推进产业结构转型升级,推动能源清洁低碳、安全高效利用,促进能耗双控向碳排放双控转变。绿色低碳领域工作不断向纵深推进,取得显著成效。

节能减排不仅是政府的责任，更是全社会在“双碳”大背景下的共同使命。期待广大企业家抓住“双碳”目标带来的新机遇，将挑战转化为动力，加大技术改造与创新力度，深化节能精细化管理，提高能源使用效率，探索更多可持续的绿色低碳发展模式。

江苏省既是能源消耗和碳排放的重点地区，也是全国碳减排的关键区域，具备较大的潜在发展空间。尽早实现碳达峰，能够降低峰值排放，这对于实现长期碳中和目标以及服务全国发展大局，都具有积极意义。为“双碳”目标全局探路、为发展大局担当，江苏省责无旁贷，但面临的三重现实压力不容忽视。

首先是经济社会持续发展的压力。实现“双碳”目标绝不能以牺牲经济发展和民生质量为代价。然而，从江苏当前的发展态势来看，全省经济社会发展和民生改善必然会产生更大的碳需求，短期内江苏碳排放总量仍将不可避免地有所增长。其次是率先达峰要求下的时间压力。现阶段，我国距离实现碳达峰目标仅剩不到 10 年时间，从碳达峰到碳中和也仅有 30 年。作为碳需求大省，江苏要在全国达峰之前率先达峰，相较于其他地区，达峰空间更小、时间更紧迫、压力更大，且达峰后实现碳中和的平台缓冲期更为有限。再次是控排企业纳入标准压力。在全国碳交易试点中，各地控排企业的纳入标准不尽相同，经济发达地区的标准明显更为严格。以北京为例，最初要求年度排放量 1 万吨的企业纳入控排范围，后来标准进一步严格，年度排放量 5 000 吨的企业也要纳入。从全国范围来看，大多数地区以 1 万吨到 2 万吨作为纳入控排的标准，标准最低的湖北地区仅要求年度排放量 6 万吨的企业纳入控排范围。由此可见，未来江苏省在考虑控排企业纳入标准时，需从严谋划、从紧准备。

实现“双碳”目标，需要在以较低成本的前提下，提供优质服务。这意味着要在环境约束条件下，推动全方位、平衡且可持续的高效发展。简而言之，必须深入了解现实情况与发展的各个阶段，针对各领域具体状况，制定实现“双碳”目标的具体步骤和路径。同时，要尽可能降低环保转型可能带来的负面影响，最重要的是，要有效管控企业的合规成本，防止其对经济增长和社会福利造成额外负担。

面对三重现实压力，江苏省应以更加积极主动的姿态，迎接“全面碳约束时代”的到来。借助全国碳排放权交易市场启动的关键期和窗口期，充分运用各类政策和市场工具,系统推进碳交易和碳金融市场的战略布局,统筹安排省内企业,使其选择最经济的方式完成年度履约任务,务实探索低成本、高质量实现"双碳"目标的江苏路径。

就市场规则而言,不同的履约方式对应不同的履约成本。具体来说,CCER价格<碳配额交易价格≤减排成本<未履约罚款。根据《碳排放权交易管理办法(试行)》规定,除碳排放配额外,重点排放单位还可用 CCER 来抵消部分碳排放配额的缴纳,但抵消比例不得超过应缴纳碳排放配额的 5%。CCER 主要涵盖光伏、水力发电、风力发电等清洁能源项目,以及海洋、湿地、森林等碳汇项目,江苏省在这些方面具备良好基础和技术优势。虽然目前通过 CCER 抵销履约存在 5%的比例限制,但相较于碳配额履约,CCER 具有成本更低、参与企业范围更广等优势。值得关注的是,随着 CCER 使用条件与抵消规则不断完善,进一步放开抵销比例是必然趋势,其发展前景十分广阔。

4.3.3 居民乐享绿色出行新风尚

2023 年初,江苏省交通运输厅联合省发展改革委、省工信厅、省生态环境厅等部门共同印发了《江苏省交通运输领域绿色低碳发展实施方案》。该文件强调:"加强创新技术的研究与示范应用,推动城市级出行即服务(MaaS)试点建设。"

预计未来,根据江苏省内的运输需求情况,省级服务平台将进一步提升服务水平,涵盖路线搜索工具、公共交通及地铁动态数据更新、共享单车余额提示、路面状况报告、天气预测等多种功能。此外,以"江苏绿色出行权益平台"为核心,还将持续整合各类社会资源,打造产业生态圈,逐步提升绿色出行权益的价值,最终为公众带来真正便捷且经济的出行体验。2023 年 7 月 12 日,江苏交通"绿色低碳出行服务"碳普惠应用正式上线。自当日起,江苏交通一卡通用户刷卡乘坐公交、地铁等公共交通工具出行时,即可获取自己的"减碳值",并用于兑换奖励。江苏省作为全国首个实现交通一卡通联网的示范省份,在全国率先完成所有市、县公共交通的全面互联互通。截至 2023 年底,该省的互联卡用户数量已超过 4 600 万,每月公共交通乘车交易额也突破了 5 000 万元大关。

为更好地服务百姓公共交通出行，在江苏省交通运输厅的指导下，江苏一卡通联合“车来了”APP、东南大学，基于全省交通一卡通平台开发了“绿色出行权益平台”，并号召社会各界有志于助力绿色出行的企业共同参与。这使得百姓在享受原有乘车优惠的同时，还能获得“减碳奖励”。当前，“减排激励措施”包括中国银行推出的数字货币红包、江苏移动提供的网络数据包月费减免、江苏电信每周提供的产品和服务折扣或免费使用权限，以及各类网站和应用程序的会员资格与优惠券等，这些福利每月都会有所变动。

据报道，若想成为“低碳英雄”，可登录江苏省公共交通 IC 卡微信公众号，或在“车来了”应用程序中的“环保出行”主题页面，绑定您使用的交通卡或第三代社会保障卡。绑定后，您的每一次绿色出行都会被科学记录下来。一旦绑定成功，每次使用交通工具（如公共汽车、火车等）都会自动累积“碳减排量”。以乘坐一趟地铁为例，产生的“碳减排量”是 7cc，这意味着大约减少 309 克的碳排放；若选择公交车出行，则产生 9cc 的“碳减排量”，大致相当于减少 419 克的碳排放。这个“碳减排量”实际上是经计算后减少的二氧化碳排放量的单位，可用于兑换相应的奖品或福利。这项计划将持续实施，每年都会公布“碳减排排名”信息，对于获得更多“碳减排量”的人，会给予更丰厚的回报与激励。

近年来，江苏省认真贯彻落实部省绿色低碳发展的相关要求，运输结构调整成效显著。2022 年，全省水路铁路货物周转量占比提升至 72.8%。截至 2022 年底，3 个城市荣获“国家公交都市”称号，11 个城市被评为“绿色出行达标城市”，9 个城市开通轨道交通，全省城市居民绿色出行比例超过 70%，新能源公交车、出租车占比分别达 72%、59%，LNG 动力运输船舶推广应用总数位居全国第二；建成 524 国道常熟段等一批绿色智慧公路示范项目，南京禄口国际机场 T2 航站楼成为全国首个绿色运行机场，全面建成 45 公里绿色现代航运示范区先导段。江苏省在全国率先开展省级绿色港口评价指标研究与星级港口评价工作，三年累计评选出 86 家绿色港口。[①]

江苏省在全国率先实现交通卡虚拟化，极大提升了公共交通出行的便捷性。江苏省多次联合支付宝、江苏移动、各金融机构、高校等开展各项公益活

① 省交通运输厅办公室：《江苏交通“绿色低碳出行服务”碳普惠应用上线》，https://www.jiangsu.gov.cn/art/2023/7/13/art_60085_10954888.html。

动,将绿色低碳理念融入生活,使其与生活紧密相连、息息相关。江苏交通“绿色低碳出行服务”碳普惠应用正式上线后,群众享受到更便捷、高效、多样化的公共交通服务。与此同时,通过碳普惠应用还能领取更多生活权益。这一绿色低碳出行的长效机制覆盖面广、参与度高、贴近民生,更有利于推进城市绿色交通体系的建设。在长三角生态绿色一体化发展示范区,相关部门突破行政壁垒,探索省际道路一体化建设模式,实行统一标准、统一设计、联合审批、统一建设的机制,高标准完成了康力大道建设,推进了多项省际、市域断头路及连接公路的建设。同时,持续推进毗邻公交互联互通,完善跨省毗邻公交线路对接的协调沟通机制,共同推动毗邻公交在设施、运营、政策等方面的融合。江苏省将继续紧紧抓住绿色出行和公交都市建设的发展契机,加快推进绿色出行领域的社会共建、共治、共享,推动绿色出行与城市社会经济协调发展。积极营造有利于绿色出行的良好环境,持续提升绿色出行的服务品质,让绿色出行成为公众的首选出行方式,为推进绿色交通发展,助力“交通强国”建设以及“双碳”目标的实现做出积极贡献。

第 5 章
碳排放权交易制度下医药制造企业的绿色变革：技术创新与消费引导的双重影响

中国作出"力争 2030 年前实现碳达峰、2060 年前实现碳中和"的"双碳"承诺。随着"1+N"的双碳政策体系的构建与逐步完善,《深入开展公共机构绿色低碳引领行动促进碳达峰实施方案》《"十四五"医药工业发展规划》等与医药行业相关的减碳政策相继出台,明确了二氧化碳排放强度控制目标,对医药制造企业的环境治理提出了更高的环保要求,并赋予了其更明确的减排任务。

第 4 章中,我们以江苏省为例,详细探讨了地方碳排放权交易市场的实践与经验推广。在此基础上,本章从技术创新与消费引导的双重影响角度出发,聚焦碳排放权交易制度下医药制造企业的绿色变革。具体而言,本章深入分析江苏医药制造产业碳排放权交易全景,碳排放权交易制度驱动江苏医药制造企业绿色技术创新和碳排放权交易制度下企业环保主张与消费者绿色消费行为关联研究,从影响路径、作用机制和创新绩效评估等多个维度进行研究,全面揭示碳排放权交易制度对医药制造行业绿色转型的推动作用。

5.1 江苏省医药制造产业碳排放权交易全景:现状洞察、问题诊断与优化策略

江苏省是医药制造大省,产业产值规模、研发综合实力、产品创新水平均在全国保持领先。2023 年,江苏省新获得药品批准文号 296 个(按药品注册批件计算),其中创新药品 9 个(按药品品种计算),这两项数据均位居全国第一;获国家药品监督管理局批准的三类医疗器械有 429 个,位居全国第一;江苏省药品监督管理局批准的二类医疗器械达 1 819 个,位居全国第二;现有药品生产企业 650 家,医疗器械生产企业超过 3 500 家,这两项数量均位居全国第二。①

5.1.1 江苏省医药制造产业发展概况与碳排放现状洞察

(1)江苏省医药制造产业发展质效持续提升中的碳排放问题

截至 2022 年 8 月,江苏省已汇聚超过 4 000 家医药制造企业,在我国医药

① 《提效降本 江苏"新""老"医药企业纷纷入局 AI 领域》,http://js.people.com.cn/n2/2024/0425/c360301-40822804.html。

制造产业中扮演着举足轻重的角色。江苏省的药品生产企业数量位居全国第一,医疗器械生产企业数量位列全国第二。江苏省医药制造产业集群发展实力处于全国前列,2022 年,江苏省医药制造及医疗器械产业营业收入达 4 747.8 亿元,位居全国第一,14 家江苏企业跻身“中国医药工业百强”。2022 年全省医药制造产业实现产值约 5 000 亿元,同比增长超过 9%。早在 2020 年,江苏省的医药制造产值就已突破 4 000 亿元,约占全国总产值的 1/6,位居全国首位。在全球性投资银行 Torreya2021 年发布的《世界千强药企报告》中,江苏生物技术全球排名上升至第 6 位。①

江苏省所有大型制药企业在营收中投入的研发成本超过 5.8%,这一比例相较于该省多数制造业高出 3.5 个百分点。其中,有 8 家企业入选“中国医药研发产品线最佳工业企业”,位居前 25 名。在“十三五”规划期内,共有 190 种新药获批并投放市场,占国内市场份额的 17%,其中创新药物达 19 种,占比高达 31%,这一数据让江苏省在国内该领域排名连续 5 年保持领先。创新性研究机构不断发展壮大,江苏省已建成 300 多个创新型科研基地,其中不乏国家生物药技术创新中心和中国中医科学院大学等顶级科研机构。②

苏州市在江苏省医药制造产业发展中表现尤为突出。在苏州,经过 16 年的深耕发展,医药制造产业总体呈现出产业规模高增长、企业发展高成长、创新成果高增量、产业要素高集聚的特点。创新药物产业在国内处于领先地位,生物药五项指标位居全国第一。2023 年 1 至 7 月,实现规上产值 455.4 亿元;高端医疗器械产业同样成绩斐然,某腾医疗 ECMO 成为全国第三款、省内首款获批的国产产品,某多机器人拥有自主知识产权的腹腔内窥镜手术系统完成国内中医系统首台商业化装机。2022 年全市医药制造产业规上产值达 2 188 亿元,五年产值规模翻番,与北京、上海、深圳同处全国第一方阵。

产业园区的竞争力位居全国前列。在中国生物技术发展中心发布的 2022 年中国医药制造产业园区竞争力排名中,苏州工业园区医药制造产业综合竞争力以及产业、技术、人才竞争力仅次于中关村,位列全国第二,连续多年稳居全

① 刘巍巍:《瞭望丨江苏生物医药产业跑出加速度》,https://h.xinhuaxmt.com/vh512/share/11018903?d=1348b8c。

② 《江苏省“十四五”医药产业发展规划》,www.jsgt.org.cn/index.php/Home/Index/art/a_id/9087.html。

国第一方阵。全市共有4个产业园区入围全国医药制造产业园区50强,数量居全省第一。①

江苏省医药制造产业的繁荣吸引了众多投资者。截至2022年8月,江苏省医药制造上市企业数量达60家左右,约占上市企业总数的1/10,总市值超万亿元,两家头部企业医药总市值超6 000亿元。② 截至2018年底,江苏省的药品生产行业规模已近5 000亿,在全国范围内排名第一。其增速达到10.4%,超过了所有其他行业的平均水平,而同期规模以上工业增加值的增速为5.3%。据统计,江苏省大型企业主营业务收入约为4 000亿。根据《江苏省政府关于推动生物医药产业高质量发展的意见》,目标是到2020年使江苏省的医药制造产业产值超6 000亿。药品不同于其他消费品,从研发到应用,必须经过格外严格的审批流程。2022年,江苏省新获批药品206个、三类医疗器械380个,数量均位居全国首位。③

在江苏省医药制造产业蓬勃发展、质效不断提升、产业集聚的背后,其能源消耗与碳排放问题也逐渐凸显。在医药制造产业发展的过程中,主要有三个环节会产生碳排放,并对环境产生重要的影响。具体表现在以下三个方面。

一是生产制造环节。化学合成过程中许多医药产品需通过化学合成反应制备。此过程常使用大量化学原料,反应条件严苛,如高温、高压,需消耗大量能源。以抗生素生产为例,化学合成步骤多,每一步反应都需加热、搅拌等操作,这要耗费大量电能、蒸汽热能,导致较多碳排放。据相关研究,一些大型化学合成制药企业,其生产环节的碳排放占企业总排放的60%~70%。在产业集聚区内,众多企业同时开展化学合成生产,导致能源消耗总量巨大,对区域碳排放产生了显著影响。部分生物制药产品依靠发酵工艺进行生产。发酵过程,要维持适宜温度、酸碱度等条件,需持续通入无菌空气、循环冷却水,以保证发酵罐正常运行。这一过程涉及空气压缩机、冷却水泵等设备的长时间运转,从而消耗大量电能。如生产维生素、氨基酸等产品的发酵车间,设备全天运行,能耗

① 《苏州吹响生物医药产业"集结号"》,https://jsnews.jschina.com.cn/sz/a/202309/t20230912_3282694.shtml。

② 刘巍巍:《瞭望丨江苏生物医药产业跑出加速度》,https://h.xinhuaxmt.com/vh512/share/11018903?d=1348b8c。

③ 《江苏省"十四五"医药产业发展规划》,www.jsgt.org.cn/index.php/Home/Index/art/a_id/9087.html。

高。在产业集聚区域,众多发酵类制药企业集中;这类设备的总体耗电量大,产生大量碳排放,约占生物制药企业碳排放的50%~60%,对区域碳排放影响不容小觑。

二是能源供应环节。医药制造企业的生产设备、照明、空调等系统都依赖电力供应。江苏省医药制造业产业集聚区内企业众多,电力需求庞大。若当地电力主要依赖火电,火力发电过程中煤炭、天然气等化石燃料燃烧会释放大量二氧化碳。据估算,集聚区内企业年耗电量可达数亿度,按火电碳排放系数计算,因电力消耗产生的间接碳排放可达数万吨。在蒸汽供应方面,药品生产过程中的干燥、蒸馏、灭菌等环节常需蒸汽。产业集聚区内一般会有集中式蒸汽供应设施,这些设施通过燃烧化石燃料产生蒸汽。这些设施的燃料消耗量大,产生大量碳排放。例如,某集聚区内的集中蒸汽供应站每日消耗大量煤炭,其产生的碳排放对区域碳排放量有较大贡献。

三是运输物流环节。医药制造企业需从各地采购大量原材料,如化学试剂、中药材等。这些原材料的运输通常依赖货车、轮船等交通工具,这些工具多以柴油、汽油为燃料,燃烧过程会排放二氧化碳。由于产业集聚区内企业集中采购,原材料运输频繁,运输里程长,导致碳排放增加。例如,若某集聚区内企业每月需从外地运输数百吨原材料,按运输工具的单位里程碳排放计算,每月因原材料运输产生的碳排放可达数百吨。成品配送中制成的药品需运往各地销售。配送过程中,货车、飞机等运输工具也会产生碳排放。尤其在医药制造业产业集聚区域,大量药品集中配送,运输范围广,配送频次高,这部分碳排放总量较大。如一些生产常用药的企业,产品销往全国各地,配送产生的碳排放是企业碳排放的重要组成部分,对区域碳排放也有一定影响。

(2)江苏省医药制造产业集聚发展态势下的绿色技术创新突围之路

生物医药是江苏省战略性新兴产业中的重点领域之一。“十三五”期间,江苏省初步形成了“一谷”“一城”“一港”“一园”“多极”的产业发展格局。进入“十四五”以来,江苏省的产业集群特征愈发明显,全省80%以上的医药制造企业集聚在苏州、南京、泰州、连云港、徐州、南通、常州、无锡等8个城市,产值占全省总量的95%以上。苏州中国药谷、南京生物医药谷、泰州中国医药城和连云港中华药港成为四个典型的集聚区。①

根据江苏省"十四五"医药产业发展规划,全省规模以上医药产业的年均营业收入增速将保持在10%左右,目标是到2025年,将江苏省的医药产业发展成为具有全球影响力的先进制造业集群和享有世界声誉的创新药高地。江苏省出台的《关于促进全省生物医药产业高质量发展的若干政策措施》明确指出,力争在南京、苏州、无锡、常州、泰州、连云港等地打造千亿级生物医药产业集群。

人才被视为创新的关键与源头。江苏省提出,对于生物医药领域的全球顶级专家及团队,可提供最高一亿元的项目资金补助;针对该领域的稀缺人才,在本省"双创计划"中设立专门申请渠道,并给予优先支持。泰州医药高新区提高购房补贴,例如领军人才补贴标准从50万元提高至100万元,还为外地高层次人才双方父母来泰州探亲提供每年最高3 000元的探亲补贴。同时,泰州医药高新区增加人才专项资金,从每年1亿元提升至2亿元,用于支持人才创新创业,并实施"一事一议"原则,为顶尖团队提供最高2亿元的项目扶持资金。

资金的流动对医药制造行业的发展至关重要。政府和社会资本形成的多样化融资路径、短期和长期资金的多层次结构,为江苏省的医药制造企业提供了有力支持,加速了江苏省医药制造产业的集聚进程。首先,江苏省2021年出台了《关于促进全省生物医药产业高质量发展的若干政策措施》。这份政策文件明确了到2024年的发展目标,涵盖提升关键核心技术攻关能力、优化药品医疗器械审评审批服务等方面。这些措施旨在增强原始创新和关键核心技术攻关能力,通过高水平建设国家生物药技术创新中心、加快重大创新平台建设等举措,推动医药制造产业的发展。此外,江苏省通过搭建政产学研交流互动平台,深化银行业、保险业的科技金融服务,为医药制造产业发展赋能。例如,苏州市创新共建苏州市知识产权金融实验室和苏州科技金融实验室,进一步深化科技金融服务,助力医药制造产业高质量发展。政府和资本的协同支持对江苏省医药制造企业的发展起到了关键作用。例如,某投资公司为某企业提供资金

① 江苏省生态环境厅:《对省十三届人大五次会议第1025号建议的答复》,https://www.jiangsu.gov.cn/art/2022/7/7/art_59167_10532505.html。

和资源支持，陪伴企业长期成长，助力企业实现从跟跑到并跑，再到领跑的跨越。

江苏省出台了一系列政策措施，涵盖产业发展目标、产品开发、审评审批、生产制造、应用推广、引才育才、产业生态等 7 个方面的具体举措，以推动医药制造产业的高质量发展。这些措施共同构成了江苏省在医药制造人才引进和培养方面的综合策略，旨在通过提供资金支持、改善居住条件、加强校企合作、优化政策环境等方式，吸引和培养高层次医药制造人才，进而推动江苏省医药制造产业的创新与发展。

①城市维度：形成了八大城市产业集群

根据 2017 年的数据，在江苏省，已经形成了泰州、徐州、连云港、南京、南通、苏州、常州和无锡 8 个主要的医药聚集地，这些地方集中了全省 80%以上的医药制造企业，产生的价值占全省总量的 95%以上，这构成了江苏省医药产业发展的格局。泰州的医药制造主营业务收入规模高达 965. 65 亿元，排在全省前三位，徐州和连云港分别是 640. 2 亿元和 609. 6 亿元。南京、南通、苏州和常州分别位居第四至第八位。而盐城、镇江、宿迁、扬州和淮安的医药规模都在 100 亿元以下。具体见图 5-1。

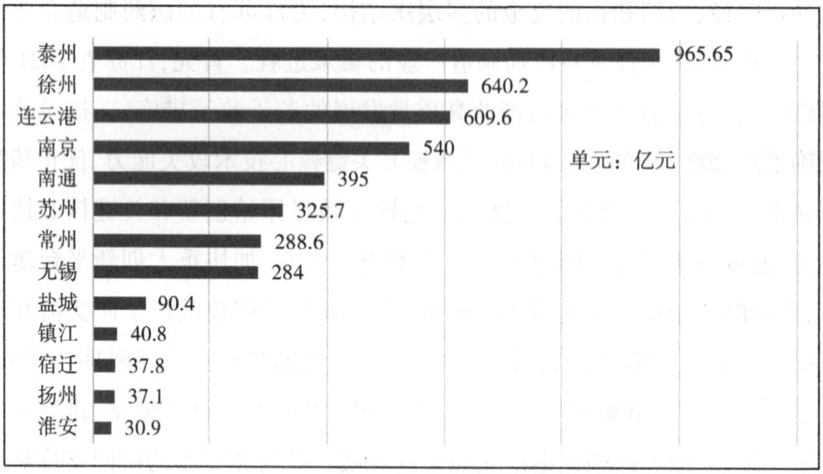

图 5-1　2017 年江苏各市医药制造业主营业务收入①

① 涟漪：《洞察|江苏省生物医药产业发展现状分析》，https://www. qianzhan. com/analyst/detail/329/190401-522ec9b1. html。

根据江苏《省政府关于推动生物医药产业高质量发展的意见》①的要求,需要利用好苏南自创区的一体化创新能力,加速构建医药制造产业创新中心,并在南京与苏州等地区推动建立具有各自特点的医药制造产业创新园地,以期能够塑造出包括生物技术药物、医疗设备及生物医学材料、药品研究开发服务外包等领域的专业化的创新群体。

鼓励泰州医药高新区积极利用长江经济带大健康产业集聚发展试点机遇,进一步扩大省部共建的效果,加快人才、资本和企业的聚集,努力打造全国著名的现代化大健康产业基地。支持连云港坚定地以创新和国际化为双轮驱动力,主动投身于全球竞争中,在生物药品和现代中药等领域建立新的发展优势,并致力于打造一个国内领先、国际享有盛誉的创新药物产业基地。

②园区维度:培育出七大国家级产业园区

历经数年的努力和积累,江苏省已经成功创建了3个全国性的生物科技产业园,即南京、苏州和泰州,同时还培养出了七大国家级的生物制药及医疗设备类的产业园区。其中最著名的有4个主要的医药制造产业聚集区域,分别是苏州工业园区、南京江北新区、泰州医药高新技术产业开发区和连云港经济技术开发区,此外还有以昆山高新技术产业开发区为特点的特殊产业基地。

苏州工业园区是江苏省医药制造产业高质量发展的“主阵地”。多年来,园区一直把医药制造作为重点培育的战略性新兴产业,制定《苏州工业园区“十四五”生物医药产业发展规划》《苏州工业园区医疗器械产业攻坚行动文案(2023—2025)》等政策,从顶层助推医药制造产业发展,并不断迭代金融服务助力企业成长发展,创新积分贷、园科贷等科技金融产品累计为企业授信超360亿元。

在生物医药产业领域,南京江北新区聚焦基因测序、精准医疗、创新药物研发、高端医疗器械等方向,生命健康产业集聚上下游企业超1 000家。南京江北新区生命健康产业在2017年的主营业务收入已经超过380亿元,较2016年增长了大约35%。这个区域吸引了410家基因及生命健康类企业。这些企业形成了以生物制药、化学药、现代中药和医疗器械为主要业务,以基因检测、第三

① 《省政府关于推动生物医药产业高质量发展的意见》,https://www.jiangsu.gov.cn/art/2018/12/11/art_64797_7951593.html。

方检验服务、动物生命营养为特色优势，以诊断试剂、精准医疗、干细胞等领域为潜力的产业体系。到2021年，南京江北新区已经成为亚洲最大的基因测序基地，每年可以为40万至50万人次提供基因测序服务。①

作为我国首个医药领域的国家级高新技术产业开发区，同时也是唯二由中央与地方共同建设的医药科技园之一，泰州医药高新技术产业开发区已历经多年的建设与发展。其主要以五种特定的行业为基础：化学生物药物、医学设备制造、保健服务、中草药及生物制品和疫苗生产。特别是在疫苗领域，泰州医药高新技术产业开发区现已成为了全球疫苗产业发展最密集且规模最大的一片区域。此外，该地区还坐拥了三家位列全国医药制造业前一百强的企业，包括连续数年夺得此榜单冠军的扬子江药业集团。

连云港经济技术开发区是首批国家级开发区，行政管辖面积193平方公里，设有综合保税区、自贸试验区，经过多年发展，培育形成了新医药、新材料、新能源、高端装备制造以及大宗商品贸易、跨境电商、总部经济等“4+N”主导产业体系，打造了全国最大的抗肿瘤药物、抗肝炎药物生产基地，国内重要的碳纤维生产基地和亚洲最大风电装备研发生产基地。作为全国医药板块的重要发展极，近年来，连云港经济技术开发区始终把新医药作为支柱产业，着力提高新医药产业高质量发展水平，统筹全市之力打造了具有“港城特色、国内一流、世界知名”的“中华药港”。在赛迪顾问发布的《2023生物医药产业园区百强榜》上，连云港经济技术开发区位列第11位。“泰连锡生物医药集群”成功入选全国第三轮20个先进制造业集群。

昆山高新技术产业开发区的生命健康产业园，其前身是昆山小核酸及生物医药产业园。自2008年昆山小核酸产业基地在高新区奠基以来，昆山高新技术产业开发区以“十年磨一剑”的发展定力，率先布局小核酸及生命健康产业，奠定了产业发展的坚实基础。经过多年发展，园区取得了多项重要成果：2014年，昆山小核酸及生物医药产业园获批为科技部创新型产业集群试点；2017年，园区获批国家火炬特色产业基地；2020年，在全国近400家生物园中，实现临床创新药总数排名第五，并在“2019年中国生物医药产业园区综合竞争力”排名

① 魏向杰，郑江淮：《“三链”结合打造生物医药产业地标》，https://www.jsthinktank.com/zhuankanzhuanlan/laobiaochanjingshixian/elyjjysysxll/201909/t320190918_6337427.shtml。

中位列17名;2021年,获评“长三角G60科创走廊产融结合高质量发展示范园区”。①②

(3)江苏省医药制造产业的绿色转型与创新突围

江苏省作为我国医药产业的核心区域,聚集了恒瑞医药、扬子江药业等一批行业领军企业,形成了年产值超5 000亿元的产业集群。在这片医药制造的热土上,每年产出全国15%的化学药品和12%的生物制品,但在亮眼的经济数据背后,传统生产模式带来的环境代价日益显现。在长江经济带“共抓大保护”战略背景下,医药企业正面临着一场关乎存亡的绿色转型大考。随着江苏省医药制造产业的集聚发展,能源消耗规模不断扩大,这无疑会对碳排放产生不可忽视的影响。因此,探索低碳发展路径对于该产业的可持续发展至关重要。

一是聚焦医药制造行业的绿色转型难题,探讨突破传统发展模式束缚的方法,通过技术革新与制度创新开辟新的发展路径。建立覆盖“研发 - 生产 - 流通”全生命周期的碳管理体系,将药用包装材料低碳化、物流环节绿电运输等纳入转型范畴。

二是围绕江苏省医药制造产业的绿色化发展需求,分析其在低碳技术、绿色供应链等领域的实践,挖掘转型升级的关键突破口。依托南京生物医药谷、泰州医药高新区等产业集群,打造低碳技术中试平台与共享实验室,加速微通道反应、生物合成等前沿技术产业化。三是阐述在绿色转型与创新驱动双轮驱动下,江苏省医药制造产业面临的机遇与挑战,以及如何构建可持续发展的新动能体系。以碳金融工具创新,如绿色供应链ABS、碳质押贷款为支撑,破解中小企业低碳转型的资金与技术壁垒,重塑产业价值生态。

站在“双碳”目标的时间轴上,江苏省医药产业的绿色转型已不仅是技术革新,更是一场生产方式的革命。当无锡某药企的屋顶光伏板开始为生产线供电,当南通某生物药厂的废水养出观赏鱼,这些具象化的场景预示着绿色技术创新正在重塑医药制造的基因密码。这场转型的窗口期正在收窄,但创新者的

① 《“做核酸,到昆山”—— 解码中国首个小核酸产业园区的发展DNA》,https://xh.xhby.net/pc/con/202011/17/content_851178.html。

② 《喜讯!昆山获评首批长三角G60科创走廊产城融合发展示范区》,https://www.ks.gov.cn/kss/ttxw/202311/3c3bc2e834f14c58994cac0d7e8892c9.shtml。

回报曲线正在陡峭上升。江苏省医药企业需要用技术创新的加速度，跑赢环境约束的倒计时。

5.1.2 江苏省医药制造企业绿色低碳发展成效显著

落实碳达峰、碳中和要求，引导企业采用节能、低碳生产方式改造提升传统生产工艺，加大节能减排力度，提高产业绿色低碳发展水平。牢记习近平总书记对江苏“争当表率、争做示范、走在前列”的重要指示要求[①]，我们要践行新理念、适应新阶段、构建新格局，坚持以人民为中心、生命至上，以保障人民健康为根本目标，加快建设自主可控的现代医药产业体系。以推动产业链现代化和产业基础高级化为导向，全力推进产业创新能力建设，打造有影响力的产业链，优化空间布局，培育领军企业，推动医药产业向数字化、绿色化、服务化转型升级，构建医药产业“双循环”发展模式，统筹发展与安全，全力将江苏省建设成为国内领先、国际一流的现代医药产业集聚区。

医药制造产业作为生物技术与医药行业的结合体，呈现出节能、减排和可持续发展的特征，这使其成为供给端结构调整的重要优化方向。然而，不可忽视的是，尽管医药制造行业并非强化生态环境保护的“无污染区”，但该行业确实会排放大量污染物，尤其是以发酵和化学合成为主的企业，对环境的破坏程度较大。因此，在行业发展初期设定更高标准的规范十分必要，如此才能确保该行业真正实现“绿色生产方式”。[②]

2023 年 7 月 12 日，在生态环境部发布的全国 81 个低碳试点城市进展报告中，南京、常州、淮安、镇江四市获评国家低碳城市试点优良城市。[③] 近年来，江苏省践行新发展理念，形成了一批特色亮点做法，呈现出经济社会发展稳步向前、绿色低碳新兴业态加快布局、碳排放强度持续下降的态势。以下是江苏各地的代表性做法。

---

① 《牢牢把握“争当表率、争做示范、走在前列”这个总要求》，https://www.zgjssw.gov.cn/dangjianxinlun/202303/t20230328_7881131.shtml。

② 陈澄，王静：《积极投身碳交易市场，江苏做了这些！》，https://jres2023.xhby.net/index/202207/t20220710_7611589.shtml。

③ 《我省四市获评国家低碳试点优良城市》，https://jszwb.jiangsu.gov.cn/art/2023/7/17/art_71797_10953056.html。

(1)南京坚持“双碳”目标,打造绿色低碳重要载体

作为南京计划重点发展的一个重要领域,医药制造行业不仅需要拥有完整的产业链条、强大的竞争力和高附加值,还应具备显著的环保特性。当前,南京正借助现有的基础设施汇聚创新元素,专注于构建“一谷三园”这四个主要平台。

从实现长期可持续增长的角度来看,需要将环境友好型因素,如低碳排放、能源节约和清洁生产等绿色要素融入生产与研发的关键节点,同时把这些因素整合到资金流中的绿色板块,从而通过绿色发展串联起医药制造行业的产业链、研发创新及金融投资。每个载体建立健全“1 + N”绿色发展模式,即高标准建设 1 个循环经济示范园区,改造建成若干个绿色示范工厂。

①构建绿色低碳产业体系

提高行业资源综合利用效率,建设一批绿色工厂、绿色园区,发挥标杆示范引领作用,带动全行业绿色低碳发展水平提升。严格执行环保、安全、节能准入标准,推动生产工艺和装备的绿色低碳化改造。提高化学原料药绿色制造水平,引导地方通过结构调整、产业升级、优化布局,促进原料药生产向优势企业集中。推进原料药等医药专业园区建设,实现公共系统共享、资源综合利用、污染集中治理和产业集聚发展。

②开展绿色低碳技术创新

聚焦化学原料药领域,开展绿色低碳技术攻关,鼓励企业开发和应用微反应连续合成、生物转化、手性合成等绿色化学技术,突破一批关键共性技术和装备。鼓励企业开发应用先进节能技术,使用可再生、清洁能源,推广低碳、零碳技术,减少二氧化碳以及其他温室气体排放。

为达成上述目标,必须首先提高园区的高品质规划与设计水平,构建一套专门针对医药制造行业的标准体系,同时优化绿色发展相关的数据收集、监测和评估流程,增强风险预判能力。进一步推动园区内企业的全球环保认证进程,积极鼓励企业参与世界医药制造标准的修订工作,以此提升园区及其所在行业的绿色发展水平。

(2)苏州启用全国首个市场化碳普惠交易体系,促进区域绿色低碳发展

我国正在构建多元化的碳排放管理体系,其中包括对小型企业减排举措以

及个人节能减碳行为给予奖励的碳普惠制度。这种方式有助于全面推进社会的绿色低碳进程。近年来,各地都在积极推行这一政策。例如,2021年5月,长江三角洲的三省一市共同签署《长三角区域碳普惠机制联动建设工作备忘录》;2022年4月,江苏省发布《江苏省"十四五"应对气候变化规划》,该规划提出要推广并完善覆盖全省的碳普惠制度。

被誉为我国首个"绿色低碳示范区"的苏州工业园区携手国家电网江苏省内分公司及上海专业化权益性资本市场服务平台,积极寻求突破,通过分布式太阳能发电项目开启新的尝试。该园区聚焦于碳排放减少量的确认、交易及其应用,构建了园区内的碳积分系统,并成功打造了一个跨地区的市场化自愿减排项目平台,有效连接了碳排放减少需求方和供应方。

相较于国内碳排放权交易平台,碳积分最大的优点在于其对温室气体减排量的评估和交易标准较为宽松,且成本较低。借助网络科技,能够构建便捷易用的服务系统,让任何有意愿的企业都可自由参与碳排放权交易,以"散卖"的方式基本实现了碳排放权交易的无障碍化。

苏州省一家专注于分布式能源站、充电桩及储能设备的新能源企业。近几年,该公司已在苏州市成功投建总容量为50兆瓦的光伏发电项目,预计未来其规模有望扩大至100兆瓦。该公司已通过碳普惠平台实现超过10 000吨的碳排放减少认证,在首次亮相碳普惠系统时便迅速吸引了4 000吨的需求商。截至2022年,已有15家苏州光伏产业参与者加入这个碳普惠平台,另外还有20多家知名企业表达了对碳减排量的采购意向,预计每年可能产生的碳减排量需求高达20万吨。①

(3)打造全球示范零碳工厂,推动江苏省医药产业高质量发展

提高清洁生产和资源综合利用水平。推动企业贯彻绿色发展理念,加强清洁生产工艺、装备的开发应用,制定整体污染控制策略,从源头消除和控制污染。引导企业围绕药品生产"三废"治理共性技术和标准开展攻关,开发废气、废液、废渣的资源化、无害化处理及评价技术,加强副产物资源化利用,实现节约能源、降低成本和减轻环境影响。

---

① 《全国首个市场化碳普惠交易体系在苏州启用》,https://www.suzhou.gov.cn/szsrmzf/szyw/202211/cecd6117796f42b6b979aef9042cbd87.shtml。

1993年，总部位于英国伦敦的全球领先制药公司进入中国市场时，将江苏省作为首站。30年来，该公司伴随着江苏省乃至中国医药产业的发展不断成长，如今中国已成为这家公司全球重要的增长引擎。2023年3月24日，该公司与江苏省签署战略合作框架协议。依据协议，该公司和江苏省将进一步加强在医药制造行业的全球化发展、研发创新、投资生产、园区建设以及社会价值等领域的合作与交流，共同探寻江苏省医药行业融合发展的新方向。

目前，这家公司在无锡和泰州建立了生产基地及物流中心，向全球近70个国家和地区供应优质产品。据了解，该公司将持续扩大在江苏省的投资生产规模，引进更多全球创新药物进行本地化生产，并将无锡、泰州两个生产基地打造成全球示范智慧工厂和零碳工厂，为江苏省推进绿色低碳发展提供范例。同时，公司将深化与江苏省医药企业的交流合作，打造医药制造领域的国际交流合作平台，助力江苏省医药制造全产业链开放创新发展，提升江苏省医药产业的国际化发展水平与影响力。

5.1.3 江苏省医药制造企业绿色技术创新面临的问题

江苏省医药制造企业在绿色低碳发展方面虽然取得了一定的成效，但在发展过程中面临着以下四个方面的问题。

(1) 市场运行机制的内在缺陷

一是江苏医药产业链中的原料药生产、中间体合成等高排放环节尚未纳入碳市场核心管控范畴，这使得碳定价机制对产业链上游高耗能环节的约束效力不足，难以借助市场信号推动全链条减排。当前碳配额核定未充分考量医药行业工艺复杂性以及供应链协同减排需求，统一的基准线法难以精准反映企业真实减排潜力，从而削弱了市场激励效果。

二是上下游企业间碳成本分摊缺乏标准化规则，原料药企业的减排成本无法通过价格机制合理传导至制剂环节，致使下游企业缺乏主动推动供应链低碳转型的内生动力。医药产业跨省供应链的碳足迹核算、排放责任划分缺乏统一标准，跨区域碳交易与监管协同存在壁垒，制约产业链整体减排效率。

三是针对医药企业绿色技术创新，如连续流工艺、生物催化的碳金融支持

(如碳质押、绿色债券)以及技术共享平台建设滞后,市场机制与政策工具未能形成协同效应。

(2)企业能力建设的现实困境

一是企业在绿色生产工艺(如连续流反应、生物催化)研发及产业化应用方面存在技术壁垒,传统化学合成工艺的低碳化改造面临设备迭代成本高、技术转化周期长等难题,部分企业尚未构建覆盖全生命周期的碳排放核算与优化体系。

二是多数企业缺乏专职碳管理团队,现有环保部门人员难以兼顾碳排放监测、配额管理及碳足迹核算等专业需求;同时,碳排放数据管理系统建设滞后,生产环节的实时碳数据采集与分析能力不足,难以支撑精准减排决策。

三是针对生物医药企业的碳普惠政策、绿色金融产品(如碳质押贷款)覆盖范围有限,省级层面缺乏专门针对生物合成、制剂生产等细分环节的减排激励措施,市场机制与政策支持未能形成合力。

(3)产业链协同发展的系统障碍

一是上下游企业间缺乏制度化的碳排放共担框架,原料药生产、制剂加工、流通配送等环节的减排责任划分模糊,尚未形成覆盖全链条的碳足迹协同核算体系,导致跨企业减排行动难以形成合力。

二是企业间碳排放数据交互机制缺失,生产端的能源消耗、物流端的运输排放等关键数据未能实现跨企业实时共享,形成"信息孤岛",阻碍产业链整体减排潜力的精准识别与协同优化。

三是高耗能环节(如原料药合成)的减排成本难以通过价格机制向低排放环节(如制剂研发)传导,中下游企业缺乏主动推动上游低碳转型的内生动力,形成"上游减排、下游受益"的利益错配。

(4)创新能力有待进一步提升

一是江苏省医药制造产业的研发平台相对独立,各类创新资源分散各地,尚未形成协同创新合力。绿色低碳发展离不开技术创新,目前许多医药制造企业在原有的生产工艺和技术上,绿色技术投入不足。

二是传统制造过程中常常会产生大量废弃物和污染物,如何在保证产品质量和产量的前提下进行生产,同时减少碳排放和对环境的影响,是一个亟待解决的问题。

三是虽然江苏省的科研机构和高校有一定的技术积累,但如何将这些技术有效转化为生产力,仍是企业必须面对的挑战。推动绿色低碳发展需要专业的人才和团队来进行技术改造和管理,但当前江苏省医药制造企业普遍面临人才短缺问题。

5.1.4 江苏省医药制造企业绿色技术创新的对策建议

江苏省医药制造业作为全国产业高地,在"双碳"目标与全球绿色贸易壁垒升级背景下,正面临绿色技术创新的历史性转折点。

(1)江苏省医药制造企业碳排放权交易市场发展基本原则

①政府引导,市场主导

发挥政府在试点示范、资源投入等方面的引导作用,强化政府的服务监管职能。重视市场在资源配置中的决定性作用,激发企业的积极性和主动性,持续构建以企业为主体、市场为主导的工业绿色发展推进体系。

②创新驱动,加快发展

完善企业主导的技术创新体系,全力攻克关键核心技术,加速科技成果的转化与应用。以创新为驱动力,推动转型发展,加快传统产业向绿色发展方向转型,促进绿色新兴产业集聚,培育新的经济增长点。

③质量优先,绿色低碳

坚持节约优先,加快实施绿色改造升级项目,推进绿色产业基地建设,提高经济增长质量。采用绿色低碳生产方式,全面推动资源节约与集约利用,提升资源综合利用效率和产出效益,减少污染物排放。

④统筹推进,重点突破

全力构建绿色制造体系,加快园区绿色发展规划,引导和鼓励企业创建绿色工厂,着力提升绿色制造整体水平。解决关键行业、区域和企业发展中的资源环境问题,充分发挥试点示范的引领作用。

(2)江苏省医药制造企业碳排放权交易市场发展对策建议

本部分从制度创新、技术突破、金融支持、生态协同四个维度,构建系统性解决方案。在医药制造产业集聚发展的过程中,江苏省医药制造企业应如何兼顾碳排放的控制与管理?

①制度创新:构建激励相容的政策生态系统

一是实施行业差异化监管制度。建立医药细分领域绿色技术标准图谱,针对原料药、生物制剂、医疗器械等不同子行业,制定差异化的碳排放基准值。

二是完善绿色创新激励机制。设立省级医药绿色技术创新专项基金,对酶催化合成、生物降解材料等关键技术攻关项目给予配套资金支持。推行"绿色专利加速审查"制度,缩短相关专利申请周期,实现环境效益与创新收益的闭环转化。

三是建立动态评估与容错机制。开发医药行业绿色技术创新指数评价体系,设置工艺清洁化率、能源低碳化率等核心指标。对评估等级高级的企业,给予排污许可证有效期延长政策优惠。设立风险补偿基金,对因技术路线选择失误造成的创新失败项目,给予损失补偿。

②技术攻坚:打造"基础研究—应用开发—产业转化"创新链

一是突破关键共性技术瓶颈。在江苏省产业技术研究院框架下,组建生物制造绿色技术研究机构。

二是构建数字化绿色创新平台。开发医药行业"碳效码"智能管理系统,集成 LCA(生命周期评价)、MES(制造执行系统)、ERP(企业资源计划)三大模块,实现碳排放的实时监测与智能优化。

三是推动跨界技术融合创新。支持医药企业与新能源企业组建创新联合体,开发光伏驱动生物反应器、氢能高温灭菌系统等融合技术。

③金融支撑:创新绿色技术资本供给模式

一是健全多层次融资体系。设立绿色医药产业基金,采用"母基金+直投"模式。

二是创新风险管理工具。开发碳保险产品,涵盖配额价格波动险、技术失效险等险种。

三是引导社会资本参与。实施绿色技术投资税收抵免政策,对投资医药清洁生产项目的创投机构,给予所得税减免。开设绿色技术交易专区,建立基于区块链的专利评估与交易系统。

④生态协同:培育共生共赢的产业创新网络

一是构建跨区域循环经济体系。在长三角生态绿色一体化发展示范区建立医药产业生态园区,实现三地资源共享。

二是打造绿色供应链联盟。制定医药行业绿色供应商白名单,设置碳排放强度、物料循环率等准入指标。实施"绿链金融"计划,建立供应链碳足迹追溯系统。

三是建设国际绿色合作枢纽。引进清洁生产技术。

5.2 碳排放权交易制度驱动江苏省医药制造企业绿色技术创新

5.2.1 碳排放权交易制度与医药制造企业绿色技术创新相关理论基础

(1)人与自然和谐共生的中国式现代化

全面建成富强民主文明和谐美丽的社会主义现代化强国,是我国第二个百年奋斗目标,其中,美丽中国建设是重要组成部分。良好的自然环境契合人民群众对美好生活的期待。党的二十大报告指出,要以中国式现代化全面推进中华民族伟大复兴,在中国式现代化的五个特征中,人与自然和谐共生便是其中之一。

习近平总书记指出,尊重自然、顺应自然、保护自然,是全面建设社会主义现代化国家的内在要求。必须牢固树立并践行绿水青山就是金山银山的理念,站在人与自然和谐共生的高度谋划发展。这是以习近平同志为核心的党中央对人类文明发展趋势的深刻洞察,是在新历史起点上作出的重大历史判断和战略布局。我们应站在促进人与自然和谐共生的高度,扎实推进绿色发展和生态文明建设,为全面建设社会主义现代化国家奠定坚实基础。[①]

---

① 相雅芳:《深刻理解人与自然和谐共生的现代化》, https://baijiahao.baidu.com/s?id=1774785882807558364&wfr=spider&for=pc。

在继承和发扬马克思主义生态观的基础上，融合吸纳中华民族优秀生态文化精髓，这使得我国在应对西方发达国家过度开发资源和环境污染问题时有了更高标准。这种以人与自然共同繁荣为主题的发展方式，不仅为发展中国家和地区提供了绿色导向的现代化典范，也为人类在面对现代化进程中如何平衡人与自然的互动关系提供了全新解决方案。①

人与自然和谐共生的中国式现代化，是绿色低碳可持续发展的现代化。近代以来，西方国家是基于对自然资源和生态系统的破坏来实现经济发展的。这种发展方式虽带来了大量物质积累，但同时也引发了诸如空气质量恶化、水资源短缺等一系列环境和社会问题。这些情况使人类社会与自然环境的关系变得愈发紧张，最终导致地球上出现了一系列不可预测且不可逆转的变化。②

(2)碳价格形成理论

与一般商品市场一样，较为理想的碳价格形成机制应是市场机制，通过市场需求来确定价格波动。在其他条件相同的情况下，需求增长，价格上涨；供给增长，价格下跌。换句话说，商品的供给和需求变化会导致价格波动，而价格波动反过来也会影响商品的供给和需求。

碳定价是一种有效的市场机制，它能够有效改变"大气环境无偿使用"的状况，纠正大气环境保护和应对气候变化方面的市场失灵，改变人们对大气环境作为公共物品的认知，将市场机制引入二氧化碳排放行为中，鼓励技术创新和市场创新，推动低碳发展。因此，碳排放权交易机制是建立一个交易市场，让参与市场的交易主体在确定的排放总量基础上，通过市场交易形成价格。碳排放权交易和碳税一样，都是矫正碳排放负外部性的工具，二者各有优缺点，都有自身价值，都是"谁污染谁付费"原则的具体体现，只要政策制定合理，都能取得良好效果。

相较于碳排放权交易，碳税存在三点不足：首先，碳税并非针对碳排放限额，而是仅针对成本，因此无法确保碳减排目标的实现。其次，为确保碳减排目标实现，碳税需持续征收，且要不断调整以实现税率与排放水平之间的合理关

---

① 李海生：《促进人与自然和谐共生》，https://www.cenews.com.cn/news.html?aid=1042909。

② 是说新语：《准确把握人与自然和谐共生的现代化的重大要求》，http://www.qstheory.cn/laigao/ycjx/2023-06/10/c_1129684521.htm。

系。最后,碳税不利于参与碳信用的国际贸易。①

碳排放权是碳排放企业排放温室气体所必须具备的资格。为获得碳排放资格,碳排放企业可以向其他企业购买碳排放权,这是碳排放企业为排放温室气体所付出的成本。理论上,当买方购买碳排放权的成本低于其自主减排温室气体的成本时,为获取更多经济效益,买方会选择购买碳排放权,由此形成碳排放权交易。从卖方角度来看,碳排放权交易通常发生在公司的碳创汇成本低于碳交易价格的情况下,因为在此情形下卖方可以通过碳排放权交易获取经济利益。因此,实现碳排放权交易的基本前提是:碳排放权交易价格大于卖方碳创汇企业的成本,同时小于买方碳排放企业的减排成本。只有这样,碳排放权交易才能使企业实现帕累托优化,提高买卖双方的收益。

5.2.2 文献综述:碳排放权交易制度、企业绿色技术创新及二者关联研究

(1)碳排放权交易制度起源、发展、现状及在不同领域的应用研究

碳排放权交易制度的理论根基可追溯至20世纪60年代的环境经济学思想。Coase(1960)在《社会成本问题》中提出产权理论,指出通过明晰环境资源产权可实现污染外部性内部化,这一思想成为排污权交易的理论基石。Dales(1968)首次将产权理论应用于水污染治理,提出“可交易排污许可证”概念,为碳排放权交易制度(ETS)提供了雏形。

20世纪90年代,国际学界开始系统研究碳排放权交易。Jaffed等人(2002)提出,相比碳税制度,总量控制与交易(Cap-and-Trade)机制能更精准实现减排目标,且具有成本效率优势。② 这一论断被《京都议定书》(1997)采纳,确立清洁发展机制(CDM)和联合履行(JI)两大灵活机制,标志着碳排放权交易从理论走向国际实践。

碳排放权交易是一种环境管制工具,用于控制国家和地区的碳排放量。

---

① 何鹰:《我国碳排放权交易立法规制思考》,载《华南师范大学学报(社会科学版)》2018年第2期,第157—161页。

② Jaffe A B, Newell R G, Stavins R N. Environmental Policy and Technological Change, in *Environmental and Resource Economics*, 2002, 22(1): 41-70.

它通过对企业或地区的二氧化碳排放总量进行管理和定价，允许排放者买卖二氧化碳排放额度。排放量较多的一方可以向排放量较少的一方购买二氧化碳排放权及相应额度。购买者可利用这些排放权来缓解温室效应，以实现企业、地区和国家的减排目标，完成减排任务。出售者则通过出售二氧化碳排放额度获得额外收入，这也促使企业推动减排技术的研发，实现绿色低碳发展。①

当前，欧盟碳排放交易平台、地区性温室气体合作项目、加州碳排放交易机制、东京碳排放许可交易制度、新西兰碳排放管理方案以及韩国碳排放控制策略所涉及的相关平台和体系，被视为世界上主要的碳排放交易场所。其中，欧盟的碳排放交易系统作为全球最大的碳排放许可证交易中心，其成交额约占全球总量的 90%。②

国外已有大量关于碳排放权交易政策实施影响的研究。Zhu et al.（2019）以中国碳排放权交易政策试点地区为研究范围，发现碳排放权交易政策的实施可使企业低碳创新专利申请量增加 5%～10%。关于碳排放权交易政策多元化方面，Strand（2013）以“政策集团”和碳排放权交易市场实际交易情况为背景，对比碳排放权交易政策和化石能源进口国碳税，发现两项政策均有减排效果，且会形成特定的抵消机制。③

在中国环境政策体系不断完善的背景下，国内学者也对碳排放权交易政策的实施效果展开了评估。张彩江等（2021）发现，试点地区实施碳排放权交易政策后，出现了明显的碳排放减缓效果。他们还指出，通过产业结构升级、提升资源配置效率等途径，可加速实现碳减排目标。④ 范秋芳、张园园（2021）指出，实施碳排放权交易政策有助于加速达成碳减排目标，且政策实施时间越长，减排

① 胡玉凤，丁友强：《碳排放权交易机制能否兼顾企业效益与绿色效率？》，载《中国人口·资源与环境》2020 年第 3 期，第 56—64 页。

② Zhao X G, Jiang G W, Nie D, et al. How to improve the market efficiency of carbon trading: A perspective of China, in *Renewable and Sustainable Energy Reviews*, 2016, 59: 1229-1245.

③ Strand J. Strategic climate policy with offsets and incomplete abatement: Carbon taxes versus cap-and-trade, in *Journal of Environmental Economics and Management*, 2013, 2: 202-218.

④ 张彩江，李章雯，周雨：《碳排放权交易试点政策能否实现区域减排？》，载《软科学》2021 年第 10 期，第 93—99 页。

效果越显著。[①] 同时,这两位学者表示,碳排放权交易政策主要通过改变企业的产业结构、能源强度以及技术创新水平来实现碳减排。

叶芳羽等(2022)认为,碳排放权交易政策显著降低了二氧化碳排放量与大气污染物浓度,呈现出减污降碳协同发展的态势。该政策主要通过推动企业开展绿色技术创新以及转移污染产业来完成碳减排,并且碳排放权交易政策的碳减排效应在高水平工业化产业、大规模城市中更为明显。[②] 尹迎港、常向东(2022)发现,碳排放权交易政策能够有效提升绿色全要素生产率,主要从推动产业结构升级、促进科技创新这两个方面发挥作用。[③]

发电行业是首个纳入全国碳市场的行业,重点排放单位超过2 000家。事实上,全国碳市场首批纳入的企业均为发电企业。对于最先在全国碳市场中试水的发电企业来说,它们对"排碳有成本,减碳有收益"有了更深的认识。交通运输行业在碳普惠方面也进行了有积极探索。例如,北京依托 MaaS 平台,将个人绿色出行行为纳入激励范围并参与碳交易。从2020年9月8日到2021年4月30日,通过碳普惠激励行动累计交易碳排放2.45万吨。此外,广州、四川和江苏等地也在积极开展碳普惠方面的工作,为引导大众绿色出行注入新的活力。《2024中国农业农村低碳发展报告》显示,我国农业活动的碳排放总量平稳降低,碳排放强度持续降低。在这个过程中,农业碳汇逐渐崭露头角,受到人们关注。

综上所述,部分学者已经发现碳排放权交易政策可通过技术创新加速实现碳减排,且已有学者进一步围绕碳排放权交易对企业绿色技术创新的影响展开研究。胡珺等(2020)指出,实施碳排放权交易政策能够促使企业进行技术创新,尤其是在碳排放权交易市场流动性较高的情况下,这种促进作用更

---

① 范秋芳,张园园:《碳排放权交易政策对碳生产率的影响研究》,载《工业技术经济》2021年第12期,第113—121页。

② 叶芳羽,单汨源,李勇等:《碳排放权交易政策的减污降碳协同效应评估》,载《湖南大学学报(社会科学版)》,2022年第2期,第43—50页。

③ 尹迎港,常向东:《中国碳排放权交易政策促进了地区绿色全要素生产率的提升吗?》,载《金融与经济》2022年第3期,第60—70页。

为显著。[①] 魏丽莉和任丽源(2021)的研究发现,碳排放权交易能够推动企业绿色技术创新,且在民营企业、清洁行业、非高新技术行业中的效果更为突出。[②]

通过梳理现有研究可以发现,既有研究存在一些不足之处。围绕碳排放权交易制度对企业绿色技术创新影响的研究数量有限,特别是针对碳排放权交易制度与医药制造企业绿色技术创新关系的研究更是稀少。现有研究多聚焦于宏观机制,对行业异质性关注不足。例如,医药、电子等中低排放行业的交易规则设计亟需突破,并开发差异化的 MRV(监测、报告、核查)体系。AI 驱动的碳价预测模型和物联网实时监测技术等领域尚处于探索阶段,亟需加强跨学科研究。此外,生物炭封存等负排放技术的碳汇计量方法学亟待标准化。同时,CBAM(碳边境调节机制)引发的国际贸易争端揭示规则碎片化的潜在风险,需构建包容性的国际碳市场链接机制。发展中国家碳市场能力建设研究仍显薄弱,"双碳"目标下的劳动力再培训、区域经济结构调整等社会维度研究不足。未来需进一步发展环境经济学与社会学的交叉分析方法,以弥补这一领域的空白。

因此,本章在考察碳排放权交易制度对医药制造企业绿色技术创新的影响效应时,进一步分析该效应在江苏省医药制造企业中的异质性特征,以期弥补以往研究的不足。

(2)绿色技术创新的概念、影响因素、创新模式以及对企业竞争力的影响

在对国内外研究资料梳理后发现,当前对于绿色科技创新存在多种不同的解释准则,但尚无一类能得到学界普遍认同并广泛采用的标准。总体而言,绿色科技创新的核心是融合了技术进步、生物科学发展及其带来的商业利益这三种元素而形成的一种新型科研方式,主要关注两个层面的内容:其一,作为高新技术创新的一部分,它具有追求经济收益的一般特性;其二,这

① 胡珺,黄楠,沈洪涛:《市场激励型环境规制可以推动企业技术创新吗?——基于中国碳排放权交易机制的自然实验》,载《金融研究》2020 年第 1 期,第 171—189 页。

② 魏丽莉,任丽源:《碳排放权交易能否促进企业绿色技术创新——基于碳价格的视角》,载《兰州学刊》2021 年第 7 期,第 91—110 页。

项绿色科技创新与过去那些只注重产品性能而忽视环境影响的技术发明不同,它强调从始至终所有阶段都秉持生态理念,通过节能减污来提高对自然资源的利用效率。[①]

基于上述论述,从企业视角阐释这一概念,可将制造业企业绿色创新定义为:为预防或减轻工业生产造成的环境损害,在新工艺方法、设备器材、系统组合、产品设计等方面开展的创新性工作。由于受能源消耗和环境保护的影响,企业综合运用人力资本、财务资产以及其他关键要素(如自然资源等),努力实现经济效应、环保效果和人文社会效益的共赢,旨在获取长期的绿色可持续竞争优势。[②]

国内外环保政策的推行,使关于绿色技术创新影响因素的研究成为热门话题。大部分研究者聚焦于探讨环境法规[③④⑤]、跨国技术传播[⑥⑦⑧]、政府支持及补助[⑨⑩],以及研发投资[⑪⑫],等方面对绿色技术创新的影响。此外,还有一些研

---

① 包贵萍:《碳排放权交易制度对企业绿色技术创新的影响——基于PSM-DID模型的实证研究》,浙江财经大学硕士论文,2018年。

② Kamien M I,Schwartz N L. Market Structure and Innovation:A Survey,in *Journal of Economic Literature*, 1975,13(1):1-37.

③ Conrad K, Wastl D. The impact of environmental regulation on productivity in German industries, in *Empirical Economics*,1995,20(4):615-633.

④ 景维民,张璐:《环境管制、对外开放与中国工业的绿色技术进步》,载《经济研究》2014年第9期,第34—47页。

⑤ 董直庆,王辉:《环境规制的“本地—邻地”绿色技术进步效应》,载《中国工业经济》2019年第1期,第100—118页。

⑥ 蒋伏心,王竹君,白俊红:《环境规制对技术创新影响的双重效应——基于江苏制造业动态面板数据的实证研究》,载《中国工业经济》2013年第7期,第44—55页。

⑦ 景维民,张璐:《环境管制、对外开放与中国工业的绿色技术进步》,载《经济研究》2014年第9期,第34—47页。

⑧ 徐建中,王曼曼:《FDI流入对绿色技术创新的影响及区域比较》,载《科技进步与对策》2018年第22期,第30—37页。

⑨ 田红娜,刘思琦:《政府补贴对绿色技术创新能力的影响》,载《系统工程》2021年第2期,第34—43页。

⑩ 杨晓辉,游达明:《考虑消费者环保意识与政府补贴的企业绿色技术创新决策研究》,载《中国管理科学》2022年第9期,第263—274页。

⑪ 李广培,李艳歌,全佳敏:《环境规制、R&D投入与企业绿色技术创新能力》,载《科学学与科学技术管理》2018年第11期,第61—73页。

⑫ 田淑英,郑飞鸿:《环保R&D投入是如何影响绿色技术创新效率的?》,载《安徽大学学报(哲学社会科学版)》2019年第3期,第148—156页。

究人员从知识产权保护①、行业聚集度②以及市场竞争力③等角度，探究推动企业或地区实现绿色技术创新的关键要素。

总结现有文献关于绿色技术创新的主要模式有以下几种，一是自主研发模式，适用于技术密集型企业，如宁德时代通过自主开发磷酸铁锂电池技术，成功将单位能耗降低了 30%。二是合作创新模式，通过产学研联盟或产业生态网络可分担创新风险，如丹麦风电产业集群通过企业、高校、政府的协同合作，实现叶片效率突破。三是开放式创新模式，利用外部知识源加速技术迭代，如某车企 i3 车型的开发中整合了 60 家外部机构的轻量化材料技术。

梳理现有文献发现，当前对企业绿色技术创新的研究还存在以下几方面的不足：微观企业行为与宏观制度环境之间的互动机制尚未厘清；新兴经济体在制度空白背景下，GTI 路径研究较为薄弱，技术与制度共演过程中的创新模式变迁需深入探讨。此外，还需探索政策不确定性下的 GTI 决策机制，区块链、元宇宙等对绿色创新生态的重构作用，以及企业如何通过绿色创新塑造制度环境，并结合复杂系统理论揭示 GTI 的涌现规律。

绿色技术创新作为可持续发展的重要引擎，其概念内涵已从单纯的技术改良扩展到系统性变革。政策规制、市场需求与企业能力的三维互动塑造了多元化的创新模式，而对企业竞争力的影响呈现出“短期阵痛—长期收益”的 U 形曲线特征。未来研究需突破静态分析框架，在动态演化和跨层互动中深化理论建构，为全球碳中和目标下的企业转型提供科学指引。

（3）碳排放权交易与企业绿色技术创新的研究成果、研究方法以及尚未解决的问题

碳排放权交易市场为有效处理经济发展和碳减排之间的关系提供了一条可行途径。全国碳排放权交易市场是一项重要的制度创新，它利用市场机制来控制和减少温室气体排放，推动绿色低碳发展，同时也是落实中国二氧化碳排

① 彭衡，李扬：《知识产权保护与中国绿色全要素生产率》，载《经济体制改革》2019 年第 3 期，第 18—24 页。

② 杨浩昌，李廉水，张发明：《高技术产业集聚与绿色技术创新绩效》，载《科研管理》2020 年第 9 期，第 99—112 页。

③ 师博，姚峰，李辉：《创新投入、市场竞争与制造业绿色全要素生产率》，载《人文杂志》2018 年第 1 期，第 26—36 页。

放达峰目标和碳中和愿景的重要政策工具。

2011年10月起,北京、天津、上海、重庆、广东、湖北、深圳等7个省市率先启动了碳排放权交易的试点工作。截至2021年9月30日,这7个试点碳排放权交易市场的累计配额成交量达4.95亿吨二氧化碳当量,成交额约为119.78亿元。2021年7月16日,全国碳排放权交易市场正式启动交易。

目前,发电行业已有2 162家重点排放单位被纳入,覆盖的二氧化碳排放量约为45亿吨,这使得全国碳排放权交易市场成为全球规模最大的碳排放权交易市场。截至2021年9月30日,全国碳排放权交易市场的碳排放配额累计成交量约为1765万吨,成交金额约为8.01亿元,整体市场运行平稳有序。① 此外,我国还建立了温室气体自愿减排交易机制,该机制有效推动了能源结构的优化和生态保护补偿工作。

目前,我国正积极推动低碳经济发展,将低能耗、低排放、低污染作为新的发展方式,逐步改变传统经济增长模式,推动技术创新持续进步,同时对能源、技术、产业等政策进行调整,以实现经济发展与环境保护的有机融合。碳排放权交易试点政策是发展低碳经济的动力机制与运行机制,作为一种市场激励型环境规制工具,它能有效降低碳排放量。企业作为碳减排的微观主体,通过绿色技术创新实现减排是其根本途径。当前,关于碳排放权交易政策对企业绿色技术创新水平影响的研究,与国外类似研究一样,大致可划分为定量研究和定性研究两类。

王为东等(2020)运用合成处理方法,考察了以北京市和其他6大城市为样本的城市群中二氧化碳污染物减排情况。研究成果表明:总体而言,实施该项制度确实能够提升各地区的环保科技发展水平。然而,值得注意的是,不同地区之间的表现存在明显差异,例如北京和上海所采取的相关措施取得了最为显著的成效。② 张海军等(2019)从企业角度出发深入探讨,并得出了类似结论。他们认为,虽然这一机制能够促使企业积极参与节能行动,但其负面影响也不容小觑,即增加了企业的运营负担,降低了其实际经济绩效,削弱了企业的可持

① 《白皮书:中国建成全球规模最大的碳市场》,https://www.gov.cn/xinwen/2021-10/27/content_5646800.htm。

② 王为东,王冬,卢娜:《中国碳排放权交易促进低碳技术创新机制的研究》,载《中国人口·资源与环境》2020年第2期,第41—48页。

续发展能力。①

作为欧洲联盟环境保护策略的核心要素，欧盟温室气体排放配额制度（European Union Emission Trading Scheme，EU ETS）通过额度买卖机制，降低二氧化碳等污染物的排放量，从而以最小的成本实现环保目标。这也是世界范围内首个由多个国家共同参与的环境治理方案。在中国实施其全国性的碳排放权交易体系之前，EU ETS 一直是全球规模最大且最具活力的空气质量管理制度。

Rogge 等人（2011）在关于 EU ETS 对德国电力行业创新影响的研究中指出，尽管 EU ETS 对创新产生了一定的积极作用，但其影响力相对较小。这主要是因为初期阶段的碳减排行动持续时间不长，并且相较于其他背景因素，它对创新产生的效应更为微弱。② 同样地，Martin 等人（2011）通过对 6 个欧洲国家约 800 家制造业企业的调查，探究 EU ETS 如何影响应对气候变化的相关策略以及清洁创新行为。研究结果显示，许多企业已开始调整产品线以适应低碳需求，并寻求减少现有生产过程中的碳足迹；此外，大部分企业还实施了一系列旨在减少温室气体排放的举措，这些举措大多涉及能源消耗或关键生产环节中的节能环保工作。③

Schmidt 等人（2012）利用来自 7 个欧盟成员国电力行业的数据建立了多元回归分析模型，以此探究欧盟碳排放权交易制度对企业绿色科技创新的影响。该项研究得出结论：尽管 EU ETS 对企业绿色科技创新产生的影响存在争议且较为有限，然而，实现长期减排目标仍是企业开展创新活动的最重要驱动力。④ Calel 和 Dechezleprêtre（2016）发现，EU ETS 能够有效推动试点企业进行低碳技术创新。⑤

当前，关于碳排放权交易制度对企业绿色技术创新的研究已取得大量成

---

① 张海军，段茂盛，李东雅：《中国试点碳排放权交易体系对低碳技术创新的影响——基于试点纳入企业的实证分析》，载《环境经济研究》2019 年第 2 期，第 10—27 页。

② Rogge K S，Schneider M，Hoffmann V H. The innovation impact of the EU Emission Trading System—Findings of company case studies in the German power sector，in *Ecological Economics*，2011，70（3）：513-523.

③ Martin R，Muûls M，Wagner U. Climate change，investment and carbon markets and prices-evidence from manager interviews，in *Climate Strategies*，*Carbon Pricing for Low-Carbon Investment Project*，2011：1-30.

④ Schmidt T S，Schneider M，Rogge K S，et al. The effects of climate policy on the rate and direction of innovation：A survey of the EU ETS and the electricity sector，in *Environmental Innovation and Societal Transitions*，2012（2）：23-48.

⑤ Calel R，Dechezleprêtre A. Environmental policy and directed technological change：Evidence from the European carbon market，in *Review of Economics and Statistics*，2016，98（1）：173-191.

果,为本研究的开展奠定了理论基础,然而,在以下几个方面还存在研究不足。一是理论机制方面,碳价阈值效应尚未明确,研究表明,碳价超过80美元/吨可能触发技术颠覆,但临界值存在行业异质性;碳交易与绿色补贴、环境税的协同或抵消效应缺乏量化证据,现有模型解释力不足30%;碳市场更倾向于驱动末端治理技术(如CCUS),而非源头预防技术,内在动因尚未厘清。二是实证研究层面,现有研究多关注3~5年的短期政策效果,EU ETS运行20年后出现创新疲劳现象,长效机制设计缺乏依据;企业级碳足迹数据覆盖度不足,全球仅12%上市公司披露范围3排放,制约了供应链创新研究;在中国碳市场行政干预较强的背景下,市场力量与政策驱动的创新效应分解仍存在争议。三是在实践应用层面,碳交易覆盖的3 000家中国企业,仅5%为中小企业,其创新响应策略缺乏深入研究;CBAM等跨境机制导致重复核算,出口型企业面临高达8%的额外合规成本;路径依赖可能导致企业偏好改良现有技术(如燃煤电厂增效),而非探索零碳路径。四是新兴交叉领域,区块链碳账本与AI驱动的创新决策系统尚未实现商业级应用,技术成熟度(TRL)普遍低于6级;碳收益分配不均导致区域创新差距扩大,例如长三角企业绿色专利占比(35%)是西北地区(9%)的4倍;合成生物学碳捕获技术的生态风险评估框架尚未建立,制约了其市场化进程。

最后,碳排放权交易与企业绿色技术创新的互动研究已形成丰富成果,证实了市场机制对技术变革的驱动作用,但微观机理的“黑箱”尚未完全打开。未来需突破静态均衡分析范式,在动态演化和复杂适应系统框架下深化理论建构,同时强化跨国别、跨行业、跨规模企业的比较研究。随着全球碳市场进入2.0时代(覆盖全球50%排放量),破解技术—制度—市场的协同难题将成为实现企业绿色技术创新的关键。

5.2.3 研究假设与模型构建

(1)碳排放权交易制度对江苏省医药制造企业绿色技术创新的相关理论假说

波特假说和诱导创新理论为研究规制与绿色技术创新的关系提供了重要参考。波特认为,有效且合理的环保法规能够刺激企业的科技研发进程,这既能在一定程度上弥补因这些法规带来的生态负担,同时还能为企业创造效益和领先发展的机会。

约翰·希克提出的诱导创新理论(IIH)主张对碳实施定价策略,无论采取碳税还是碳排放交易方式,都能激发新型低碳技术的产生。该理论基于这样一种观点:当一种生产资源的价格相对于其他生产要素上涨时,会促使企业减少其使用量,进而推动企业研发新的生产方式以节约这些成本较高的生产资源。

目前,越来越多的学者在研究环境政策与技术创新之间的关系,他们对波特假说和诱导创新理论予以了证实。[①] 对于环境规制对企业或区域绿色技术创新的影响效果,已有很多学者进行了实证研究,研究结果大致可分为四类,即促进作用、抑制作用、非线性关系和无显著作用。[②③④]

环境规制的方式包括收取污染税、排污交易和行政惩罚等,研究内容涵盖环境规制对企业绿色技术创新动力、行为、效率和扩散的影响。[⑤⑥] 本部分通过探究碳排放权交易这一环境规制政策对企业绿色技术创新的政策效应,进一步验证波特假说和诱导创新理论。[⑦] 在关于碳排放权交易对绿色技术创新影响的国内外研究中,大部分国内学者认为碳排放权交易是有效的,能够积极促进企业或区域开展绿色技术创新。[⑧⑨⑩] 因此,结合江苏省实际情况,提出相关假设。

H1:碳排放权交易对江苏省医药制造企业绿色技术创新有积极影响。

---

① Baum L M. It's not easy being green… or is it? A content analysis of environmental claims in magazine advertisements from the United States and United Kingdom, in *Environmental Communication: A Journal of Nature Culture*, 2012, 6(4): 423-440.

② 齐绍洲,林屾,崔静波:《环境权益交易市场能否诱发绿色创新?——基于我国上市公司绿色专利数据的证据》,载《经济研究》2018 年第 12 期,第 129—143 页。

③ 董直庆,王辉:《环境规制的"本地—邻地"绿色技术进步效应》,载《中国工业经济》2019 年第 1 期,第 100—118 页。

④ 李青原,肖泽华:《异质性环境规制工具与企业绿色创新激励——来自上市企业绿色专利的证据》,载《经济研究》2020 年第 9 期,第 192—208 页。

⑤ Chan R Y K. The effectiveness of environmental advertising: the role of claim type and the source country green image, in *International Journal of Advertising*, 2000, 19(3): 349-375.

⑥ Cummins S, Reilly T M, Carlson L, et al. Investigating the portrayal and influence of sustainability claims in an environmental advertising context, in *Journal of Macromarketing*, 2014, 34(3): 332-348.

⑦ 曾妙:《碳排放权交易对制造业绿色技术创新的影响研究》,四川大学硕士学位论文,2021 年。

⑧ 张海军,段茂盛,李东雅:《中国试点碳排放权交易体系对低碳技术创新的影响——基于试点纳入企业的实证分析》,载《环境经济研究》2019 年第 2 期,第 10—27 页。

⑨ 王曼曼:《环境规制对制造企业绿色技术创新的影响研究》,哈尔滨工程大学博士学位论文,2019 年。

⑩ 宋德勇,朱文博,王班班:《中国碳交易试点覆盖企业的微观实证:碳排放权交易、配额分配方法与企业绿色创新》,载《中国人口·资源与环境》2021 年第 1 期,第 37—47 页。

H1a:碳排放权交易对江苏省医药制造企业末端治理创新行为有积极影响。

H1b:碳排放权交易对江苏省医药制造企业绿色工艺创新行为有积极影响。

H1c:碳排放权交易对江苏省医药制造企业绿色产品创新行为有积极影响。

在政策背景方面,研究甄别了其他可能对企业绿色技术创新决策产生影响的节能减排政策。首先,在节能政策方面,我国在"十三五"期间出台了许多相关政策,有必要对这些政策工具进行分类研究。在政策分类研究中,加拿大学者 Howlett 和 Ramesh 在其著作《公共政策研究:政策循环与政策子系统》中提出的分类方法被认为具有代表性。

研究者依据政府权力直接介入的程度,将政策工具分为强制型工具、自愿型工具、混合型工具三类。按照对企业行为约束方式的不同,同时结合我国当前主要以命令—控制型规制工具为主,辅助运用市场交易工具的现状,本章重点研究综合行政命令类节能政策和利用市场机制的政策工具。其中,行政命令类节能政策是指通过政府的行政命令及制定的法律法规对当事人的行为施加影响的政策措施,如制定能效标准、淘汰落后产能等。这类政策通常具有明确的,甚至强制性的规划目标,依靠核查、监管等行政手段保证实施,因此能够对企业形成较大的政策压力。① 尽管如此,张海军等人(2019)的研究表明,通过计量模型分析,行政命令类节能政策可能会抑制企业的低碳技术创新。② 本章基于相关研究,提出如下假设:

H2:行政命令类节能政策对江苏省医药制造企业绿色技术创新有显著的负向影响。

H2a:行政命令类节能政策对江苏省医药制造企业末端治理创新行为有显著的负向影响。

H2b:行政命令类节能政策对江苏省医药制造企业绿色工艺创新行为有显著的负向影响。

H2c:行政命令类节能政策对江苏省医药制造企业绿色产品创新行为有显著的负向影响。

---

① Ernest B, David W. Regulation as a means for the social control of technology, in *Technology Analysis & Strategic Management*, 1994, 6(3): 259-272.

② 张海军,段茂盛,李东雅:《中国试点碳排放权交易体系对低碳技术创新的影响——基于试点纳入企业的实证分析》,载《环境经济研究》2019 年第 2 期,第 10—27 页。

根据上述理论研究和相关假设可知,碳排放权交易政策在一定程度上强化了江苏省医药制造企业绿色技术创新行为,而行政命令类节能政策则在一定程度上抑制了江苏省医药制造企业绿色技术创新行为。最终,研究提出了政策要素影响制造企业绿色技术创新行为的整体假设模型,如图 5-2 所示。

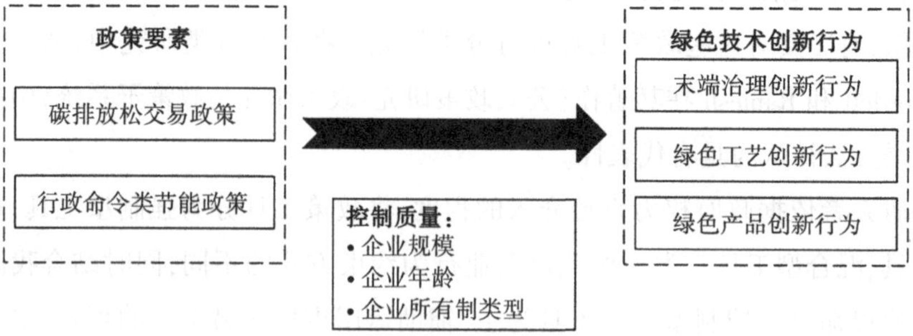

图 5-2 研究模型

(2)变量设定与数据来源

为了验证之前提出的观点是否正确,需要对理论框架及相关参数设定进行量化评估,并测试其有效性。量表设计的质量直接影响实际结果的精确性和可靠性,因此在构建量表时,特别注重确保其信度和效度。为此,基于国内外权威量表,结合相关领域学者建议,笔者对量表进行了必要的修改和优化。这样做旨在使文章的研究内容更契合并充分展现江苏省制药企业的实际情况。

对于每个相关课题项目而言,调研结果是通过一系列问题获取的数据来源。一般在社会科学领域,会使用 5 级或 7 级评分系统以获得更精确的研究成果。因此,本研究采用 7 级李克特量表对变量进行测量,其中 1 分和 7 分分别代表完全不赞同和完全赞同,即语义的确定程度与分数呈正相关。

根据张海军等(2019)、王娟茹和张渝(2018)的研究,本章将政策要素分为碳排放权交易政策和行政命令类节能政策。其中,碳排放权交易政策设置 3 个题项,行政命令类节能政策设置 4 个题项。①②

① 张海军,段茂盛,李东雅:《中国试点碳排放权交易体系对低碳技术创新的影响——基于试点纳入企业的实证分析》,载《环境经济研究》2019 年第 2 期,第 10—27 页。

② 王娟茹,张渝:《环境规制、绿色技术创新意愿与绿色技术创新行为》,载《科学学研究》2018 年第 2 期,第 352—360 页。

本研究将制造业企业的绿色科技创新活动理解为一种在不断变动的环境背景下的自我调整能力及其内部机制的外部表现形式。其核心在于开发并应用诸如尾气净化器之类的先进科技手段,优化产品全寿命周期的各个环节,使其更符合可持续发展原则。这种活动不仅能提升企业的财务效益,还能实现生态环境保护的社会效应,从而达成“多赢局面”。它是基于现有科学理论基础上的新型技术革新的统称,涵盖了所有可能涉及的各类活动方式,例如学习经验分享等,是构成一家成功企业的重要组成部分。

此外,研究借鉴了一些学者的观点,比如汪明月、李颖明(2022)①和王曼曼(2019)②的研究,并对其结论进行了进一步修正,得出了本研究的第三种视角——绿色技术创新行为。在这一概念下,可以看到有三种主要方式来描述这一现象。

(a)末端治理创新行为:针对已经产生但尚未完全消除的有害物质采取措施的过程。

(b) 绿色工艺创新行为:在商品生产开始前就考虑如何避免或减轻潜在危害的方法。

(c)绿色产品创新行为:通过对现有的加工过程做出一些必要修改,以便更有效且低成本地使用资源,同时最大限度降低有害气体和其他化学品影响的一种新方法。绿色产品创新,就是在整个生产周期中,通过设计、研发和制造,实现节约能源、减少或不污染环境的绿色产品。这些产品符合环保标准且可循环使用。

Braun 和 Wield(1994) 的绿色技术创新研究为本研究提供了理论基础。③ 同时,研究还参考了 Zhou 和 George(2001)④、陈功玉(2005)⑤、石军伟和付海艳(2007)的技术创新行为理论⑥,以及 Cheng 和 Shiu 等人(2012)⑦设计的生态创

① 汪明月,李颖明:《企业绿色技术创新升级及政府价格型规制的调节作用》,载《科研管理》2022年第10期,第71—80页。

② 王曼曼:《环境规制对制造企业绿色技术创新的影响研究》,哈尔滨工程大学博士学位论文,2019年。

③ Braun E, Wield D. Regulation as a Means for the Social Control of Technology, in *Technology Analysis & Strategic Management*, 1994, 6(3): 259-272.

④ Zhou J, George J M. When job dissatisfaction leads to creativity: Encouraging the expression of voice, in *Academy of Management Journal*, 2001, 44(4): 682-696.

⑤ 陈功玉:《企业技术创新行为非线性系统的动力学分析》,载《系统工程》2005年第12期,第74—78页。

⑥ 石军伟,付海艳:《社会结构、市场结构与企业技术创新》,载《经济学家》2007年第6期,第56—62页。

⑦ Cheng C C, Shiu E C. Validation of a proposed instrument for measuring eco-innovation: An implementation perspective, in *Technovation*, 2012, 32(6): 329-344.

新量表方法。根据这些信息,通过 3 个问题评估末端治理创新行为,用 3 个题项衡量绿色工艺创新行为,用 4 个题项衡量绿色产品创新行为。具体如表 5-1 所示。

表 5-1 变量量表

变量		题项	参考来源
政策要素	碳排放权交易政策	企业经营过程中积极开展碳战略规划	张海军等(2019)①
		企业生产过程中积极进行碳管理	
		企业积极开展碳金融、碳审计等相关业务	
	行政命令类节能政策	企业生产符合国内相关环境法律法规规定	王娟茹和张渝(2018)②
		企业按排放绩效标准对废弃物进行浓度和总量控制	
		企业面临比较严格的减污及生产技术标准	
		企业若违反环境标准将面临严厉处罚	
绿色技术创新行为	末端治理创新行为	企业及时改善和研发废气相关的处理技术	Braun 和 Wield(1994)③;Zhou 和 George(2001)④;陈功玉(2005)⑤;石军伟和付海艳(2007)⑥;Cheng and Shiu(2012)⑦
		企业及时改善和研发废水相关的处理技术	
		企业及时改善和研发固体废弃物相关的处理技术	
	绿色工艺创新行为	企业为降低环境污染积极改进生产工艺	
		企业为遵守环保法规积极改进生产工艺	
		企业积极从外部引进节能减排技术用于制造过程	
	绿色产品创新行为	企业积极研发低能源消耗的新产品	
		企业积极研发易循环再利用的新产品	
		企业积极研发易降解材质的新产品	
		企业积极研发简易包装的新产品	

① 张海军,段茂盛,李东雅:《中国试点碳排放权交易体系对低碳技术创新的影响——基于试点纳入企业的实证分析》,载《环境经济研究》2019 年第 2 期,第 10—27 页。

② 王娟茹,张渝:《环境规制、绿色技术创新意愿与绿色技术创新行为》,载《科学学研究》2018 年第 2 期,第 352—360 页。

③ Braun E, Wield D. Regulation as a means for the social control of technology, in *Technology Analysis & Strategic Management*, 1994, 6(3): 259-272.

④ Zhou J, George J M. When job dissatisfaction leads to creativity: Encouraging the expression of voice, in *Academy of Management Journal*, 2001, 44(4): 682-696.

⑤ 陈功玉:《企业技术创新行为非线性系统的动力学分析》,载《系统工程》2005 年第 12 期,第 74—78 页。

⑥ 石军伟,付海艳:《社会结构、市场结构与企业技术创新》,载《经济学家》2007 年第 6 期,第 56—62 页。

⑦ Cheng C C, Shiu E C. Validation of a proposed instrument for measuring eco-innovation: An implementation perspective, in *Technovation*, 2012, 32(6): 329-344.

Zhou 和 George(2001)提出了选择技术创新行为相关控制因素的标准,即应考虑其对企业技术创新行为的潜在影响。基于此,本研究选择企业规模、企业成立年份及企业所有权形式等企业特性作为控制因素,以避免因企业差异而对其绿色技术创新潜力产生影响。

具体来说,企业规模通过计算整个团队的人数,并将其转换为自然对数来衡量;企业成立年份通过计算企业创立至今的年数,并取其自然对数来表示;所有权形式划分为三类:国有或国家持股、私有以及其他类型,分别用数值0、1、2进行分类。具体如表5-2所示。①

表5-2 控制变量维度

变量	维度	参考依据
控制变量	企业规模	Zhou 和 George(2001)
	企业年龄	
	企业所有制类别	

(3)样本选择与数据收集

依照行业分类标准,本研究将调查范围限定在江苏具有一定规模且对环境有较大影响的医药制造企业。样本来源于国泰安数据库中联络方式和通信地址完整的江苏省医药制造企业。

为支撑实证结论,在本研究中,主要通过向上述上市制造企业发放纸质版或电子版问卷、进行电子邮件沟通以及电话联系等多种方式,获取客观真实的调查数据。这种研究方式有效解决了地理限制问题,不受问卷发放现场的制约。考虑到调查问卷涉及医药制造企业经营管理战略活动,本研究特意选取江苏省医药制造企业的高层领导和参与绿色创新实践的相关管理人员作为调查对象,并鼓励他们根据企业实际情况如实填写问卷。

自2022年3月至2022年9月,采用上述方法发放调查问卷。共发出200份问卷,剔除7份无效问卷后,得到193份有效问卷,回收率为96.5%。研究表

① Zhou J, George J M. When job dissatisfaction leads to creativity: Encouraging the expression of voice, in *Academy of Management Journal*, 2001, 44(4): 682-696.

明,利用调研问卷开展实证研究时,样本总数最好超过 150 且达到研究变量数量的 5-10 倍。[①] 因此,本研究获取的 193 份有效问卷足以支撑实证分析。

5.2.4 碳排放权交易制度对江苏省医药制造企业绿色技术创新的实证分析

(1)样本基本特征

调研问卷有效样本的基本信息分布如表 5-3 所示。

表 5-3 样本基本信息

特征		数量	百分比/%	特征		数量	百分比/%
职位	高层管理人员	41	21.2	员工数	400 人以下	100	51.8
	中层管理人员	152	78.8		400—800 人	59	30.6
	一般员工	0	0.0		801—1200 人	14	7.3
性别	男	159	82.4		1200 人以上	20	10.4
	女	34	17.6	成立年限	5 年以下	59	30.6
年龄	30 周岁以下	4	2.1		5—10 年	12	6.2
	30—45 周岁	124	64.2		11—20 年	59	30.6
	46—60 周岁	65	33.7		20 年以上	63	32.6
	60 周岁以上	0	0.0	所有制类型	国有/国有控股	19	9.8
学历	大专及以下	67	34.7		私营/民营控股	167	86.5
	本科	91	47.2		其他	7	3.6
	研究生	35	18.1				
工作年限	10 年以下	33	17.1				
	11—15 年	91	47.2				
	16—20 年	61	31.6				
	20 年以上	8	4.1				

如上表所示,在样本职位分布上,中层管理人员占比较多,达到了 78.8%;

① Olusegun A H, Ashari H, Nordin N. Influence of top management commitment, stakeholder pressure and public concern on sustainable environmental manufacturing practices in Malaysia: Data screening and preliminary analysis, in *The International Journal of Business & Management*, 2014, 2(11): 189-196.

样本以男性为主(82.4%),年龄方面30—45周岁的样本较多,占比为64.2%;学历分布上本科学历最多(47.2%);工作年限方面,11—15年工作年限占比为47.2%,其次是16—20年工作年限,占比31.6%。从企业维度来看,400人以下的企业规模占比51.8%;企业成立年限上,20年以上的企业占比32.6%,成立11—20年和成立5年以下的企业占比均为30.6%;从企业所有制类别来看,私营/民营控股企业占比86.5%。

(2)信效度检验

信度检验的主要目的是评估调查问卷的可靠性,衡量所得结果的一致性或稳定性,以此反映被测特征的真实程度。该指标主要关注问项与研究维度之间的一致性。

一般来说,Cronbach's α 系数超过0.9,表示调查问卷的可靠性极高;Cronbach's α 系数处于0.8—0.9之间,意味着调查问卷的可靠性良好;Cronbach's α 系数处于0.7—0.8之间,表明问卷具有一定的可靠性;若Cronbach's α 系数低于0.7,则应重新设计问卷。本项调查研究运用SPSS 24.0软件对量表中各个维度的问项进行测量,结果如表5-4所示。

表5-4 变量信度与效度检验

变量	问项	载荷	Cronbach's α	CR	AVE
碳排放权交易政策	CETP1	0.799	0.789	0.784	0.549
	CETP2	0.749			
	CETP3	0.669			
行政命令类节能政策	AOBEP1	0.883	0.923	0.928	0.766
	AOBEP2	0.971			
	AOBEP3	0.732			
	AOBEP4	0.897			
末端治理创新行为	IBPG1	0.883	0.890	0.893	0.738
	IBPG2	0.760			
	IBPG3	0.925			
绿色工艺创新行为	GPIB1	0.770	0.874	0.877	0.705
	GPIB2	0.918			
	GPIB3	0.824			

续表

变量	问项	载荷	Cronbach's α	CR	AVE
绿色产品创新行为	GRIB1	0.858	0.937	0.938	0.790
	GRIB2	0.857			
	GRIB3	0.930			
	GRIB4	0.909			

注：CMIN/DF = 1.611, CFI = 0.970, NFI = 0.925, GFI = 0.899, RMSEA = 0.056; CR (Construct Reliability), AVE (Average Variance Extracted)

根据上表显示，碳排放权交易政策，行政命令类节能政策，末端治理创新行为，绿色工艺创新行为，绿色产品创新行为的信度系数均高于 0.7，样本数据总体信度系数为 0.815，因此调查问卷的各变量内部一致性较高，可进行后续的研究检验。

效度分析主要检测调查数据的准确性，以及结果反映调查主题的真实程度。本研究从内容效度、结构效度两个方面进行分析，运用 Amos 24.0 进行验证性因子分析，以验证数据的效度。

内容效度用于衡量调查问卷的设计是否符合逻辑，题项考察的内容与研究主题是否吻合。由于本研究的量表参考了国内外现有的成熟量表，且已进行反复验证，因此可保证量表的内容效度。

结构效度用于验证因子与测量题项之间的对应关系是否符合预期，主要从聚合效度和区分效度两方面进行分析。在具体验证过程中，若通过因子分析提取的标准因子载荷值 > 0.5、组合信度 CR > 0.7、变量的平均提取方差值 AVE >0.5，则说明问项与测量值高度相关。区分效度主要通过判断变量的平均提取方差值 AVE 是否大于相关系数的平方。若满足此条件，则说明变量之间有显著差异，且相关性较低。

(3) 变量相关性分析

在本研究中，存在碳排放权交易政策、行政命令类节能政策、末端治理创新行为、绿色工艺创新行为和绿色产品创新行为等研究变量。这些变量表面上独立，实则可能相互关联。使用 SPSS 进行相关性分析，能从繁杂的数据中定量揭示变量间潜在的关系，避免仅靠主观判断。

研究中变量的相关性分析主要体现在两个方面:一是辅助构建研究模型,通过确定哪些变量紧密相关,可以合理构建解释市场现象的模型;二是筛选关键变量,面对众多研究数据,相关性分析能帮研究者筛选出对研究目标有显著影响的变量,排除关联不大的变量,从而简化研究过程。

从理论层面来看,相关性分析为完善碳排放权交易市场理论体系提供实证支撑。通过揭示变量关系,进一步丰富和验证现有理论,如市场机制调节碳排放的相关理论。从实践层面来看,相关性分析有助于政策制定者依据变量关系制定更有效的政策。若分析表明企业参与碳市场交易的积极性与配额分配方式高度相关,政策制定者就能优化配额分配政策,提高市场运行效率。具体如表5-5所示。

表5-5 变量相关分析

变量	1	2	3	4	5
碳排放权交易政策	**0.741**	—	—	—	—
行政命令类节能政策	0.285	**0.875**	—	—	—
末端治理创新行为	0.266	-0.165	**0.859**	—	—
绿色工艺创新行为	0.472	-0.174	0.273	**0.840**	—
绿色产品创新行为	0.224	-0.174	0.206	0.458	**0.889**

注:加粗数值为变量AVE的平方根值。

通过对数据进行信度和效度分析,为进一步探究变量间的交互关系,需对其相关性进行分析。一般来说,相关程度常用介于 $-1 \leqslant r \leqslant 1$ 之间的系数 r 表示。变量间的相关性越高,r 的绝对值就越大。当两个变量变化趋势相同,即 r 为正时,人们称之为正相关;当 r 为负时,表示一个变量的增加会导致另一个变量的减少,这种情况称为负相关。

根据上表可知,碳排放权交易政策、行政命令类节能政策、末端治理创新行为、绿色工艺创新行为、绿色产品创新行为之间存在显著相关性。具体分析如下。

碳排放权交易政策与其他变量呈正相关,相关系数分别为0.285、0.266、0.472、0.224。这表明,在本研究情境下,碳排放权交易政策的实施程度越高,行政命令类节能政策、末端治理创新行为、绿色工艺创新行为以及绿色产品创新行为可能越容易受到积极影响。从实际意义来看,碳排放权交易政策的有效推行或许为企业提供了经济激励和市场信号,促使企业在节能和绿色创新方面采取更多行动。然而,行政命令类节能政策与末端治理创新行为、绿色工艺创新行为、绿色产品创新行为间呈负相关,相关系数分别为 -0.165、-0.174 和 -0.174。这一结果可能暗示,行政命令类节能政策虽然旨在推动企业节能减排,但可能由于其强制性特点,在一定程度上限制了企业自主创新的灵活性,或者企业将更多精力放在满足政策要求上,而对绿色创新活动的投入相对减少。这种负相关关系的原因还需要结合企业实际情况和行业特点进一步深入探讨。同时可以看出,AVE 值均大于潜变量和其他相关关系数的平方,符合区分效度的指标,表明变量之间有较好的区分效度。通过对数据的内容效度以及结构效度进行分析,表明调查问卷具有良好的效度,为研究结果的可靠性提供了保障。

(4)假设检验

本研究通过 Amos 24.0 检验碳排放政策对企业绿色技术创新的影响。其中,自变量为碳排放权交易政策、行政命令类节能政策,因变量为企业绿色技术创新的三个维度,即末端治理创新行为、绿色工艺创新行为、绿色产品创新行为。各变量间的路径值、标准误差、临界比值 t、p 值如下表所示,假设检验结果见表 5-6,控制质量检验结果见表 5-7。

表 5-6　假设检验结果

假设路径	路径值	S. E.	t 值	p 值	结果
H1:碳排放权交易政策→末端治理创新行为	0.351	0.122	2.871	0.004 **	支持
H2:碳排放权交易政策→绿色工艺创新行为	0.550	0.116	4.730	***	支持
H3:碳排放权交易政策→绿色产品创新行为	0.272	0.108	2.510	0.012 *	支持
H4:行政命令类节能政策→末端治理创新行为	-0.191	0.093	-2.066	0.039 *	支持
H5:行政命令类节能政策→绿色工艺创新行为	-0.178	0.080	-2.234	0.025 *	支持
H6:行政命令类节能政策→绿色产品创新行为	-0.185	0.085	-2.191	0.028 *	支持

注:*** $p < 0.001$, ** $p < 0.01$, * $p < 0.05$

根据相关统计研究,当标记为“ *** ”时,p 值介于 0 至 0.001 之间,表明变量间的相关关系极强;当标记为“ ** ”时,p 值介于 0.001 至 0.01 之间,表明变量间的相关关系很强;当标记为“ * ”时,p 值介于 0.01 至 0.05 之间,表明变量之间的相关关系显著;而当 p 值大于 0.05,则表明变量之间的关系不显著。此外,临界比值 t 的正负表示变量间的相关方向,t 值为正数时,两个变量呈正相关;t 值为负数时,两个变量呈负相关。

依据假设检验的结果,江苏省制药企业的环保科技创新受碳排放管理制度的影响显著且呈积极趋势。具体而言,碳排放权交易政策对于改进生产过程中的环境保护措施(绿色工艺创新行为)具有最大的推动力($\beta = 0.550$, $p < 0.001$)。其次,对终端处理技术的改革影响次之(末端治理创新行为,$\beta = 0.351$, $p < 0.01$)。最后,对提升产品的环保性能实现技术进步的影响相对较弱(绿色产品创新行为,$\beta = 0.272$, $p < 0.05$)。

再者,企业对政府强制性节能措施所感受到的政策压力,与他们采用环保技术的积极性呈负相关($\beta = -0.191$, $p < 0.05$; $\beta = -0.178$, $p < 0.05$; $\beta = -0.185$, $p < 0.05$),这表明这些政策可能抑制企业的环境科技投资。这类节能政策的执行方式简单直接,一般通过“关闭、合并和转型”等手段来实现节能目标,所以能在短期内减少能源消耗。然而,为达成目标,企业往往难以充分投入科技创新,导致这类政策的效果难以持久。

表 5-7　控制变量检验结果

假设路径	路径值	S.E.	t 值	p 值	结果
企业规模→末端治理创新行为	0.263	0.137	1.918	0.055	不支持
企业规模→绿色工艺创新行为	0.119	0.116	1.021	0.307	不支持
企业规模→绿色产品创新行为	0.206	0.125	1.650	0.099	不支持
企业年龄→末端治理创新行为	0.011	0.109	0.102	0.919	不支持
企业年龄→绿色工艺创新行为	-0.130	0.093	-1.406	0.160	不支持
企业年龄→绿色产品创新行为	-0.033	0.099	-0.328	0.743	不支持
企业所有制类别→末端治理创新行为	0.168	0.340	0.494	0.621	不支持
企业所有制类别→绿色工艺创新行为	-0.320	0.291	-1.100	0.271	不支持
企业所有制类别→绿色产品创新行为	-0.186	0.311	-0.599	0.549	不支持

续表

假设路径	路径值	S. E.	t 值	p 值	结果
H1:碳排放权交易政策→末端治理创新行为	0.336	0.120	2.797	0.005**	支持
H2:碳排放权交易政策→绿色工艺创新行为	0.544	0.114	4.751	***	支持
H3:碳排放权交易政策→绿色产品创新行为	0.263	0.107	2.460	0.014*	支持
H4:行政命令类节能政策→末端治理创新行为	−0.209	0.092	−2.271	0.023*	支持
H5:行政命令类节能政策→绿色工艺创新行为	−0.173	0.079	−2.186	0.029*	支持
H6:行政命令类节能政策→绿色产品创新行为	−0.194	0.084	−2.295	0.022*	支持

注:*** $p < 0.001$, ** $p < 0.01$, * $p < 0.05$

由控制变量检验结果可知,企业规模、企业年龄、企业所有制类型这三个控制变量对江苏省医药制造企业绿色创新技术并无显著影响。

将控制变量检验结果与之前的假设检验结果对比后发现,在纳入控制变量的影响后,碳排放权交易政策和行政命令类节能政策对江苏省医药制造企业绿色创新技术的影响力有所减弱,具体结果如上表所示。这一现象说明,在考虑了企业规模、年龄以及所有制类型这些因素后,碳排放权交易政策和行政命令类节能政策与企业绿色创新技术之间的关系受到了一定程度的干扰。尽管如此,碳排放权交易政策和行政命令类节能政策对江苏省医药制造企业绿色创新技术仍存在显著影响,这进一步凸显了这两种政策在企业绿色创新过程中的重要作用。不过,控制变量的存在提醒我们,企业绿色创新技术的发展是一个复杂的过程,受到多种因素的综合影响。后续研究可以进一步深入探讨这些控制变量与政策变量以及企业绿色创新技术之间的潜在交互作用,以便更全面地理解和促进企业的绿色创新发展。

5.2.5 研究结论和未来展望

(1)研究结论

第一,碳排放权交易政策对企业绿色创新技术的三个维度,即末端治理创新行为、绿色工艺创新行为和绿色产品创新行为,有显著的正向影响。通过理论探讨及实证验证得出结论:碳排放权交易制度对激发绿色科技进步具有积极影响。这一结果与先前研究的观点一致,即碳排放权交易市场能够刺激企业采用、研发并创新环保制造工艺,进而降低环境污染水平。[①②]

第二,需要认识到行政指令型节能策略对企业低碳科技研发的影响,表明这种方式可能无法有效激发科技创新。因此,有必要调整和优化这些政策工具。一方面,要加速推进碳排放权市场的法治建设,完善其制度框架,提供关于系统性碳减排目标及运营周期等相关长远规划的具体信息,以此提高市场主体的长期稳定预期。另一方面,需改进能耗降低与温室气体排放控制政策组合的设计,以便更好地协调各项政策的作用,避免政策间的重叠或冲突。同时,考虑将那些目标和执行过程相似的政策进行整合,或废除一些冗余政策。

第三,本研究探讨了碳排放权交易制度与行政命令式节能措施对江苏制药企业环保科技创新的影响。尽管本研究仅聚焦于江苏省内的制药企业,但不同省份可能因经济发展水平、体制结构及政策实施强度等因素,产生不同的政策效果。这正是未来需要进一步探索的研究方向。未来研究将比较各类碳排放控制策略对不同省份企业环保科技创新能力的实际影响及其相关作用机制,从而为各省提供更具针对性的指导意见。

(2)研究启示

一是促进环境规制手段多样化,鼓励绿色金融产品交易,助力绿色技术创新。多种环境规制手段协同发力,能够刺激企业开展研发创新。当企业实施绿色技术创新决策后获得的收益大于预期时,企业就会主动开展研发行为。政府应积极倡导并推进“互联网 + 环保产业”发展。如今,一些环保企业正从单纯提供生产设备的制造商,转变为提供更多环境监测和治理服务的综合方案供应商,积极进行绿色技术创新。因此,政府应推动环境规制手段多样化,加大扶持性政策和激励性政策的支持力度。在实施碳排放权交易制度时,可将绿色技术创新投入补贴政策与之相结合,为企业提供积极支持。通过引入智慧环保模式,可以提高政府的管理效率和环保效果,解决人员短缺与监管任务繁重之间

① Barreto L, Kypreos S. Emissions trading and technology deployment in an energy-systems“Bottom-up” model with technology learning, in *European Journal of Operational Research*, 2004, 158(1):243-261.

② Rogge K S, Schneider M, Hoffmann V H. The innovation impact of the EU Emission Trading System—Findings of company case studies in the German power sector, in *Ecological Economics*, 2011, 70(3):513-523.

的矛盾。这需要政府在政策上进一步强化支持,推动“智”理环保的真正落地。

二是时刻掌握碳价走势,为建设全国的碳交易市场打好基础。目前,我国正致力于建设全国碳排放权交易市场。在相关交易市场机制建设过程中,政府应当关注传统能源价格对我国碳配额需求的影响,时刻掌握碳价走势信息,并进行有效监测和跟踪反馈,加强宏观调控力度。只有对碳交易市场进行适度干预,才能促进碳排放权交易市场健康稳定发展,在推动低碳经济良性发展的进程中,充分发挥碳交易平台的作用。

三是企业优化污染物管理,发展新能源产业。企业应严格控制环境污染因子的排放,有效管理污染源,采用清洁的工艺、技术及设备,以大幅减少污染物排放。例如,企业可建立绿色管理系统,引入产品生态化的设计理念,建立环境危害物质资料库,推动有害物质管理系统稽核,加强有害物质回收管理,实施产品生态化能源设计。各厂区在物流采购、生产制造、物流运输和售后管理等价值链环节,应严格将污染物纳入控制系统,并严格控制污染量。同时,企业要积极发展新能源产业,推广应用节能环保新技术和新工艺,努力降低制造环节的能耗和污染,构建整个价值链和产业链的绿色技术价值模型。例如,企业以光伏能源技术开发为引领,以光伏电站的投资、建设、运营为核心,大力发展太阳能清洁能源。

四是支持资源循环利用,提高资源利用效率,提高企业生产率。企业不仅要有自主创新能力,还应引进国外在绿色转型过程中的先进技术成果、管理经验和环保标准,并加以内化吸收。在消化吸收的基础上进行再创新,改进生产工艺,提高生产效率。同时,企业要支持资源循环利用,提高资源利用效率。此外,还需加强库存管理,建立并完善库存管理的内控制度。推行物质流成本会计技术,这是一种对产品生产时的物质流进行记录,以了解资源使用效率与环境改善情况的技术。其目的是同时实现资源节约、污染降低及成本削减,达成环境保护与提高经济效益的双重目标,也是落实清洁生产、从源头提高资源利用效率、减少或避免污染物产生的有效技术。以绿色供应链为视角,将物质流成本会计应用于绿色设计、绿色采购、绿色生产与绿色回收等四个方面,能够实现资源的有效利用,节约成本,进而促进企业生产率的提高。通过在绿色设计阶段运用该技术,可以更精准地评估产品全生命周期的资源消耗和环境影响,从而优化设计方案;在绿色采购环节,有助于筛选出资源利用效率高、环境友好的原材料供应商;在绿色生产过程中,能实时监控物质流,及时发现并改进资源浪费环节;在绿色回收阶段,则可借助该技术合理规划回收流程,提高回收资源的再利用率,全方位提升企业在资源利用和生产效率方面的表现。

五是建立团队领导制度,促进人员合理调配,提升人力资源效率。企业需构建自身内部的团队结构制度,始终发挥团队的凝聚力。凝聚力在团队行为和功能中发挥着重要作用。研究表明,融洽的团队关系有利于群体任务的完成,进而取得最佳工作绩效。管理者应当观察并记录员工的工作表现与个人特点,注重培养和发展员工能力,在员工日常工作中也有意识地加以培养,合理挖掘员工个人潜能,把合适的人安排在最合适的岗位上。企业应最大限度提升人力资源效率,让企业员工在紧密的工作关系中相互合作、相互支持,助力企业获取最大的企业绩效,进而提高生产效率,提升生产力水平,使企业有更多资金和精力投入绿色技术创新活动。

六是提高资金使用效率,进而提升企业生产率。由于资金营运涉及企业各个方面,管理者必须认识到管理和利用好资金的重要性。控制资金并非仅仅是财务部门的责任,而是影响企业各个部门及生产流程各个环节的重要因素。因此,首先,企业各级部门都要严格执行资金运营方案,层层把关,提高资金周转效率;其次,做好现金收支管理工作,提高现金使用效率,可从力争现金流量同步、利用现金浮游量、加速收款以及推迟应付账款的支付等方面进行更有效的管理;再次,有必要降低现金在运营和周转过程中的风险,并准确预测资金回款和向外支出的时间。

(3)研究局限与未来展望

本研究深入探讨了两类环境保护措施对企业环保科技进步的作用。研究结果不仅有助于提升江苏省药品生产企业的可持续发展能力,也为政府制定相应的环保策略提供了理论支持。然而,在我国实施碳排放权交易制度的过程中,存在多个环节和不可控因素,如企业在进行碳排放权交易时也受到交易价格、交易配额等影响。这些因素增加了数据获取的难度,从而在一定程度上限制了本研究的深度和广度。未来的研究可以从以下几个方面进行拓展:

①扩大研究范围

本研究的采样范围仅限于部分地区的药物生产商,而试点地区中许多非上市的中小企业同样存在绿色技术创新的行为。然而,由于中小企业的数据较难获取,研究的范围相对狭窄,可能导致样本特征与总体特征之间存在较大偏差。此外,样本量不足容易受到极端值或异常数据的影响,导致研究结果不稳定,甚至降低统计检验的效力,难以揭示总体中存在的真实差异或关系。因此,未来研究应尽可能拓展到更多的控排企业,采用大数据挖掘等技术手段,来对碳排放权交易制度对绿色技术创新的影响效果进行全面分析,从而使得研究结论更加正确。

②丰富政策组合

本研究只选取了碳排放权交易政策和行政命令类节能政策作为研究对象,但因为我国当前实施了多种关于环境保护和控制污染排放的政策制度,其中还包括一些扶持性政策和激励性政策(如绿色技术创新补贴、税收优惠等)。未来研究可结合其他环境规制政策,进一步探讨其对企业绿色技术创新的综合作用机制,从而为政策制定提供更全面的参考。

5.3 碳排放权交易制度下企业环保主张与消费者绿色消费行为关联研究

5.3.1 企业绿色环保主张理论依据

(1)环境责任感理论

从社会心理学的角度来看,环境责任感的产生基于规范激活模型,这一概念已被广泛应用于环境教育、环境社会学及消费者行为等相关领域。简而言之,环境责任感是指一个人意识到自身行动可能带来的环境影响后,努力寻求减轻这些负面后果的一种态度。它融合了对环境问题的理解、保护环境的意识以及参与环保活动的意愿,体现了放弃个人消费利益以符合社会标准的责任感和自制力。[①] 这种责任感展现了人们面对环境挑战时勇敢、坚定、自律和利他主

① Droz L. Environmental individual responsibility for accumulated consequences, in *Journal of Agricultural and Environmental Ethics*, 2020, 33: 111-125.

义的精神特质。[①] 因此,我们有理由相信,环境责任感将成为一股强大的力量,推动每个人履行其环境责任,并积极投身于有益的环境活动中。[②]

根据负责任的环境行为模型(Model of Responsible Environmental Behavior)的理论观点,个人的环保意识被视为推动其采取生态环境保护行动的关键因素之一。那些具有强烈生态观念的人更倾向于履行自身义务,并做出有利于自然的决策。这一理念已在Stern等人(2010)的实验中得到证实:它确实能够促使人们更加关注地球的健康状况并承担相应责任。然而,关于这种影响力是以直线还是曲线方式产生的问题,目前仍存在争议。

一些研究者将这一现象视为一种心理学现象进行探讨,并认为它是引导我们走向可持续生活的关键力量。学者们在不同国家和行业开展了相关调查,以验证两者之间的紧密联系是否成立。例如,Attaran和Celik(2015)发现,当人们的环保意识越高,民众对绿色住宅建设的看法就越积极,购置意愿也越强;另外,Ki等人(2020)指出,一个人的环保认知水平越高,其对服装企业推出的可再利用产品的态度就越乐观。[③]

随着越来越多人开始意识到环保的重要性,越来越多的组织和个人都在努力推广环境消费主义这一概念。然而,截至目前,还没有任何一项针对中国社会经济情况展开的相关调研工作。因此,为了进一步了解在传统文化氛围下中国居民如何看待自己的环保角色以及与此相关的购物选择等问题,开展一次基于此主题的社会学实验是非常必要的。

对环境责任感的后续研究表明,它对环保行动的作用并非直接,而是会被其他元素调和或干预。这些关键因素集中在大众理解层面,例如个人的价值观、对产品的价值感受等。[④] 然而,公众的环境责任感能够通过主观准则、[⑤]

---

① Stern M J, Powell R B, Ardoin N M. Evaluating a constructivist and culturally responsive approach to environmental education for diverse audiences, in *Journal of Environmental Education*, 2010, 42(2): 109-122.

② Sravani C V. Sustainable consumption: a study on factors affecting green consumer behavior, in *Journal of Mechanics of Continua and Mathematical Sciences*, 2019, 14(5): 850-861.

③ Ki C W, Park S H, Brookshire J E. Toward a circular economy: understanding consumers' moral stance on corporations' and individuals' responsibilities in creating a circular fashion economy, in *Business Strategy and the Environment*, 2020, 30(2): 1121-1135.

④ Voget-Kleschin L, Baatz C, Garcia-Portela L. Introduction to the special issue on individual environmental responsibility, in *Journal of Agricultural and Environmental Ethics*, 2019, 32(4): 493-504.

⑤ 李志兰,马小娜,马勇:《主观规范和公共媒体影响对绿色消费意向的影响机制——一个被调节的中介模型》,载《软科学》2019年第11期,第113—119页。

消费观念(如自我利益、他人利益、生态保护意识、[1]道德认可度等),极大地推动环保行为的发生。[2] 因为人们相信自己应该承担这份责任,所以更有可能采取环保行为。[3]

此外,一些心理指标(如自豪感、内疚感以及环境关切程度)也能够作为中间环节,有效调节环境责任感与绿色产品购买意向之间的关联。[4] 当人们觉得使用绿色产品会让他们更有自豪感,并且意识到自己的行为会对环境造成伤害时,他们就会更加关注环境问题,并倾向于选择绿色产品。[5] 至于调节因子,许多学者都强调了政府的绿色消费政策和媒体宣传等宏大背景因素的重要性,认为有了国家的支持和舆论导向,民众更易于执行绿色消费策略。[6]

(2)企业环保主张

随着公众对生态环境的认知的不断提升,越来越多的消费者意识到他们的购买行为与环境及生态破坏之间的实质性关联。为响应这一需求,并满足政府监管、市场竞争等多重因素的要求,大量企业开始宣扬其在生产过程中的环保理念,积极推动绿色创新,主动承担环保责任(例如研发出污染更少的产品),并将商品和服务定位为满足那些注重环保需求的客户群体。[7]

当前,企业正致力于通过优化生产流程以实现"绿色化"目标,推出并推广"生态友好型"产品,同时调整运营模式。这些举措构成了绿色营销策略的重要组成部分——绿色宣传活动。[8] 这种宣传不仅对提升或维持绿色产品的销量起着至关重要的作用,还能够有效影响消费者的认知、行为以及他们对环境问题

① Osburg V S, Akhtar P, Yoganathan V, et al. The influence of contrasting values on consumer receptiveness to ethical information and ethical choices, in *Journal of Business Research*, 2019, 104(7): 366-379.

② Wu B, Yang Z. The impact of moral identity on consumers' green consumption tendency: the role of perceived responsibility for environmental damage, in *Journal of Environmental Psychology*, 2018, 59(8): 74-84.

③ 盛光华,葛万达,汤立:《消费者环境责任感对绿色产品购买行为的影响——以节能家电产品为例》,载《统计与信息论坛》2018 年第 5 期,第 114—120 页。

④ Jimenez J, Moorhear L, Wilensky T. "It's my responsibility": perspectives on environmental justice and education for sustainability among international school students in Singapore, in *International Studies in Sociology of Education*, 2020, 30(1-2): 130-152.

⑤ Zhang M, Guo S, Bai C, et al. Study on the impact of haze pollution on residents' green consumption behavior: the case of Shandong Province, in *Journal of Cleaner Production*, 2019, 219: 11-19.

⑥ 杨贤传,张磊:《媒体说服形塑与城市居民绿色购买行为——调节中介效应检验》,载《北京理工大学学报(社会科学版)》2020 年第 3 期,第 14—25 页。

⑦ Davis J J. A blueprint for green marketing, in *Journal of Business Strategy*, 1991, 12(4): 14-17.

⑧ Leonidou L C, Leonidou C N, Palihawadana D, et al. Evaluating the green advertising practices of international firms: a trend analysis, in *International Marketing Review*, 2011, 28(1): 6-33.

的理解方式。为达成此目的，企业会在广告中传达各类与环保相关的信息，突出商品易分解、可再造、可回收、对臭氧无害或总体上有益于环境的特点。①

Carlson 等人(1993)运用内容分析法，将绿色广告中的环保观点归纳为四大类：第一类以产品的环保属性为主导，强调其特性；第二类以流程为中心，关注企业内有关环保的技术、制造工艺或废弃物处置方式；第三类以品牌形象为主导，将企业形象与广受大众欢迎的环境项目或事件紧密结合；最后一类是直接阐明环境事实，即企业对整个生态环境或某个特定环境问题的现状描述。②

这些环保观念可进一步细分为两大类型：一是实质型环保主张(Substantive Claims)，如产品及流程主张，侧重于强调企业在提高环保友好度方面的具体行动③；二是关联型环保主张(Associative Claims)，例如品牌形象定位或提供环保信息，旨在从非产品或流程的角度让消费者感受到企业的环保责任感。④⑤ 相比之下，关联型的立场更为隐蔽，但两种观点都有助于塑造积极正面的大众印象，强化企业与环境保护措施之间的紧密关系。这种联系并非简单地将公司的市场行为与其对生态环境改善的贡献相联结。

所以，当面对这类相关宣传信息时，大众会将其视为一家致力于绿色发展的企业，并由此建立起对这家企业的绿色品牌观感。根据 Davis(1991)的研究，清晰明了、直截了当且具体化的环保宣言能激发公众对广告及其产品的积极反应，而含糊不清的信息则可能引发负面评价。⑥

基于这一观点，提出了如下假设。

假设1：相较于关联型环保主张，消费者在面对实质型环保主张时绿色购买意愿更高。

---

① Kangun N, Carlson L, Grove S J. Environmental advertising claims: a preliminary investigation, in *Journal of Public Policy & Marketing*, 1991, 10(2): 47-58.

② Carlson L, Grove S J, Kangun N. A content analysis of environmental advertising claims: a matrix method approach, in *Journal of Advertising*, 1993, 22(3): 27-39.

③ 何昊，黎建新，汪涛：《合理性视角下企业的环境责任行为与消费者响应：解释水平的调节效应》，载《商业经济与管理》2017年第1期，第64—72页。

④ Segev S, Fernandes J, Hong C. Is your product really green? A content analysis to reassess green advertising, in *Journal of Advertising*, 2016, 45(1): 85-93.

⑤ Schmuck D, Matthes J, Naderer B. Misleading consumers with green advertising? An affect-reason-involvement account of greenwashing effects in environmental advertising, in *Journal of Advertising*, 2018, 47(2): 127-145.

⑥ Davis J J. A blueprint for green marketing, in *Journal of Business Strategy*, 1991, 12(4): 14-17.

(3)环境责任感的调节作用

责任感是一种精神状态,是个体基于对自己在社会生活中所承担的责任和义务的清晰认知,而自觉主动地做出一切有益行为。在环境研究领域,环境责任感一直受到广大学者的关注。盛光华等人(2019)认为,环境责任感是集环境问题认知、环境行为态度、环境情感于一身的道德品质,是个体主动承担社会规范并将其内化为个人规范的责任倾向。[①] 马立强等人(2020)从消费者的角度出发,认为环境责任感是消费者为解决生态环境问题而自愿付出行动和努力的一种义务感。[②] 还有学者从法律的角度出发,认为环境责任感是指在环境资源开发、利用、保护和管理过程中,政府和公民应遵守的环境法律条约、履行的环境法律义务,以及违反法律条约和义务时应承担的法律后果。[③] Wu 和 Yang(2018)从个体感知的角度出发,认为环境责任感是个体在多大程度上感知到自己直接或间接造成了环境污染和破坏,并相信自己有责任保护环境。[④] 总之,环境责任感是一种个体基于对环境问题的认识以及对保护自然环境的理解,从而采取积极措施解决环境问题的责任倾向。

以往关于责任感的研究主要集中在社会责任感方面。随着环境问题愈发严峻,学者们逐渐开始关注责任感在环境领域的作用。

盛光华等人(2018)的一项实证研究围绕环境责任感、绿色感知价值以及外部激励政策等变量,探讨了这些因素对绿色产品购买意愿的影响以及影响方式,并建立了一个影响机制的理论模型。研究发现,环境责任感是显著影响消费者绿色产品购买意愿的一个重要心理因素。他们建议,应通过增强消费者环境责任感,激发其情感反应,进而促进绿色购买行为。[⑤] 马立强等人(2020)收集了山东、湖北、广西三个省共 758 份调研数据,通过建立结构方程模型,验证

---

① 盛光华,解芳,庞英:《认知与情感交互效应对消费者绿色购买意愿的影响》,载《商业研究》2019 年第 6 期,第 1—8 页。

② 马立强,余赛,叶楚良:《消费者环境责任感对绿色消费意向的影响研究》,载《山东工商学院学报》2020 年第 2 期,第 104—112 页。

③ 魏静,方行明,王金哲:《环境责任感、收入水平与责任厌恶》,载《财经科学》2018 年第 8 期,第 81—94 页。

④ Wu B, Yang Z. The impact of moral identity on consumers' green consumption tendency: the role of perceived responsibility for environmental damage, in *Journal of Environmental Psychology*, 2018, 59(8): 74-84.

⑤ 盛光华,葛万达,汤立:《消费者环境责任感对绿色产品购买行为的影响——以节能家电产品为例》,载《统计与信息论坛》2018 年第 5 期,第 114—120 页。

了消费者环境责任感能够通过正向影响绿色消费主观规范和感知行为,进而显著地对绿色消费态度产生积极影响。

环境责任感是一种个体在理解环境益处后,通过主动行动协助解决问题的道德意识。它融合了环境情绪、环境观点和环境知识,既是一种个人的品质特征,也是一种以遵循社会准则并将之内化为自我行为准则的方式展现出的负责倾向。① Hines 等人提出的负责任的环境行为模型表明,个体对环境的责任感与其亲近环境的行为密切相关。具备较强环保意识的个体更倾向于采取有利于环境的行动。②

环境责任感作为个体面对生态环境问题时愿意付出努力的一种义务感,能够有效解释消费者的亲环境行为。在解决环境问题时,人们往往需要付出时间、金钱等成本,这容易导致个人利益与社会利益之间的冲突。在这种情形下,内化的环境责任感将被激活,驱使人们从事亲环境行为。③ 环境责任感的体现是个人对社会的贡献方式之一,它反映了一个人是否有能力把关注点从自我扩展至全社会,并参与环保行动和减少污染的活动,因此被视为判断个人社会责任水平的重要指标。④

从生态角度看,绿色消费模式是一种有益行为,而环境责任心则是执行这种行为所必需的核心道德素质。如果消费者具有强烈的环境责任心,他们更有可能采取有利于环境的行为。⑤ 因此可以推测,环境责任感能够促进绿色购买行为。Yue 等人(2020)的研究表明,消费者的环保意识能够在一定程度上推动其产生绿色购物的欲望。⑥

基于这一观点,提出如下假设。

---

① Stone G, Barnes J H, Montgomery C. Ecoscale: a scale for the measurement of environmentally responsible consumers, in *Psychology and Marketing*, 1995, 7: 595-612.

② Hines J M, Hungerford H R, Tomera A N. Analysis and synthesis of research on responsible environmental behavior: A meta-analysis, in *The Journal of Environmental Education*, 1987, 2: 1-8.

③ 王建明,吴龙昌:《积极情感、消极情感对绿色购买行为的影响——以节能环保家电的购买为例》,载《消费经济》2015 年第 2 期,第 42—47+34 页。

④ 盛光华,岳蓓蓓,解芳:《环境共治视角下中国居民绿色消费行为的驱动机制研究》,载《统计与信息论坛》2019 年第 1 期,第 109—116 页。

⑤ Schwartz S H. Normative influences on altruism, in *Advances in Experimental Social Psychology*, 1977, 10: 221-279.

⑥ Yue B B, Sheng G H, She S X, et al. Impact of consumer environmental responsibility on green consumption behavior in China: The role of environmental concern and price sensitivity, in *Sustainability*, 2020, 5: 2074.

假设 2:环境责任感在企业环保主张对消费者绿色购买意愿的影响中起调节作用;

假设 2a:相较于关联型环保主张,高环境责任感的消费者面对实质型环保主张时绿色购买意愿更强;

假设 2b:相较于实质型环保主张,低环境责任感的消费者面对关联型环保主张时绿色购买意愿更强。

(4)环境参与度的调节作用

参与度这一概念指个体对某个特定对象或事物联系的感知强度,这种感知源于个人的内在渴望、价值观和偏好。① 如果一人强烈地感受到自己与某个对象之间存在紧密关系,他会认为该对象反映了其在价值观、兴趣和生活需求等方面的信息。②

另一种定义是"环境参与度",它被用来衡量人对周围环境关注的程度,同时也包括人对自己与生活的自然环境之间关系的感受。③ 最后是关于"意愿"的概念,这是一种表示人们是否会选择执行某些行动的预示,是在这些动作还未实际发生的心理状态下产生的。也就是说,一个人的意愿越强烈,他就越有可能去完成那项任务。④

对于高度关注环境的消费者来说,他们通常更加重视环境问题,并乐于获取与环保相关的信息。⑤ 此外,这些积极的环境参与者更容易接纳和相信关于绿色产品的资讯。相较于其他消极或无动于衷的消费者,他们在面对绿色产品宣传时表现出更高的好感和信任度。⑥ 因此,这类热心环境问题的消费者不仅具备更多的环境知识和绿色消费理念,而且更有可能采取行动来维护环境,从

① Zaichkowsky J L. Measuring the Involvement Construct, in *Journal of Consumer Research*, 1985, 12(3): 341-352.

② 范秀成,杜琰琰:《顾客参与是一把"双刃剑"——顾客参与影响价值创造的研究述评》,载《管理评论》2012 年第 12 期,第 64—71 页。

③ Schuhwerk M E, Lefkoff H R. Green or Non-Green? Does Type of Appeal Matter When Advertising a Green Product?, in *Journal of Advertising*, 1995, 24(2): 45-54.

④ Fishbein M, Ajzen I. Belief, Attitude, Intention and Behaviour: an introduction to theory and research, in *Cahiers D Etudes Africaines*, 1975, 41(4): 842-844.

⑤ Kals E, Schumacher D, Montada L. Emotional Affinity toward Nature as a Motivational Basis to Protect Nature, in *Environment & Behavior*, 1999, 31(2): 178-202.

⑥ Hu H H. The effectiveness of environmental advertising in the hotel industry, in *Cornell Hospitality Quarterly*, 2012, 53(2): 154-164.

而增强他们的绿色购物欲望。①

基于这一观点,提出如下假设。

假设3:环境参与度在企业环保主张对消费者绿色购买意愿的影响中起调节作用;

假设3a:相较于关联型环保主张,高环境参与度的消费者在面对实质型环保主张时,其绿色购买意愿更强;

假设3b:相较于实质型环保主张,低环境参与度的消费者在面对关联型环保主张时,其绿色购买意愿更强。

5.3.2 研究设计与实证分析

根据以上假设,研究提出的理论模型如图5-1所示。

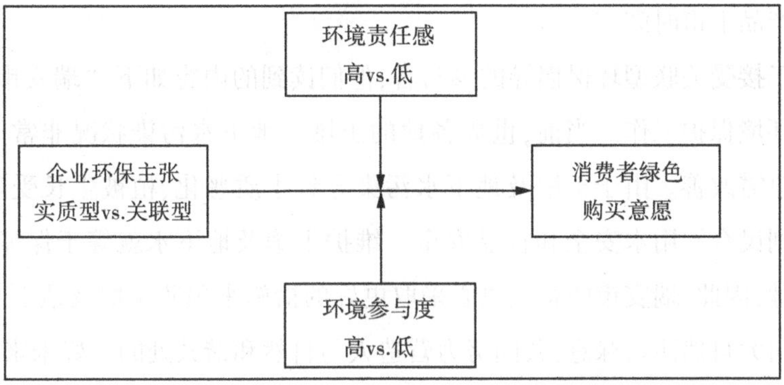

图5-1 研究理论模型

(1)实验1:主效应分析

实验1主要分析不同环保主张对消费者绿色购买意愿的影响效果,即验证假设1。

①实验过程

实验设计采用"实质型vs关联型"的单组模式,以江苏省内100位医药消

① Yan L, Keh H T, Wang X. Powering sustainable consumption: the roles of green consumption values and power distance belief, in *Journal of Business Ethics*, 2019, 169(3): 499-516.

费者(男性占比 52%,女性占比 48%)作为研究对象。

首先,研究者需向参与者阐述研究目标、重要性以及具体流程,然后将参与者随机分为两组。随后,告知参与者他们即将面临药品购置的选择任务,同时提供相关的环保倡议资料,以激发他们的环保理念的情境感知。接下来,参与者需逐一回答关于环保倡导影响力测试、产品购买倾向以及人口统计学特性等问题。为避免受试者受到现有品牌形象的影响,研究中使用虚构品牌"瑞安"作为产品品牌。

对于接受实质性环保倡导的参与者,他们读到的内容如下:"瑞安医药公司始终关注环境保护问题。采用聚合工艺技术,将原料环氧完全聚合为目标产品,不产生任何副产物。同时,该公司正在扩大使用变频节能装置,以便对反应后的热量进行二次利用,并逐步优化其智能化自动生产流程,力求将智能化技术与节约资源相结合,从而提高生产效益、增强能源使用效率、减少经营开支,并加快产品上市时间。"

对于接受关联型环保倡导的参与者,他们读到的内容如下:"瑞安市的企业专注于环境保护工作。当前,世界各地的土壤及地下水污染状况非常严重,生态环境急需改善。由于土壤及地下水污染导致水质恶化、植被生长受阻,极大地威胁到民众饮用水安全和食品安全。维护土壤及地下水就等于保障人类的健康命脉,因此,瑞安市的企业决心采取更好的措施来预防土壤及地下水污染。应积极向大自然注入绿意,共同努力营造人与自然和谐共处的美好未来。"

为确保测试结果的有效性和可靠性,所有研究使用的测量工具均来源于已发表研究报告中的标准尺度。对于绿色消费倾向的评估,主要依据 Kozup 等人(2003)设计的问卷,其中包括四个题目:"我愿意寻找和购买绿色产品。""我很乐意搜集并获取更多有关环保商品的信息。""我会向亲朋好友推介这些环保商品。""如果有需要的话,我会选择购买这类环保产品。"①此外,Kozup 等人

① Kozup J C, Creyer E H, Burton S. Making healthful food choices: the influence of health claims and nutrition information on consumers′ evaluations of packaged food products and restaurant menu items, in *Journal of Marketing*, 2003, 67(2): 19-34.

(2003)还借鉴了 Chan 和 Lau (2004)[①]设计并提出的“最不具实质性的”“最具实质性的”“最不具体的”“最具体的”等概念,用于衡量环境保护理念的影响力的大小,并进行了操作化处理。所有题目均采用7级利克特评分方式:从1代表强烈反对,到最高的7分表示非常赞同。

②实验1结果分析

对问卷有效性和可靠性进行了评估研究和测试。通过 Cronbach's α 系数衡量问卷中各因素测度的可信度后发现,其值高达0.928,这意味着这些指标能被准确反映且具有很高的稳定性。此外,研究还分析了一系列关于消费者是否愿意选择环保产品的综合效应指数(CR)、平均方差提取量(AVE)及其关系强度等数据,以确保模型有效且能预测正确结果。最终结果显示:CR值得分超过预期标准线,达到0.949;AVE值均高于0.824,且均远高于相关关联强度,即它们之间的联系已超越常用阈限点(如0.769),这证明研究使用的调查工具非常精确且高效。

通过 t 检验,验证了实际环境保护理念与关联型环境保护理念的控制效果。实验数据显示,实际环境保护理念小组的真实度评级($M_{实质型组} = 4.140$, $M_{关联型组} = 3.180$, $t = 4.917$, $p < 0.001$)明显高于关联型环保主张,这证明研究成功对环境保护观念进行了操作。

进一步通过 t 检验,证实了环境保护理念对消费者绿色购物倾向的主要影响。研究发现,环境保护观念确实能有效推动消费者选择更绿色的产品,这主要体现在积极的环境保护态度上,即实际采取行动比仅关注与自身利益相关的环保问题更为重要($M_{实质型组} = 3.895$, $M_{关联型组} = 3.280$, $t = 10.430$, $p < 0.001$)。因此,假设1得到了验证。

(2)实验2:主效应和环境责任感的调节作用

实验2,主要研究环境责任感在环保主张对消费者绿色购买意愿影响中的调节效应,即验证假设2(如图5-2所示)。

① Chan R Y K, Lau L B Y. The effectiveness of environmental claims among Chinese consumers: influences of claim type, country disposition and ecocentric orientation, in *Journal of Marketing Management*, 2004,20(3/4):273-319.

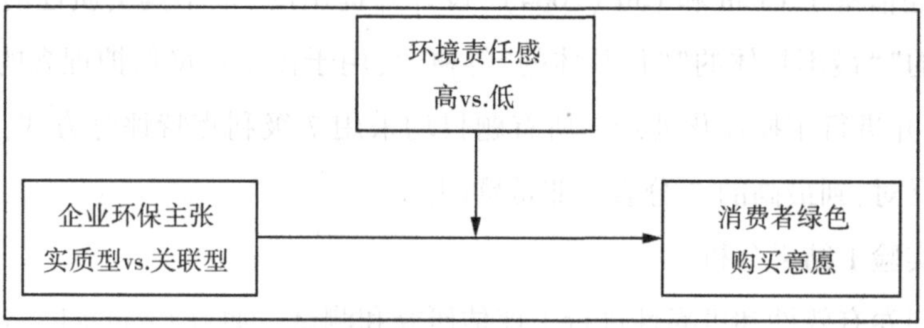

图 5-2　主效应和环境责任感的调节作用

①实验过程

实验 2 共发放了 300 份问卷,并成功回收有效问卷 212 份,有效回收率为 70.67%。在这批样本中,男性占比 43.4%,女性占比 56.6%,其平均年龄分布于 18 至 40 岁之间。研究过程与第一阶段相似,遵循同样的步骤,首先通过纸制问卷激发参与者的环保意识背景,然后要求参与者按照顺序完成关于环保理念影响力测试、环境责任感评估、绿色消费倾向及其他人口统计信息等问题。

实际环保理念小组的参与者阅读的内容:"瑞安市的制药公司专注于生态环境保护工作。借助改良纺布技术,中水回用、平衡电网、余热回收等降低生产过程中的能源消耗,并通过光伏发电技术,打造绿碳工厂。持续提升工厂层面的能源节约及减少排放项目,进一步扩展中水的再利用量,并增强厂区内的太阳能使用率,同时提高夜间储水冷却的能力。"

关联型环保观点小组的参与者阅读的内容:"瑞安制药公司专注于环境保护工作。当前,世界各地的土壤和地下水污染问题严重,生态环境需要改善。由于土壤和地下水污染导致的水质恶化、植物生长的受阻,对民众饮用水安全和食品卫生造成极大的威胁。保卫土壤和地下水实际上就是在守护人们的生命之源,因此,瑞安制药公司正通过更好的环境绩效来预防土壤和地下水的污染,并积极为自然注入绿意,努力实现人与自然和谐共生的美好未来。"

对于绿色购物倾向与环保理念影响因素的研究,其试验部分保持一致。参考 Stone 等人设计的问卷来衡量环境责任感程度,共有四个问题:"我认为自己有义务尽可能地维护环境并节省资源""我会积极寻求关于环保的信息""尽管个人影响力微弱,但我仍然希望能够对环保事业有所贡献""我的消费方式会直接或间接地影响到生态环境”。[1] 所有问卷问题均使用7级李克特量表,其中1代表“非常反对”,7代表“十分赞同”。

②研究方法

研究采用2(环保主张:实质型环保主张 vs. 关联型环保主张)×2(环境责任感:高 vs. 低)的组间实验设计,以消费者的绿色购买意愿作为因变量,开发了四类问卷用于数据收集。研究对企业环保主张和消费者环境责任感进行了有效操纵。

截至2023年,我国的医药制造业已进入新的发展阶段,迎来了全新的发展机遇。随着“碳峰值”和“碳中和”目标的提出,中国消费者对医药制造行业在环境保护中的重要性有了更深刻的认识。

③结果分析

通过对量表的信度和效度进行检验,研究发现:绿色购买意愿量表的Cronbach's α 系数为0.928;环境责任感量表的Cronbach's α 系数为0.829。两者的 α 系数均满足0.7以上的标准要求,这表明对各变量的测量结果具有较高的可信度。

接下来,使用 t 检验对实质型和关联型环保主张的操纵效果进行检验。结果显示,实质型环保主张组的实质性评分($M_{实质型组} = 3.780$,$M_{关联型组} = 3.210$,$t = 4.923$,$p < 0.001$)显著高于关联型环保主张组,这说明对环保主张的操纵取得了成功。此外,高环境责任感组的得分($M_{高} = 3.840$,$M_{低} = 3.210$,$t = 6.447$,$p < 0.001$)也显著高于低环境责任感组的得分,这表明对环境责任感的操纵也取得了成功。

通过 t 检验来确认环保主张对绿色消费意向的主要影响,研究发现:实质型环境保护理念相较于关联型环境保护理念对绿色消费意向有更强的影响力($M_{实质型组} = 3.613$,$M_{关联型组} = 3.331$,$t = 4.647$,$p < 0.05$),进一步证实了研究的第一个假设。

通过建立环保主张和环境责任感的交互关系来观察其对绿色消费行为的影响程度。研究选取了两种类型的环保主张:实质型和关联型,同时将环境责

---

① Stone G, Barnes J H, Montgomery C. Ecoscale: a scale for the measurement of environmentally responsible consumers, in *Psychology and Marketing*, 1995, 7: 595-612.

任感的水平设定为高和低两个等级,并以此构建相互影响的关系模型。接着用绿色购物意向这个指标来衡量这种关系的实际效果。

经过双因素因子分析后发现,这种关系确实能有效地影响消费者的绿色购物意向($F = 47.087, p < 0.05$),这证明了环境责任感在其中的调节效应是存在的。由于环保主张与环境责任感之间存在显著的交互作用,因此进行了简单效应分析,以确定不同环境责任感消费者在不同环境主张下的绿色购买意愿差异。

根据表 5-8 环保主张和消费者环境责任感交互作用的简单效应分析中的数据结果,使用 UNIQUE 进行绿色购买意愿的显著性检验,当观察到企业具有较高的环境责任水平时,实际类型的环保理念与关联类型环保理念对消费者绿色购物倾向产生的效果存在明显差异。具体而言,若选择实际类型的环保理念,消费者会表现出更为强烈的绿色购物倾向[$M_{实质型组} = 4.022, M_{关联型组} = 3.440, F(1,233) = 9.98, p < 0.01$]。

表 5-11　环保主张和消费者环境责任感交互作用的简单效应分析

变异来源	SS	DF	MS	F	显著性
WITHIN+RESIDUAL	227.23	231	0.98	—	—
环保主张 WITHIN 环境责任感(1)	9.82	1	9.82	9.98	0.002
环保主张 WITHIN 环境责任感(2)	0.00	1	0.00	0.01	0.943
模型	9.82	2	4.91	4.99	0.008
总计	237.06	233	1.02	—	—

注:$R^2 = 0.041$;调整后的 $R^2 = 0.033$。

然而,无论哪种形式的环保理念,其对消费者绿色购物倾向的影响并无明显差别。所以,假设 2a 成立,但 假设 2b 未得到证实。这可能是因为,当消费者的环境保护意识较弱时,不论企业的环保理念如何,都不太可能受这种观念影响而增强自身的绿色购物倾向,这一点可从图 5-3 中看出。因此,假设 2 得到验证。

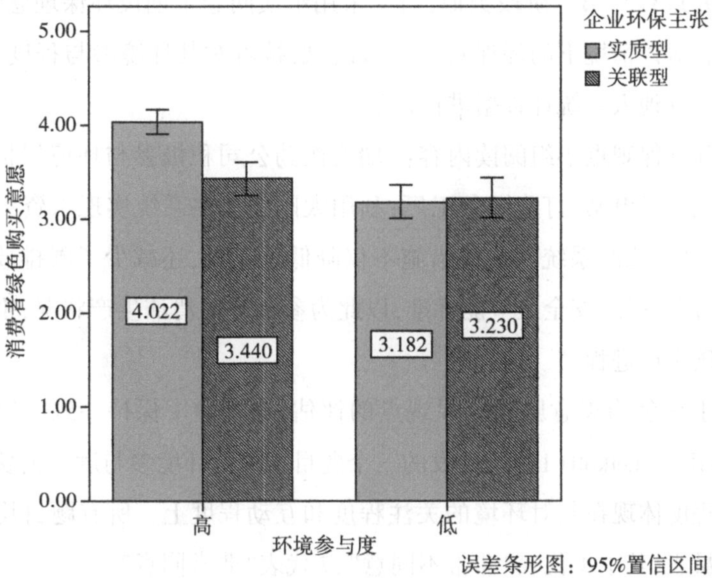

图 5-3　环境责任感的调节作用

(3)实验3:主效应和环境参与度的调节作用

实验3主要研究消费者环境参与度在环保主张对消费者绿色购买意愿影响中的调节效应,即验证假设3(如图5-4所示)。

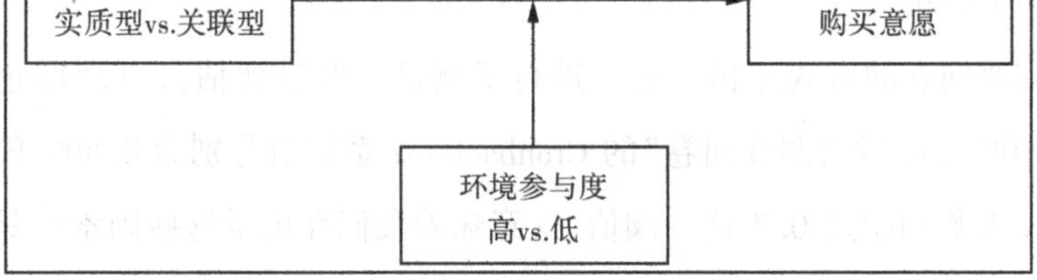

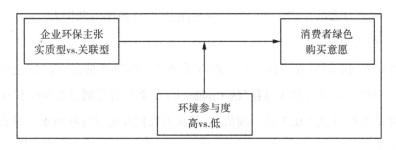

图 5-4　主效应和环境参与感的调节作用

①实验过程

本阶段共发放了300份问卷,成功回收有效问卷247份,有效回收率为82.3%。其中,男性占比41.7%,女性占比58.3%。受访者的年龄主要分布在

18至40岁之间。

研究过程与第一阶段类似,研究采用纸质问卷来创设环保理念情境,随后让受访者对该情境下的环保观念进行测试,接着对其环境参与程度、绿色消费倾向以及其他人口统计数据进行评估。

实际环保观点小组阅读内容:"瑞安医药公司积极参与环境保护工作。公司布局光伏发电站,打造绿色工厂;利用太阳能集热系统实现水资源的循环利用,优化动力能源系统。这些措施不仅降低了能耗,还减少了碳排放强度。公司严格遵循环保、安全及节能标准,以此为参照评估清洁生产状况,推动企业的绿色低碳生产进程。"

对于绿色购买意愿和环保观点的评估,与实验1保持一致。研究使用了Schuhwerk和Lefkoff(1995)开发的三个题目来衡量环境参与度。消费者对环境的参与程度体现在其对环境的关注程度和互动程度上。所有题目均采用7级李克特量表,其中1代表"非常不同意",7代表"非常同意"。[①]

②研究方法

研究采用2(环保主张:实质型环保主张 vs. 关联型环保主张)×2(环境参与度:高 vs. 低)的组间实验设计,以消费者的绿色购买意愿为因变量,开发了四类问卷。研究对企业环保主张和消费者环境参与度进行了有效操纵。

当前,中国公众对环境保护的关注度日益提高。从宏观经济问题到微观环境事件,越来越多的环境议题受到广泛关注,且关注范围不断扩大。

③结果分析

研究对问卷的有效性和可靠性进行了测试。经过评估,发现"绿色购物意向问卷"和"环保行为调查问卷"的Cronbach's α 系数值分别为0.809和0.864,两者的 α 系数均超过0.7这一阈值,这意味着我们在衡量这些因素时具有较高的准确率。

通过 t 检验验证了实际与相关性环保理念的控制情况。实验数据显示,实际环保理念小组的真实评价得分明显高于相关性环保理念小组($M_{实质型}=$

① Schuhwerk M E, Lefkoff H R. Green or Non-Green? Does Type of Appeal Matter When Advertising a GreenProduct?, in *Journal of Advertising*, 1995, 24(2): 45-54.

3.890，$M_{关联型}=3.620$，$t=2.345$，$p<0.05$)，这证明研究的环保理念控制策略取得了成功。此外，研究还发现，具有较高环境参与度的消费者群体($M_{高}=3.803$，$M_{低}=3.375$，$t=3.951$，$p<0.001$)比环境参与度较低的消费者更具优势，进一步证实了环境参与度操纵的有效性。

环境保护理念对消费者的绿色消费倾向具有主要影响。通过 t 检验证实了这一观点，研究发现环境保护观念确实能够有效推动消费者选择更绿色的产品，其中实质性的环境保护态度比关联性的更为有力($M_{实质型组}=3.736$，$M_{关联型组}=3.478$，$t=7.456$，$p<0.001$)，这进一步证明了假设1。

研究测试了环保主张(实质型环保主张 vs. 关联型环保主张)。研究通过双因素方差分析(two-way ANOVA)，验证了关联型环保观念与消费者绿色购买意愿(高 vs. 低)之间的交互影响。因变量是四个消费者绿色购买意向项目的平均得分。

研究通过调整环境参与感来影响其调节效果。创建了两个新指标：一个是将环保理念虚拟化；另一个是使环境参与度达到标准化水平。随后，将这两个指标与原始的环境参与感和环保理念相结合，形成了一个新的交互项。接着，研究用这个交互项替代原本的环境参与感和环保理念，并将其作为自变量，而将绿色购物意向设定为因变量，进行层级回归分析。研究结果显示，该交互项对绿色购物意向产生了显著影响($F=47.087$，$p<0.001$)，这证明了环境参与度的调节效应确实存在。

由于环保主张与环境参与度之间存在显著的交互作用，研究进一步进行了简单效应分析，以确定不同环境参与度的消费者在不同环保主张下的绿色购买意愿差异。根据表5-9环保主张和消费者环境参与度交互作用的简单效应分析的数据结果，使用UNIQUE进行绿色购买意愿的显著性检验当环境参与度较高时，对于消费者而言，采用实质型的环保理念比关联式的产生更大的影响，从而增强他们的绿色购买欲望[$M_{实质型组}=4.790$，$M_{关联型组}=3.234$，$F(1,246)=48.15$，$p<0.001$]。

表 5-9　环保主张和消费者环境参与度交互作用的简单效应分析

变异来源	SS	DF	MS	F	显著性
WITHIN+RESIDUAL	113. 41	244	0. 46		
环保主张 WITHIN 环境参与度（1）	22. 38	1	22. 38	48. 15	0. 000
环保主张 WITHIN 环境参与度（2）	3. 61	1	3. 61	7. 78	0. 006
模型	26. 00	2	13. 00	27. 97	0. 000
总计	139. 41	246	0. 57		

注：$R^2=0.186$；调整后的 $R^2=0.180$。

所以，研究确认假设 3a 成立。同时，相较于实质性环保观念，关联式环保观念在环境参与度较低的消费群体中影响力更大[$M_{实质型组}=3.381$，$M_{关联型组}=3.725$，$F(1,246)=7.780$，$p<0.01$]，这也符合研究预期，即假设 3b 也已得到证明，这一点可从图 5-5 中看出。因此，假设 3 得到验证。

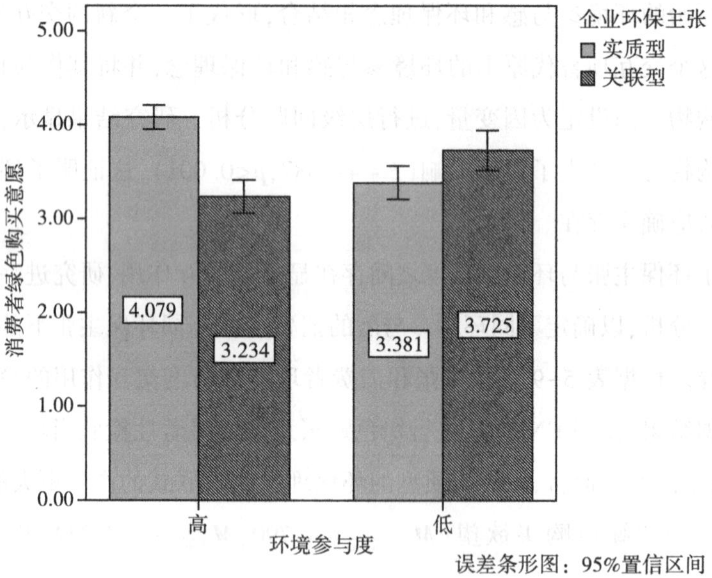

图 5-5　环境参与感的调节作用

5.3.3 研究结论和启示

本研究采用情景实验的方式,探讨了实质型环保主张和关联型环保主张对消费者绿色购买意愿的影响,并进一步分析了环境责任感和环境参与度的调节效应。主要结论如下:

首先,消费行为受不同形式环保倡议的影响存在显著差异。随着经济发展与社会进步的趋势日益明显,许多企业开始提出更全面且深入的生态环境理念,以展示其解决社会问题的决心和承担相应责任的义务感。研究表明,当企业的环保主张能够具体描述产品如何为客户带来绿色收益或满足其需求时,其说服力将更显著。相比之下,以实际行动为主导的企业承诺往往更有力:那些致力于生产过程可持续性、减少污染的产品品牌,更容易激发消费者的强烈购买欲望。

其次,对于消费者而言,其购买决策在很大程度上受到环保理念的影响。这种观念会对他们购物行为的决定因素产生深远影响,尤其是其环境意识水平。这会直接影响他们获取和处理信息时的偏好。通常,环境意识强烈的消费者更有可能仔细分析和评估各类信息,包括企业的可持续发展情况、产品的具体环保特性(如能耗、垃圾排放量)以及是否可自然分解等。这些因素使得实质性的环保倡议能更好地吸引这类消费者。

然而,对于环境意识较低的人群,一旦接触到外界生态环境恶化的提示信息,他们可能会迅速做出判断并产生积极态度。此时,关联型的环保主张更为有效,且这种关联越紧密,信息的劝导作用越大。

第三,环保主张对消费者购买意愿的说服效果与消费者的环境参与感密切相关。那些热衷于环境问题的消费者在购物时会更加关注自身选择对自然环境的影响,倾向于寻找具有环保特质的产品,如低碳、绿色商品,并对其持较为正面的看法。因此,这类消费者更有可能选购这些绿色产品。这种对环境的热忱可视为一种衡量指标,它体现了消费者对环境的关切程度,同时也表明消费者掌握更多环境相关信息,且对自身环保能力充满信心,从而更有动力采取有利于环境的行为。

(1)理论贡献

本研究探讨了企业环保理念对消费者绿色购买意愿的作用,并深入分析了环境责任感和环境参与程度等消费者特质如何影响绿色购物行为及其内在联系,主要贡献如下。

①基于中国背景的研究

本研究基于中国背景,考察了企业环保立场对消费者绿色采购意愿的影响,为当前中国消费者绿色购物行为研究提供了理论依据。此外,研究还证实并拓展了与药品生产商环保承诺相关的研究成果。

②环境责任感的调节作用

研究发现,在企业环保倡议对消费者绿色购买意愿的影响过程中,消费者的环境责任感发挥了调节作用。也就是说,当消费者被激发出强烈的责任意识时,他们的绿色采购意愿会显著增强。

③环境参与度的中介效应

研究还发现了消费者环境参与度的中介效应,这是推动消费者绿色购物行为的关键因素之一。这一发现丰富了企业可持续发展领域的研究,为探究企业环保主张在其他环境行为中的作用提供了新思路。

(2)管理启示

①环保主张的选择与成本效益

一般情况下,消费者对关联型与实质型环保主张的购买意愿无显著差异。因此,企业可以通过使用关联型环保主张达到与实质型环保主张类似的效果,且所需付出的成本更低。然而,这也导致部分企业热衷宣传环保而非实际开展环保行动。为避免这一现象,社会和政府可通过唤醒大众对环保问题的重视,鼓励大众正视环境问题和压力,从而有效提高消费者对绿色感知效能的认知,使消费者从消费端有效区分实质型环保主张和关联型环保主张,实现从消费端推动企业的实质环保行为,促进企业绿色转型。

②环保信息的有效传达

那些能够直接展示商品生态特性及企业在环保义务方面真实付出的绿色资讯受到顾客的热烈追捧。因此,当企业不了解客户的具体情况时,可以通过实施实体式环保策略来影响并引导顾客的购物选择。在制定环保理念的过程中,企业应更加注重强调自身的环保行动,例如产品的研发、制造、消费和循环利用过程中如何有益于环境等方面,以凸显其在环境责任方面的付出深度。

企业需要紧密结合消费者的特点,以有效传达环保理念。针对那些高度重视环境保护的消费群体,企业要通过详细且直观的环境相关信息来影响他们的消费选择;而对于那些不太关心环境问题的消费者,企业则要利用企业品牌和产品的周边信息引发他们的好奇心,使消费者对企业的绿色形象产生正面印象,进而增强环保观念的影响力和说服力。此外,企业还需主动引导消费者树立对环境的责任意识,并承担起向公众宣传推广环保理念的职责。这是因为当人们的环保意识得到提升后,会更倾向于关注这些绿色广告,从而进一步增强广告的吸引力。

③提高公众环保参与度

企业环保主张的说服效果受消费者环境参与度的影响。企业应积极投身于环境保护并承担相应的社会责任,以此提高公众对环保行动的参与程度。在推广环保工作时,应基于企业实际的环保表现,避免虚假和浮夸,塑造优质的绿色品牌形象,进而增强公众对企业环保活动的参与感,最终构建企业独特的竞争力。

(3)研究展望

尽管本研究揭示了医药制造企业环保主张、消费者环境责任感和环境参与度之间的关系,并探讨了其心理机制,但仍存在一些局限性,为未来研究提供了改进方向。

①控制外部干扰因素

尽管本研究通过多种方式测量了消费者绿色购买意愿,并在真实消费情境中进行了测查,但现场实验仍受到许多外部因素的干扰(如产品的气味、包装等)。未来研究可通过控制这些变量,获得更准确的研究结论。

②样本多样性的提升

本研究的被试仅限于中国人。为了提高研究结果的普适性,未来研究需要纳入更多样化的样本。由于不同时代、国家和文化对人与自然关系的态度和行为存在显著差异,跨文化和跨区域研究是充分理解该关系的必要途径。

③扩展研究范围

本研究以产品选择作为衡量消费者绿色购买意愿的指标,但绿色消费行为不仅涉及经济上的牺牲,还可能需要消费者付出额外的努力(如改变消费习惯)。因此,未来研究可以考虑除购买以外的其他消费形式(如减少资源消耗、重复利用等),以增加研究结果的稳定性和适用性。

参考文献

[1] 北京理工大学能源与环境政策研究中心. 中国碳市场回顾与展望(2022)[R]. 北京:北京理工大学能源与环境政策研究中心,2022.

[2] 曹开虎,栗灵. 碳中和革命:未来40年中国经济社会大变局[M]. 北京:电子工业出版社,2021.

[3] 曹明德. 中国碳排放交易面临的法律问题和立法建议[J]. 法商研究,2021,38(5):33-46.

[4] 陈诗一,黄明,宾晖. "双碳"目标下全国碳交易市场持续发展的制度优化[J]. 财经智库,2021,6(4):88-101,142-143.

[5] 李青原,肖泽华. 异质性环境规制工具与企业绿色创新激励——来自上市企业绿色专利的证据[J]. 经济研究,2020,55(9):192-208.

[6] 刘耕源. 碳责任、碳市场与碳交易[J]. 中国环境管理,2023,15(1):5-6.

[7] 孟早明,葛兴安,等. 中国碳排放权交易实务[M]. 北京:化学工业出版社,2021.

[8] 潘晓滨,都博洋. "双碳"目标下我国碳普惠公众参与之法律问题分析[J]. 环境保护,2021,49(Z2):69-73.

[9] 清华大学中国碳市场研究中心. 地方政府参与全国碳市场工作手册[R]. 北京:能源基金会,2020.

[10] 任亚运,傅京燕. 碳交易的减排及绿色发展效应研究[J]. 中国人口·资源与环境,2019,29(5):11-20.

[11] 盛光华,岳蓓蓓,解芳. 环境共治视角下中国居民绿色消费行为的驱动机制研究[J]. 统计与信息论坛,2019,34(1):109-116.

[12] 宋德勇,朱文博,王班班. 中国碳交易试点覆盖企业的微观实证:碳排放权交易、配额分配方法与企业绿色创新[J]. 中国人口·资源与环境,2021,31(1):37-47.

[13] 唐人虎,陈志斌,等. 中国碳排放权交易市场从原理到实践[M]. 北京:电子工业出版社,2022.

[14] 汪军. 碳中和时代:未来40年财富大转移[M]. 北京:电子工业出版社,2021.

[15] 王曼曼. 环境规制对制造企业绿色技术创新的影响研究[D]. 哈尔滨:哈尔滨工程大学,2019.

[16]文惠茹.“双碳”目标下我国碳排放权交易制度的完善[D].绵阳:西南科技大学,2023.

[17]杨洋.碳排放权交易制度对企业绿色技术创新的影响研究[D].兰州:甘肃政法大学,2022.

[18]张海军,段茂盛,李东雅.中国试点碳排放权交易体系对低碳技术创新的影响——基于试点纳入企业的实证分析[J].环境经济研究,2019,4(2):10-27.

[19]张跃军.碳排放权交易机制:模型与应用[M].北京:科学出版社,2023.

[20]中金公司研究部,中金研究院.碳中和经济学[M].北京:中信出版社,2021.

[21]周朝波,覃云.碳排放交易试点政策促进了中国低碳经济转型吗?——基于双重差分模型的实证研究[J].软科学,2020,34(10):36-42,55.

[22]RHODES E, SCOTT W A, JACCARD M. Designing flexible regulations to mitigate climate change: A cross-country comparative policy analysis[J]. Energy Policy,2021,156(2):112419.

[22]UUSITALO V, HUTTUNEN A, KAREINEN E, et al. Using personal carbon trading to reduce mobility emissions: A pilot in the Finnish city of Lahti[J]. Transport Policy,2022,126(C):177-187.

[23]YAN L, KEH H T, WANG X. Powering sustainable consumption: The roles of green consumption values and power distance belief[J]. Journal of Business Ethics,2019,169(3):499-516.

[24]ZHANG M, GUO S, BAI C Y, et al. Study on the impact of haze pollution on residents' green consumption behavior: The case of Shandong Province[J]. Journal of Cleaner Production,2019,219(May 10):11-19.

[25]ZHU J M, FAN Y C, DENG X H, et al. Low-carbon innovation induced by emissions trading in China[J]. Nature Communications,2019(1):4088.

附　录

附　录　术语表与缩略语表

术语	释义
温室气体	大气中吸收和重新放出红外辐射的自然和人为的气态成分，包括二氧化碳(CO_2)、甲烷(CH_4)、氧化亚氮(N_2O)、氢氟碳化物(HFCs)、全氟化碳(PFCs)、六氟化硫(SF_6)和三氟化氮(NF_3)
碳减排	通过技术手段、管理措施或政策干预，减少化石能源燃烧、工业生产过程以及土地利用变化等活动所产生的温室气体排放量的行为
碳排放权	依法取得的向大气排放温室气体的权利
碳排放配额	政府分配给重点排放单位指定时期内的碳排放额度，是碳排放权的凭证和载体。1单位配额相当于1吨二氧化碳当量
重点排放单位	满足国务院碳交易主管部门确定的纳入碳排放权交易标准且具有独立法人资格的温室气体排放单位
国家核证自愿减排量	依据国家发展和改革委员会发布施行的《温室气体自愿减排交易管理暂行办法》的规定，经其备案并在国家注册登记系统中登记的温室气体自愿减排量，英文名称：China Certified Emission Reduction，简称CCER
账户代表	代表用户在国家自愿减排交易登记注册系统进行具体操作的人员
一般用户	国家自愿减排交易登记注册系统的主要使用者，包括自愿减排项目业主用户和其他一般用户(企业/机构/团体和个人)等
发起代表、确认代表	在国家自愿减排交易注册登记系统中，出于安全考虑，用户可以对账户代表设定不同权限，包括发起和确认。发起代表发起各种事务操作后，需要确认代表再进行审核确认
试点地区上缴	试点地区控排单位按照主管部门的要求，在国家自愿减排交易登记注册系统内上缴符合本地区抵消管理办法规定的CCER进行履约的行为
自愿取消	国家自愿减排交易注册登记系统的一般用户自愿取消一部分CCER的有效性，使之退出市场交易

缩略语	中英文名称
AAU	Assigned Amount Unit《京都议定书》(Kyoto Protocol)中基于配额交易下的分配单位
CDM	Clean Development Mechanism 清洁发展机制
CER	Certified Emission Reduction 核证自愿减排量
ERU	Emission Reduction Unit 联合履约机制的减排单位
EU ETS	European Union Emissions Trading Scheme 欧盟排放交易体系
GWP	Global Warming Potential 全球变暖潜值
IPCC	Intergovernmental Panel on Climate Change 政府间气候变化专门委员会
JI	Joint Implementation 联合履约机制
MOU	Memorandum of Understanding 合作备忘录
MRV	Monitor, Report and Verification 监测、报告和核查
NAP	National Allocation Plan 国家分配计划
RGGI	Regional Greenhouse Gas Initiative 区域温室气体减排行动
UNFCCC	United Nations Framework Convention on Climate Change 联合国气候变化框架公约
VCM	Voluntary Carbon Market 自愿碳市场